BIEN S'ORIENTER APRÈS LA 3e

SOMMAIRE

AVANT-PROPOS

Après la quatrième, année essentielle pour apprendre tous les acquis indispensables au lycée, voilà une année – la troisième – encore plus fondamentale sur le plan de l'orientation. En effet, c'est de cette année que toutes les classes de lycée vont dépendre. De même, les études supérieures se feront en fonction de vos choix d'orientation et des acquis de cette classe. Il est donc recommandé, tout au long de cette année, d'apprendre à grandir : savoir raisonner et réfléchir dans une perspective plus large, qui vise non pas simplement le présent mais aussi le futur.

Vous vous en doutez, pour être entièrement libre dans vos choix d'orientation, vous devez posséder tous les acquis du collège et donc faire « une bonne année de troisième ». De nombreux élèves arrivent en prépa avec certaines lacunes datant de... la troisième ! Et il est alors très difficile d'y remédier, tant le programme est déjà chargé. Prenez bien soin tout au long de l'année d'avoir acquis le savoir-lire, le savoir-rédiger (la grammaire doit être connue et les fautes d'orthographe presque inexistantes) et le savoir-compter.

Armé de tous ces savoirs, votre avenir est entre vos mains et vous pouvez réfléchir sereinement à votre orientation.

Quelles méthodes adopter si vous êtes dans le flou concernant votre avenir et si la passion d'un métier n'a pas encore déterminé votre voie ? Ce guide est là pour vous aider.

1 – RÉFLEXION ET BILAN

Qui suis-je ?

Sur papier, faites un bilan de vos compétences, de vos capacités scolaires et de vos désirs. Prenez une feuille pour chaque rubrique et marquez sur chacune d'elles à quel niveau vous êtes. Par exemple : « *Je sais très bien compter mais je fais beaucoup de fautes d'orthographe* », « *Je suis très bon en sport mais je n'arrive pas à dessiner* » pour la première feuille (compétences) ; « *Je n'ai pas suffisamment appris mon cours mais je sais que j'apprends vite, surtout les cours de maths et physique* », « *J'ai la possibilité d'apprendre vite les langues et de bien les parler* » pour la deuxième (capacités scolaires), etc. N'hésitez pas à demander à votre famille et à vos amis de vous y aider. Parfois, le regard de l'autre est plus juste que le sien, surtout si on n'a pas tout à fait confiance en soi ! Questionnez-vous également sur vos loisirs et les différentes expériences déjà réalisées et inscrivez-les sur le papier.

Comment me vois-je dans le futur ?

Concernant vos désirs, n'hésitez pas à écrire même ce qui vous semble impossible ou irréalisable actuellement. « *Rien de grand ne se fait sans passion* », écrit Hegel, philosophe du XIXe siècle… Cette rubrique comportera des phrases telles que « *Quand je serai grand, j'aimerais être…, faire…, devenir…, acquérir…* ».

Qu'est-ce que j'aime ?

Sur une autre feuille, vous pouvez faire un bilan sur la manière dont vous avez envie de travailler : seul, en équipe, à l'extérieur ou dans un bureau, dans une grande ou une petite entreprise… Essayez de demander autour de vous quels sont les avantages et les inconvénients de chaque formule.

Qu'est-ce que le monde du travail ?

Informez-vous auprès des adultes (parents, amis ou connaissances – votre stage professionnel au cours de l'année vous y aidera aussi) pour connaître leurs conditions de travail et surtout leur métier, les différents postes de travail qui existent dans leur entreprise…

Cette découverte de l'entreprise vous permettra d'ouvrir votre horizon sur des métiers que vous ne connaissez pas forcément. Allez aussi visiter le lieu de travail des personnes que vous connaissez et demandez-leur de vous parler de ce qu'elles font.

Qu'est-ce que le monde de l'entreprise ?

Faites-vous, par la suite, un guide de réflexion qui définit et analyse certains termes propres au monde de l'entreprise : secteur d'activité (industrie/service), branche de métiers (marketing et publicité, comptabilité et gestion, vente, administration et secrétariat, ressources humaines...).

Enfin, répondez au moins à ces premières questions :

- Où aimerais-je travailler ? En France ou à l'étranger ?
- À quel niveau de responsabilité ?
- À quel rythme ? Un peu, beaucoup, à la folie... de travail ?
- Selon quels horaires ? Irréguliers ou réguliers ?
- Suis-je un sprinter ou un coureur de fond ?

Quel est mon portrait ?

Prenez le temps nécessaire pour répondre à toutes les questions mentionnées ci-dessus et élaborer ces feuilles : c'est un travail de longue haleine qui peut parfois prendre des mois. Une fois qu'il est réalisé, faites un portrait-robot de vous-même à travers vos réponses. Là encore, demandez que l'on vous aide à synthétiser toutes ces informations et interrogez-vous sur le métier qui correspond au profil que vous avez fait de vous-même.

2 – INFORMATIONS

Comment m'informer ?

Une fois que vous avez réfléchi par vous-même à toutes ces pistes, à toutes ces questions et que votre portrait est dressé, allez à la pêche aux informations : internet, journaux, centres de documentation, et surtout ce guide qui est le moyen le plus précieux pour vous donner l'information sur toutes les possibilités d'études après la troisième.

3 – CHOIX

Je confronte à présent les indications que j'ai découvertes sur moi-même avec les métiers qui utilisent mes compétences, qui s'organisent dans les conditions qui me semblent être les plus adéquates pour travailler agréablement ; je liste tous les métiers qui me plaisent et je m'informe pour comprendre quelle est la meilleure filière pour les réaliser.

Ainsi, le choix d'orientation ne doit pas se faire seulement en fonction de ce que l'on est mais surtout en fonction de ce que l'on aimerait devenir. C'est ainsi que naît la motivation au travail.

Annie Reithmann
Proviseur d'IPECOM

INTRODUCTION

Ce guide pratique, entièrement consacré aux bacs et aux formations courtes après la troisième (CAP), s'adresse tout à la fois aux collégiens, aux lycéens et à leurs parents. Il vous aide à préparer votre entrée en second cycle, à choisir un bac ou un CAP adapté à votre profil et à faire le lien avec les filières de l'enseignement supérieur.

Vous trouverez une présentation détaillée des différents bacs : le nouveau bac général, les huit de la série technologique et la multitude de bacs professionnels, sans oublier la présentation de nombreux CAP. À qui s'adressent-ils ? Que visent-ils ? Qu'y apprend-on ? Quels sont les coefficients aux épreuves de l'examen ? Quel est le pourcentage de réussite ? Que faire après ? Autant de questions qui méritent des réponses précises. Vous trouverez également tout ce qu'il faut savoir sur les procédures à respecter en matière d'orientation, d'affectation ou d'inscription… Ce guide vous accompagne dans une démarche d'orientation qui se veut active. Il vous aide à vous poser les bonnes questions, vous indique les lieux où vous informer, les bons interlocuteurs, etc.

Aujourd'hui plus que jamais, l'accès à une information qualitative et personnalisée sur les études est indispensable pour préparer et réussir son avenir. Ce guide a donc pour objectif d'aider les futurs bacheliers à optimiser leur orientation scolaire. Il s'agit pour eux de choisir la voie la plus en harmonie avec leurs résultats, leurs intérêts et enfin leurs aspirations pour l'après-bac, qu'ils doivent envisager le plus tôt possible.

LA VOIE GÉNÉRALE ET TECHNOLOGIQUE

PARTIE I

COMMENT CHOISIR ?

1 – VOIE GÉNÉRALE OU VOIE TECHNOLOGIQUE ?

Vous hésitez entre la voie générale et technologique ? Vous aimeriez découvrir de nouvelles matières ? Vous avez peur d'être enfermé dans un choix d'études ? Vous ne jurez que par la culture générale ? Vous avez peu d'informations sur les différentes voies ? La technologie vous attire, mais vous ne savez pas très bien ce qu'elle recouvre ? Vous avez du mal à faire le lien entre études et métiers ? Autant d'interrogations bien légitimes qui viennent à l'esprit des collégiens et des lycéens un jour ou l'autre. Jusqu'en classe de troisième, 95 % des collégiens suivent un parcours quasi identique dans le cadre du collège unique, mais il en va tout autrement par la suite, et des profils plus personnels vont se dessiner. Ainsi, à deux reprises dans votre scolarité, vous devrez faire des choix d'orientation progressifs : à la fin de la classe de troisième (cycle d'orientation) et à la fin de celle de seconde (cycle de détermination). Ce sont les principaux paliers d'orientation du cycle secondaire d'études. L'orientation et l'affectation des élèves sont soumises, à chacun de ces niveaux, à un ensemble de règles précises appelées « procédures » (détaillées dans ce guide) qui ne sont pas à négliger, puisqu'elles engagent votre avenir.

Ces deux voies, bien distinctes à partir de la classe de première, correspondent à des objectifs différents. Vous devez cibler celle qui va le mieux répondre tout à la fois à vos attentes et à votre profil scolaire.

LA RÉFORME DU BACCALAURÉAT

La nouvelle organisation des examens entrera en vigueur en juin 2021, c'est pourquoi on l'appelle le « bac 2021 ». La réforme concerne donc tous les élèves qui sont actuellement en classe de troisième, ainsi que tous les lycéens.
Si les filières technologiques restent les mêmes, il n'en est pas de même pour les filières générales L, ES et S qui sont supprimées. Toutes les classes du lycée sont réorganisées autour d'un tronc commun comportant des cours de français (en seconde et première), de philosophie (en terminale), d'histoire-géographie, d'enseignement moral et civique, de langue vivante 1 et langue vivante 2, d'éducation physique et sportive, d'enseignements scientifiques ; des enseignements optionnels en seconde et des enseignements de spécialité (12 h par semaine) en première et terminale : physique-chimie ; sciences de la vie et de la terre ; histoire, géographie, géopolitique et sciences politiques ; sciences de l'ingénieur ; humanités, littérature et philosophie ; arts ; biologie-écologie ; mathématiques ; numérique et sciences informatiques ; sciences économiques et sociales ; langues et littératures étrangères.

Ces enseignements de spécialité devront faire l'objet d'un choix : trois en première (4 h hebdomadaires chacune) et deux en terminale (6 h chacune) parmi les options choisies en première.
Le système des options facultatives est maintenu (arts, langue vivante 3, latin, etc.), à raison de trois heures par semaine (une option en première et jusqu'à deux en terminale). En terminale seulement, il sera également possible d'opter pour l'une des trois nouvelles options suivantes : mathématiques expertes ; mathématiques complémentaires ; droit et grands enjeux du monde contemporain.
En outre, le baccalauréat 2021 reposera sur un contrôle continu et sur des épreuves terminales. L'épreuve anticipée écrite et orale de français en fin de classe de première reste inchangée. En terminale, deux épreuves écrites portant sur les disciplines de spécialité auront lieu au printemps et deux épreuves se dérouleront en juin : l'écrit de philosophie et l'oral préparé tout au long des années de première et terminale (cycle terminal). Le pourcentage total des épreuves terminales du baccalauréat s'élèvera à 60 % de la note finale. Le contrôle continu sera composé d'épreuves communes organisées pendant le cycle terminal et comptera pour 40 % de la note finale avec prise en compte des bulletins scolaires pour une part de 10 %.

Pour plus de renseignements, consultez le site du ministère de l'Éducation nationale : www.education.gouv.fr/un-nouveau-baccalaureat-en-2021-3098

LA VOIE GÉNÉRALE

Présentation

La voie générale permet de développer vos connaissances et votre réflexion dans des matières que vous connaissez déjà pour la plupart, telles que le français, les mathématiques, l'histoire et la géographie, les langues vivantes... Jusqu'à présent, cette voie vous offrait un choix parmi trois bacs généraux (littéraire, économique et social, scientifique) qui n'existent plus. Cependant, à l'instar de ces anciens bacs généraux, la nouvelle organisation suppose que vous ayez l'intention de poursuivre des études supérieures, en général longues (de trois à cinq ans environ, voire davantage).

Avez-vous le profil requis ?

La voie générale exige que vous ayez un bon niveau scolaire en français, histoire-géographie, langues et dans les matières scientifiques. Pour vous épanouir ici, il vous faut aimer réfléchir, travailler seul et avoir des dispositions pour poursuivre des études supérieures longues (universités, grandes écoles...).

Passage obligé

Vous devez obligatoirement effectuer une seconde générale et technologique, qui est commune aux deux voies générale et technologique et reste « indifférenciée » en dépit de la réforme. Depuis la rentrée 2018, cette classe de seconde connaît tout de même deux évolutions destinées à installer le baccalauréat 2021 :

- courant septembre, les élèves doivent désormais passer un test numérique de positionnement permettant d'évaluer leurs acquis en mathématiques et en français. En cas de besoin, un accompagnement personnalisé est proposé ;
- dans le courant de l'année, deux semaines sont consacrées à l'orientation (une en novembre et une en février) pour permettre à chaque lycéen d'élaborer son projet d'orientation dans une série technologique ou de choisir trois spécialités qui lui conviennent, s'il opte pour la voie générale.

LA VOIE TECHNOLOGIQUE

Présentation

De son côté, la voie technologique vous prépare au bac techno qui offre un choix plus large de spécialités puisqu'elles sont au nombre de huit (une poignée de brevets de technicien existent encore également, mais ils sont en cours de transformation en baccalauréats technologiques ou professionnels). Cette voie vous permet de découvrir de nouvelles matières liées à un domaine technique qui vous intéresse : techniques industrielles, agricoles, de laboratoire, de gestion de l'entreprise… sans négliger les matières générales. L'enseignement allie de manière équilibrée disciplines générales et technologiques (études théoriques et applications concrètes). La voie technologique se poursuit après le bac par des études supérieures technologiques dans un domaine proche (comptez deux à trois ans).

Avez-vous le profil requis ?

La voie technologique exige de votre part une curiosité pour un domaine technologique et un goût pour les applications pratiques. Vous devez avoir des résultats équilibrés dans les matières générales et technologiques, avoir envie de travailler sur des études concrètes, être curieux de l'entreprise et enfin être prêt à poursuivre des études supérieures, en général courtes (BTS, DUT, écoles spécialisées…).

Passage obligé

Vous devez passer par une seconde générale et technologique. Le choix des enseignements optionnels que vous suivrez en seconde est alors important et doit être cohérent avec le parcours d'études que vous envisagez. Ce choix doit aussi vous permettre de tester vos goûts. Le choix de la série du bac et de sa spécialité se fait en fin de seconde.

À noter : les choix faits en fin de troisième ont des conséquences sur l'après-bac. Ils déterminent en grande partie votre orientation scolaire et professionnelle.

L'orientation en fin de troisième, repères et références statistiques de l'Éducation nationale (2019)

L'enquête concerne l'ensemble des établissements publics des académies de France métropolitaine et des départements d'outre-mer.

Évolution des poursuites d'études à l'issue de la troisième	
Seconde générale et technologique	63,7 %
Second cycle professionnel	32,6 %
Redoublement ou enseignement préprofessionnel	2,7 %

Source : MENESR-DEPP, chiffres 2019 sur les poursuites d'études après la troisième et la seconde générale et technologique dans l'enseignement scolaire et l'apprentissage.

À noter : le nouveau décret n° 2018-119 du 20 février 2018 relatif au redoublement est entré en vigueur le 21 février 2018. Il stipule qu'un redoublement peut être proposé par le conseil de classe au terme de l'année scolaire, à titre exceptionnel, si « le dispositif d'accompagnement pédagogique n'a pas permis de pallier les difficultés importantes d'apprentissage rencontrées par l'élève ».
« Cette décision doit faire l'objet d'un dialogue préalable avec les représentants légaux de l'élève et d'un avis de l'inspecteur de l'Éducation nationale. La décision de redoublement est ensuite notifiée par le chef d'établissement aux représentants légaux de l'élève ou à l'élève lui-même lorsqu'il est majeur ». Ces derniers peuvent faire appel de cette décision.

« La mise en œuvre d'une décision de redoublement s'accompagne d'un dispositif d'accompagnement pédagogique spécifique de l'élève concerné, qui peut notamment prendre la forme d'un programme personnalisé de réussite éducative ».

Source : www.legifrance.gouv.fr

2 – QUE SIGNIFIE « S'ORIENTER » ?

VERS UNE DÉMARCHE ACTIVE DE L'ORIENTATION

Les élèves de troisième sont encouragés à construire progressivement un projet (projet d'études et projet professionnel), à réfléchir sur leurs goûts et leurs intérêts, à s'informer sur le monde de l'entreprise et les métiers, à choisir une voie de formation qui leur convienne. En troisième, ils doivent non seulement s'informer mais aussi se poser les bonnes questions : quelles disciplines ou quels domaines d'activité les intéressent ? Combien de temps sont-ils prêts à consacrer à leurs études ? Leurs résultats scolaires sont-ils cohérents avec leur projet d'études et/ou professionnel ?...

Il s'agit donc pour vous de construire tout au long de vos études un projet d'orientation cohérent et qui vous ressemble. Ce projet devra tenir compte à la fois de votre profil, de votre personnalité, de vos goûts, passions, centres d'intérêt dominants, potentialités, domaines de réussite, sans négliger pour autant vos résultats scolaires. Si vous et votre famille êtes acteurs de votre propre orientation, celle-ci se fera aussi en concertation avec l'équipe éducative. Il est certes difficile à 14 ou 16 ans de se projeter dans un avenir professionnel, néanmoins il vous est, d'ores et déjà, possible de faire des choix en matière d'études. Les élèves qui optent pour la voie technologique devront réfléchir à leur orientation professionnelle plus rapidement que ceux de la voie générale, car ces choix sont nettement plus engageants pour leur avenir.

Aujourd'hui, les métiers sont en perpétuelle évolution et vous devrez très certainement changer plusieurs fois de profession au cours de votre carrière. Donc, mieux vaut s'y préparer. Les diplômes restent le dernier rempart contre le chômage. C'est pourquoi une nouvelle conception plus éducative de l'orientation a pris forme : armer plus tôt les élèves pour qu'ils soient en mesure de faire un choix réaliste et adapté le moment venu. On cherche davantage aujourd'hui à développer les capacités des élèves à l'autonomie, à la créativité et au choix.
L'éducation à l'orientation devient une mission à part entière dans laquelle à la fois le collège et le lycée s'investissent (mini-stage, forum des carrières, visite d'entreprise). Cette mission fait ainsi partie intégrante du projet pédagogique de l'établissement.

L'orientation est le résultat de l'interaction entre différents systèmes de représentations. Votre projet personnel d'orientation devra prendre en considération les aspects complémentaires suivants :

- la connaissance de soi (représentation de soi) : bilan scolaire, expérience, personnalité, valeurs, attentes… ;
- la connaissance des milieux professionnels (représentation de l'univers professionnel) ;
- la connaissance des différentes voies d'études (représentation des systèmes de formation).

À noter : n'oubliez pas qu'il est très souvent possible d'atteindre un même but par plusieurs voies d'études. Les exceptions concernent surtout les professions très réglementées où il existe un lien très fort entre les études et le métier : c'est le cas notamment des professions médicales et juridiques.

De cette confrontation résultent une intention, une volonté, une projection de soi qui font de vous un acteur de votre propre devenir.
Il s'agit de vous aider à enrichir vos différentes représentations pour qu'elles soient le plus proche possible de la réalité. La construction du projet individuel d'orientation est un processus complexe, susceptible d'évolution et d'adaptation permanente. Sa préparation s'appuie d'abord sur l'élève lui-même, qui devient progressivement l'acteur principal de son orientation, sur son environnement familial, sur l'action éducative des enseignants, personnels d'éducation et de documentation, sur l'action des partenaires du monde socio-économique, et enfin sur l'action spécifique du psychologue de l'Éducation nationale (PsyEN).

L'orientation est donc le résultat du processus continu d'élaboration et de réalisation du projet personnel de formation et d'insertion sociale et professionnelle que l'élève de collège, puis de lycée, mène en fonction de ses aspirations et de ses capacités.
Le rôle de l'école consiste alors à donner au jeune les méthodes et les connaissances lui permettant de développer la capacité d'autonomie et la responsabilité qu'il exercera tout au long de sa vie. Il s'agit notamment de l'aider à enrichir ses représentations pour qu'elles soient le plus proche possible de la réalité.

Cernez vos centres d'intérêt !

Amusez-vous à repérer dans cette liste vos centres d'intérêt dominants. Essayez dans un second temps de les hiérarchiser. Sachez qu'à un même centre d'intérêt peuvent correspondre de nombreux métiers très différents et aussi qu'un même métier peut faire appel à plusieurs centres d'intérêt... Par ailleurs, une même activité professionnelle peut s'exercer dans des environnements variés.

Bâtir/construire
Conduire/piloter/réparer
Communiquer/informer/enseigner
Créer/innover/rechercher
Défendre/protéger les autres
Produire/fabriquer
Soigner/aider les autres
S'occuper d'animaux
S'occuper d'enfants
Travailler au contact de la nature
Travailler dans l'informatique
Travailler dans le monde du spectacle
Travailler dans le monde du sport
Travailler dans les loisirs
Travailler dans l'univers de la mode
Vendre/acheter
Voyager
...

LES BONNES QUESTIONS À SE POSER

Toute démarche active d'orientation suppose de se poser un certain nombre de questions sur soi-même et son environnement. Trois éléments principaux doivent être pris en considération dans le choix de votre orientation : vos goûts et centres d'intérêt, votre personnalité et vos aptitudes. Sans oublier de vous informer... Objectif : trouver la voie dans laquelle vous vous épanouirez. Il n'y a pas de bonne ou de mauvaise filière, simplement une filière qui vous conviendra davantage, en fonction de votre personnalité et de vos aptitudes.

Votre questionnaire d'aide à l'orientation

Vos goûts et centres d'intérêt

Quelles activités pratiquez-vous en dehors du lycée (sportives, culturelles...) ? Lesquelles aimez-vous particulièrement ? Pour quelles raisons ?

Votre personnalité

Quels sont les traits dominants de votre personnalité (vos qualités mais aussi vos défauts...) ?

Vos aptitudes

Dans quelles matières réussissez-vous le mieux ? Lesquelles préférez-vous ? Pourquoi ? Dans quelles matières éprouvez-vous le plus de difficultés ? Pourquoi ? Quelle est votre moyenne générale des différents trimestres ? Combien d'années projetez-vous de consacrer à vos études ? Préférez-vous vous engager dans des études généralistes ou plus professionnelles ? Préférez-vous un enseignement théorique ou pratique ? Pensez-vous pouvoir étudier de façon autonome ou ressentez-vous encore le besoin d'être bien encadré ? Avez-vous assez d'énergie pour supporter un rythme de travail soutenu ? Quelles sont vos aptitudes autres que scolaires ?

Connaître l'environnement professionnel des métiers

Citez les métiers de vos parents et de votre entourage proche. Essayez de décrire leurs activités. Avez-vous une idée précise du métier, ou du type de métier, que vous souhaitez exercer ? En quoi ce métier correspond-il à vos aspirations ? À votre caractère ? À vos aptitudes ? Quels sont les débouchés ? Sont-ils importants dans votre région, ou serez-vous amené à bouger ?

Connaître les possibilités d'études

Quelles études suivez-vous actuellement ? Quelles études aimeriez-vous poursuivre ? Connaissez-vous les matières enseignées dans la ou les filière(s) qui vous intéresse(nt), comment sont organisés les enseignements, le nombre d'heures de cours ? Les études sont-elles très théoriques, y a-t-il des exercices pratiques ? Le contenu de votre bac vous semble-t-il bien adapté aux études envisagées ?

3 – COMMENT S'INFORMER ?

La recherche d'informations sur les études, les filières et les métiers fait partie intégrante de la démarche d'orientation, c'est pourquoi il ne faut pas la négliger. Être bien informé ne pourra que vous aider à opérer des choix réalistes et cohérents. Au sein de votre établissement scolaire (au collège comme au lycée), vous trouverez au centre de documentation et d'information (CDI) une documentation sur les études et les métiers pour vous aider dans vos choix d'orientation. Vous pouvez également vous rendre au centre d'information et d'orientation (CIO) dont vous dépendez.
Et surtout, n'oubliez pas que le psychologue de l'Éducation nationale assure des permanences dans votre établissement scolaire.
Enfin, chaque année, le calendrier est riche en salons spécialisés de toutes sortes, à commencer par le Salon européen de l'éducation, qui ouvre ses portes tous les ans au mois de novembre, à Paris (pour en savoir plus : www.salon-education.com).

QUI SONT LES ACTEURS DE L'ORIENTATION ?

Vous-même !

Si s'informer est indispensable pour s'orienter efficacement, bien se connaître ne l'est pas moins. En effet, votre personnalité, vos goûts, etc., mais aussi vos résultats scolaires sont déterminants dans vos choix d'orientation. Tout en vous informant sur les études et les métiers, posez-vous les bonnes questions sur vous-même… et n'hésitez pas à demander l'avis de votre entourage.

Faites le point sur votre personnalité : êtes-vous ambitieux, débrouillard, méthodique, ponctuel, patient, appliqué, inventif, timide, communicatif… ?

Quels sont vos centres d'intérêt, vos passions : la lecture, le bricolage, l'informatique, les sciences, la musique, l'histoire, le sport, la nature ? Aimez-vous créer, fabriquer, aider les autres, diriger, écrire… ?

Appréciez vos résultats scolaires : quels sont vos points forts, vos points faibles, les matières qui vous intéressent le plus et celles que vous aimez le moins… ?

Les professionnels de l'orientation

Le chef d'établissement

Il est responsable de l'organisation, du fonctionnement et de la sécurité de son établissement. Il préside généralement le conseil de classe et joue un rôle important en matière d'orientation : c'est lui qui prend les décisions finales.

Le psychologue de l'Éducation nationale

C'est l'interlocuteur essentiel pour s'informer sur les choix d'études ou d'orientation professionnelle. Il possède une vision globale du système scolaire et des problèmes d'insertion professionnelle des jeunes diplômés. Il répond aux questions des élèves et de leurs parents, explique les différents itinéraires de formation, aide le jeune à construire petit à petit un projet scolaire et professionnel adapté à ses capacités et à sa personnalité. Vous pouvez le rencontrer dans l'établissement ou au centre d'information et d'orientation.

LES PSYCHOLOGUES DE L'ÉDUCATION NATIONALE

Les psychologues de l'Éducation nationale (anciennement conseillers d'orientation psychologues) travaillent essentiellement auprès des collégiens, des lycéens, des jeunes en voie d'insertion professionnelle et des étudiants. Ils aident leurs consultants dans l'élaboration de leur projet d'orientation ou de réorientation. Pour cela ils utilisent différentes techniques : entretiens individuels, travaux de groupe, tests, questionnaires d'intérêts, évaluations...
Ils sont à la fois spécialistes du conseil individuel en orientation et, dans les collèges et les lycées, conseillers techniques de l'équipe éducative. Ils interviennent aussi de plus en plus comme formateurs auprès des équipes d'enseignants chargés de mettre en place des séquences d'éducation à l'orientation.
Les PsyEN exercent leur profession au sein d'une équipe regroupée dans un centre d'information et d'orientation (CIO) et animée par un directeur de CIO. L'action des CIO est coordonnée dans chaque département par un inspecteur de l'Éducation nationale chargé de l'information et de l'orientation, dans chaque académie par un chef de service académique d'information et d'orientation (SAIO), au niveau national par la mission d'orientation (de la direction de l'Enseignement scolaire).

À noter : le corps des psychologues de l'Éducation nationale a été créé par le ministère de l'Éducation nationale en 2017. Les métiers de psychologue scolaire du premier degré et de conseiller d'orientation-psychologue et directeur de centre d'information et d'orientation du second degré ont ainsi fusionné. Deux spécialités en découlent : éducation, développement et apprentissages ; éducation, développement et conseil en orientation scolaire et professionnelle.

Le professeur principal

En matière d'orientation, il est chargé, en liaison avec le conseiller d'orientation-psychologue, de guider le choix des élèves. Il joue donc un rôle clé. Coordinateur de l'équipe enseignante, il est le mieux placé pour faire le point régulièrement sur le niveau scolaire et évaluer les résultats et les compétences de chacun. C'est, au sein de l'établissement, l'interlocuteur privilégié des parents : la rencontre du professeur principal, lors des réunions prévues à cet effet ou lors de rendez-vous individuels, est indispensable.

À noter :

- la mission de médiation entre les différents partenaires (parents et équipe éducative) repose en grande partie sur le professeur principal, notamment en cas de désaccord sur des décisions prises à l'égard d'un élève en matière d'orientation, de recours à une procédure d'appel, etc. ;
- les délégués de parents d'élèves peuvent également avoir un rôle à jouer dans l'orientation des élèves. Leur mission est d'informer les parents et de les représenter auprès de l'administration de l'établissement. Ils participent, entre autres, aux conseils de classe. Ne pas hésiter à les consulter en cas de besoin.

LES LIEUX D'INFORMATION

L'Onisep

L'Onisep (Office national d'information sur les enseignements et les professions), créé en 1970, est un établissement public sous tutelle du ministère de l'Éducation nationale et du ministère de l'Enseignement supérieur, de la Recherche et de l'Innovation. Il est chargé d'élaborer l'information. Pour cela, il édite et diffuse des documents écrits, audiovisuels et gère des bases de données sur les études et les professions.

L'Onisep a 17 délégations régionales et 28 sites qui publient des informations à caractère régional sur les formations et les professions.

Certaines publications sont plus spécialement destinées aux collégiens :

- pour sensibiliser les élèves de troisième aux choix d'orientation qu'ils auront à faire en fin d'année, un miniguide est distribué à chacun d'entre eux. Ce miniguide, *Après la troisième*, présente toutes les possibilités d'études à l'issue du collège. Un miniguide régional le complète : il indique toutes les formations assurées dans l'académie et les adresses des établissements où les préparer ;

• pour aller à la découverte des métiers, il existe une brochure intitulée *Le Dico des métiers*, dotée de 600 fiches métiers ;
• par ailleurs, les ouvrages de la collection « Parcours, construire son avenir » permettent d'approfondir, par grands domaines, la connaissance des métiers et des formations qui y mènent. Vous pouvez consulter ces différents produits dans tous les CIO et certains CDI.

Pour plus de renseignements, consulter le site internet : www.onisep.fr

Les CIO

Il existe en France plus de 600 CIO (centres d'information et d'orientation), qui dépendent du ministère de l'Éducation nationale. Ils ont été créés en 1971 afin d'assurer l'information et l'orientation « *dans un processus éducatif d'observation continue* ».
Ils sont implantés sur l'ensemble du territoire à raison d'un centre pour une zone de recrutement d'un, deux, voire trois lycées d'enseignement général et technologique.

Le rôle des CIO consiste à favoriser :
• l'accueil de tout public, en priorité des jeunes scolarisés et leur famille ;
• l'information sur les études, les formations professionnelles, les qualifications et les professions ;
• le conseil individuel (aider la personne à mieux se connaître, à mieux se situer, à retenir les informations utiles, à organiser les éléments de son choix…) ;
• l'observation, l'analyse des transformations locales du système éducatif et des évolutions du marché du travail et la production de documents de synthèse à destination des équipes éducatives ou des élèves ;
• l'animation des échanges et des réflexions entre les partenaires du système éducatif, les parents, les jeunes, les décideurs locaux et les responsables économiques.

Chaque CIO possède un fonds documentaire sur les enseignements et les professions, ainsi qu'un service d'autodocumentation permettant à toute personne accueillie de consulter des documents en fonction de ses intérêts et de son niveau scolaire.
En complément de ces supports documentaires traditionnels, les technologies de l'information et de la communication (informatique, multimédia, accès au réseau internet…) sont également disponibles. Vous y trouverez même certains logiciels permettant de faire le point sur vos motivations et centres d'intérêt… à condition de profiter de l'aide que peut vous apporter le psychologue de l'Éducation nationale.

Vous avez tout intérêt à prendre rendez-vous avec lui : il vous apportera informations et conseils, vous aidera à mieux vous connaître, à faire vos choix d'orientation, à élaborer un vrai projet... qui sera le vôtre !

► **Contact :** pour connaître les coordonnées du CIO le plus proche de votre domicile, consultez l'annuaire des CIO classés par commune et par département. Disponible sur internet : www.education.gouv.fr/annuaire

Les CIDJ

Créé en 1969 à l'initiative du ministère de la Jeunesse et des Sports, le Centre d'information et de documentation jeunesse (CIDJ) est une association qui accueille et informe gratuitement les jeunes sur tous les sujets qui les intéressent. Ce lieu unique propose un accueil personnalisé, gratuit et anonyme, cinq jours sur sept toute l'année, sans qu'il soit nécessaire de prendre rendez-vous. Avec une trentaine d'antennes régionales (CRIJ) et plus de 1 500 bureaux ou points information jeunesse, vous pourrez disposer dans leurs bureaux de fichiers sur différents thèmes au plan national, régional et local sur tous les domaines qui vous concernent (vie quotidienne, formation, emploi, loisirs, santé, logement, étranger, etc.). Vous pouvez demander à rencontrer un conseiller qui saura vous diriger.

► **Contact :** CIDJ. 101, quai Branly, 75015 Paris. Tél. : 01 44 49 12 00.
Internet : www.cidj.com

Il existe par ailleurs un certain nombre d'organismes privés qui peuvent vous proposer des entretiens et des bilans en vue d'une orientation scolaire. Attention, si les CIO vous accueillent et vous informent gratuitement, les prestations des organismes privés sont payantes.

LA BONNE DÉMARCHE

Véronique, conseillère d'orientation à Paris, résume la bonne démarche à adopter : « *Il faut multiplier les contacts directs avec les professionnels, enseignants... Ne manquez aucune occasion de vous informer.* »
Dans cette optique, vous pouvez notamment :
- interroger les professeurs sur le contenu des formations, les atouts à développer pour réussir ses études ;
- discuter avec des élèves déjà au lycée pour savoir comment « *ça se passe* » ;
- rencontrer les professionnels qui vous parleront de leur métier de façon concrète et vous feront part de leur expérience personnelle. « *Pour cela,* conseille

Véronique, *rendez-vous dans les salons (parfois appelés forums, carrefours métiers), profitez des ministages (souvent d'une semaine) que votre collège met peut-être en place pour découvrir le monde de l'entreprise. Visitez les établissements susceptibles de vous accueillir lors de leurs journées portes ouvertes... »*

Les CDI

Au cœur de votre établissement scolaire, le CDI (Centre de documentation et d'information) constitue également un lieu privilégié où vous trouverez maintes informations sur les métiers et les formations qui vous intéressent.
À la fois bibliothèque et médiathèque, le CDI met à la disposition de tous livres, magazines, cédéroms... De quoi satisfaire votre curiosité, vous « cultiver » dans tous les domaines, réaliser un dossier ou enquêter sur un sujet précis... avec l'aide précieuse d'un documentaliste qui est là pour vous épauler. Les documentalistes gèrent le fonds documentaire de l'établissement relatif à l'orientation et peuvent donc vous conseiller en matière d'ouvrages ou vous aider à faire des recherches sur internet.

Autres lieux stratégiques

Les missions locales, structures associatives chargées du premier accueil des jeunes de 16 à 25 ans, s'occupent de la globalité de leurs problèmes : l'emploi, la formation, le logement, la santé, le sport, les loisirs... Elles sont compétentes en matière d'orientation professionnelle : élaboration de parcours personnalisés, préparation à la recherche d'emploi, entretiens, etc. Les missions locales travaillent en partenariat avec Pôle emploi.

► **Contact :** https://travail-emploi.gouv.fr/ministere/service-public-de-l-emploi/article/missions-locales

Le réseau Canopé
Les centres régionaux de documentation pédagogique (CRDP), les centres départementaux de documentation pédagogique (CDDP) et les centres locaux de documentation pédagogique (CLDP) informent tous les publics dans les domaines administratif et pédagogique : publications administratives, officielles et autres, notamment l'ensemble des programmes et des sujets de concours et d'examens de l'enseignement général, technique et professionnel...

► **Contact :** www.reseau-canope.fr

Rendez-vous ensuite à **la chambre de commerce et d'industrie de votre domicile** où vous trouverez des renseignements utiles au Point A (A comme apprentissage, alternance). Ce point est un lieu d'accueil et d'information sur les mesures pour l'emploi des jeunes et sur l'ensemble des questions relatives à l'alternance. Ainsi, le Point A facilite les démarches administratives relatives à la signature des contrats, mais surtout met en relation les offres et les demandes des jeunes et des entreprises.

► **Contact :** CCI France. 46-48, avenue de la Grande Armée, CS 50071, 75858 Paris cedex 17. Tél. : 01 40 69 37 00. Internet : www.cci.fr

Autres relais importants, **les conseils régionaux** sauront vous préciser les opportunités d'emploi sur votre région.
Enfin, à la Villette, prenez rendez-vous avec un professionnel pour un entretien personnalisé et profitez des contacts ciblés offerts par la Cité des métiers. Son bonus : des journées de recrutement et un forum de l'alternance...

► **Contact :** Cité des métiers. Cité des sciences et de l'industrie. 30, avenue Corentin-Cariou, 75019 Paris. Tél. : 01 85 53 99 74.
Internet : www.cite-sciences.fr/fr/au-programme/lieux-ressources/cite-des-metiers

LES SITES INTERNET UTILES

Les sites des ministères	
www.education.gouv.fr	Ministère de l'Éducation nationale
http://eduscol.education.fr	Site pédagogique de la Direction de l'enseignement scolaire du ministère de l'Éducation nationale, avec, en particulier, les ressources multimédias et audiovisuelles
www.educagri.fr	Le système éducatif agricole public
www.educasource.education.fr	Les ressources pédagogiques numériques pour les enseignants
www.cereq.fr	Centre d'études et de recherche sur les qualifications

Ressources pour la formation	
www.onisep.fr	Office national d'information sur les enseignements et les professions
www.cned.fr	Centre national d'enseignement à distance
www.euroguidance-france.org	Centres nationaux ressources pour l'orientation et la mobilité dans les pays de l'Union européenne
www.reseau-espe.fr	Les écoles supérieures du professorat et de l'éducation
www.education.gouv.fr/annuaire	Annuaire des CIO et des établissements scolaires publics et privés
www.cefi.org	La base de données du CEFI (Centre d'études sur la formation et l'emploi des ingénieurs) : une base spécialisée sur les formations proposées par les écoles d'ingénieurs et les instituts universitaires professionnalisés
www.cite-sciences.fr/fr/au-programme/lieux-ressources/cite-des-metiers	La Cité des métiers : un lieu d'information et de conseil sur les métiers et la vie professionnelle
http://europa.eu, rubrique « Vivre, travailler et voyager dans l'UE » puis « Éducation et jeunesse »	Les possibilités d'éducation et de formation dans l'ensemble des pays de l'espace européen

Ressources pour l'insertion	
www.afpa.fr	Association pour la formation professionnelle des adultes
http://travail-emploi.gouv.fr	Pour ses rubriques « formation professionnelle » et « emploi », et pour les adresses des missions locales
www.pole-emploi.fr	Pôle Emploi
www.apec.fr	Association pour l'emploi des cadres
www.keljob.com	Moteur de recherche vers une vingtaine de sites d'offres d'emploi pour trouver des annonces
www.demain.fr	Offres d'emploi en France comme à l'étranger, conseils et informations pratiques
https://ec.europa.eu/eures/public/fr/homepage	Portail européen sur la mobilité de l'emploi
www.monster.fr	Banque d'emploi
www.summerjobs.com	Offres d'emploi d'été (site en anglais)

4 – LA CLASSE DE TROISIÈME : LE PALIER D'ORIENTATION LE PLUS IMPORTANT

VERS LE CHOIX D'UN BAC

La classe de troisième, votre dernière étape avant l'entrée au lycée, correspond au cycle d'orientation. Durant ce cycle, vous serez sensibilisé à la démarche d'orientation qui se poursuivra tout au long de vos études.
Après la troisième, année charnière entre le collège et le lycée, vous devez opter progressivement, *via* la seconde, entre la voie générale ou technologique. Ces deux voies vous conduisent majoritairement à une poursuite d'études, laquelle reste fortement conseillée. L'obtention du baccalauréat, outre qu'il sanctionne un niveau de fin d'études secondaires, vous ouvre surtout les portes de l'enseignement supérieur.
Si vous souhaitez avant tout préparer un bac pour poursuivre des études supérieures, vous avez le choix entre le bac général et les huit bacs de la voie technologique – du génie mécanique à l'agronomie en passant par la comptabilité ou les arts appliqués… Schématiquement, le bac général est considéré comme préparant aux études « longues », notamment universitaires, les bacs technologiques aux études « courtes » telles que les BTS et les DUT.

En troisième, vous choisissez une orientation en fonction de vos résultats scolaires… mais pas seulement ! Il faut aussi penser à vos centres d'intérêt, découvrir dans quels environnements les métiers s'exercent, penser aux formations qui y mènent… et surtout ne pas hésiter à pousser toutes les portes pour vous informer. Dès à présent, il vous est donc conseillé de réfléchir à l'environnement des métiers, de connaître les formations qui mènent aux métiers que vous visez, mais aussi de vous informer assez précisément sur les métiers qui vous plaisent.

Les étapes de l'orientation en troisième

Dernière étape du collège, la troisième est une classe importante pour votre orientation.
Études générales, technologiques ou professionnelles : c'est en fin de troisième que tout se décide. Pour bien choisir et réussir, vous devez :
• découvrir toutes les filières d'études après la troisième ;
• vous informer sur les métiers et les comparer ;
• bien vous connaître et faire le point sur vous-même (résultats scolaires, goûts, intérêts…) ;

• connaître le mode d'emploi de l'orientation et son calendrier : être dans les temps pour choisir, vous renseigner sur toutes les étapes et les dates importantes ;
• rencontrer les interlocuteurs privilégiés pour vous conseiller ;
• aller dans les lieux spécialisés dans l'information et l'orientation : pour en savoir plus sur les études et les métiers en utilisant les lieux et les outils d'information à votre disposition.

Il existe trois voies d'orientation à l'issue de la troisième :
• la classe de seconde générale et technologique pour laquelle vous devez choisir des enseignements optionnels ou les classes de secondes à régime spécifique ;
• la classe de seconde professionnelle ;
• la première année de préparation au certificat d'aptitude professionnel (CAP) en deux ans. Pour plus de détails sur la voie professionnelle, rendez-vous dans la deuxième section de cet ouvrage, qui lui est consacrée.

Que vous choisissiez la voie générale ou la voie technologique, vous passez obligatoirement par une classe de seconde générale et technologique dite « de détermination ». Vous devez en effet choisir à cette occasion deux enseignements optionnels. Toutes les matières ne sont évidemment pas proposées dans chaque lycée et un repérage de l'offre s'impose.

Pour plus de renseignements, l'*Atlas de la formation initiale en France* vous donnera l'ensemble des adresses nationales des lycées publics et privés sous contrat. Consultez le site : www.onisep.fr

La seconde spécifique

Si vous choisissez le bac technologique sciences et technologies de l'hôtellerie et de la restauration (STHR) ; le bac sciences et techniques du théâtre, de la musique et de la danse (S2TMD – ex-TMD) ou le brevet de technicien métiers de la musique (dernier BT non encore transformé en baccalauréat technologique ou professionnel), vous passerez par une classe de seconde dite « spécifique » à chacun de ces deux bacs. Notez que les établissements sont rares et que seul 1 % des élèves y sont scolarisés !
Sachez qu'une fois engagé dans une telle voie, vous devrez aller jusqu'au bout, sans possibilité de vous réorienter (sauf en redoublant dans une autre classe de seconde). Il faut donc avoir mûri son projet professionnel. Soyez vigilant : à l'entrée, une sélection s'opère, le plus souvent, avec épreuves et/ou entretien en plus de l'examen du dossier de l'élève. Vous devez vous renseigner dès janvier pour connaître les modalités d'admission.

Ces classes font une part importante à l'enseignement général (12 à 16 heures par semaine) et les enseignements technologiques et professionnels sont en rapport avec la spécialité du BT ou du bac techno envisagé (17 à 20 heures hebdomadaires).

En fonction de votre projet scolaire, vous choisissez en seconde les enseignements optionnels les plus adaptés au bac que vous envisagez. Certains d'entre vous choisissent tout simplement les enseignements laissant le plus large choix en fin de seconde, n'ayant pas encore déterminé de façon sûre une orientation.

Obtenir un diplôme en troisième

Outre le traditionnel diplôme national du brevet (DNB), il existe deux autres diplômes/attestations qui peuvent vous être attribués au niveau national en classe de troisième :

- le **certificat de formation générale** (CFG) qui permet aux personnes en difficulté d'apprentissage, quel que soit leur âge, de disposer d'un bagage minimum pour les aider dans leur démarche d'insertion. Il valide des acquis dans des domaines de connaissances générales – notamment pour les élèves de l'enseignement général et professionnel adapté et de troisième d'insertion –, en particulier l'aptitude du candidat à l'utilisation des outils de l'information, de la communication sociale et sa capacité à évoluer dans un environnement social et professionnel ;

- les **attestations scolaires de sécurité routière** (ASSR) de 1er niveau et de 2^d^ niveau et leur préparation s'adressent en premier lieu aux élèves de collège. Le brevet de sécurité routière (BSR), également appelé permis AM, est constitué de l'ASSR de 1er niveau ou de 2^d^ niveau, de quatre heures de conduite sur les voies ouvertes à la circulation publique, sous le contrôle d'un accompagnateur qualifié, d'une heure de sensibilisation aux risques et de deux heures d'enseignement hors circulation. Le BSR est obligatoire pour conduire un cyclomoteur et un quadricycle léger, à partir de 14 ans. Pour les candidats sortis du système scolaire, un dispositif spécifique, l'attestation de sécurité routière (ASR), est prévu dans le cadre des Greta et des CFA. Une attestation d'éducation à la route (AER) valide les connaissances des personnes présentant une déficience visuelle ne leur permettant pas, en raison de leur handicap, de se présenter aux épreuves des attestations scolaires de sécurité routière ou de l'attestation de sécurité routière.

À noter : la possession de l'ASSR de niveau 2 ou de l'ASR est obligatoire pour pouvoir s'inscrire au permis de conduire (Cette disposition s'applique à toutes les personnes nées à compter du 1er janvier 1988).

QUEL ÉTABLISSEMENT CHOISIR ?

Les établissements publics

Pour choisir votre futur établissement, vous avez la possibilité de consulter le palmarès des lycées avec les résultats obtenus au bac dans les différentes séries. C'est un bon indicateur. Toutefois, n'oubliez pas que pour une inscription dans le public vous aurez à respecter la carte scolaire, plus ou moins rigide... Pour connaître le lycée dont vous dépendez, consultez le site internet de votre académie (voir annexes).

Les collégiens sont donc le plus souvent obligés de s'inscrire dans un des lycées appartenant à leur secteur géographique (district), sauf dérogation... Les demandes de dérogation sont satisfaites dans la seule limite de la capacité d'accueil des établissements. Si les capacités d'accueil sont atteintes, l'inspecteur d'académie attribue, après avis de la commission d'affectation, les dérogations selon l'ordre des priorités suivant :

- les élèves handicapés ;
- les élèves bénéficiant d'une prise en charge médicale importante à proximité de l'établissement demandé ;
- les boursiers au mérite ;
- les boursiers sociaux ;
- les élèves qui doivent suivre un parcours scolaire particulier ;
- les élèves dont un frère ou une sœur est scolarisé(e) dans l'établissement souhaité ;
- les élèves dont le domicile, en limite de zone de desserte, est proche de l'établissement souhaité.

Bien entendu, plusieurs motifs peuvent être indiqués.

À noter : les sites des inspections académiques et des rectorats proposent une information complète sur les mesures d'assouplissement de la carte scolaire et des formulaires de demande d'affectation.

LES CAS PARTICULIERS

- Dans les sections qui conduisent à des formations spéciales ou rares qui concernent plusieurs districts, les élèves viennent parfois de toute la France.
- Dans les sections bilingues ou internationales, l'enseignement d'une langue rare peut impliquer que l'élève soit scolarisé en dehors de sa zone.
- Dans les classes musicales à horaires aménagés ou les sections sport-études, des dérogations sont envisageables pour que l'élève puisse suivre en même temps les cours du conservatoire ou aller aux entraînements et compétitions de son sport.

L'entrée en seconde dans le public fait obligatoirement suite à la décision d'orientation de fin de troisième. Dans le dossier d'orientation (dès le courant du deuxième trimestre), vous indiquerez par ordre de préférence le (ou les) lycée(s) où vous souhaitez être scolarisé l'année suivante. L'admission sera prononcée par une commission d'affectation au vu des places disponibles dans l'établissement choisi. Après réception de l'avis d'affectation, vous devrez vous rendre dans le lycée désigné ou lui écrire pour procéder à l'inscription définitive.

Les établissements privés

Tout d'abord, sachez qu'il existe une différence entre le privé sous contrat et le privé hors contrat.
Les établissements privés sous contrat ont passé un accord avec l'État : celui-ci paie les dépenses de fonctionnement et les salaires des enseignants. Les horaires et les programmes sont identiques à ceux de l'enseignement public. Les professeurs ont la même formation universitaire que leurs collègues du public, mais n'appartiennent pas à la fonction publique. Ils sont en revanche soumis à des contrôles pédagogiques de l'Éducation nationale. Sachez que les élèves inscrits dans ce type d'établissements peuvent bénéficier d'un passage vers un établissement public en fonction des places disponibles. Les décisions du conseil de classe (passage ou non dans la classe supérieure, orientation en classe de troisième et de seconde) de l'établissement d'origine ont la même valeur dans le privé sous contrat que dans le public. Elles sont donc incontournables.

De leur côté, les établissements privés hors contrat n'ont aucun lien avec l'État. Libres à eux d'organiser les études comme ils le souhaitent... C'est pourquoi, avant toute inscription, il est primordial de vous informer sur les objectifs pédagogiques, le niveau de formation du corps professoral et les résultats aux examens d'État. Là aussi, il vous est possible de passer du privé au public, mais l'admission dans un établissement public sera soumise à la réussite d'un examen officiel organisé par l'inspection académique ou l'établissement envisagé, puisque les décisions d'orientation du hors contrat ne sont pas reconnues ailleurs.

LES PROCÉDURES D'ORIENTATION

Dès le deuxième trimestre de la classe de troisième, vous devrez émettre des « vœux provisoires d'orientation ». À ces vœux provisoires, le conseil de classe du deuxième trimestre répondra par des « propositions provisoires » d'orientation. Au troisième trimestre, vos vœux seront définitifs... et les propositions du conseil de classe également. Dans les deux cas, vœux et propositions peuvent être les mêmes (dans le meilleur des cas) ou différer. Concrètement, le conseil de classe se prononce au vu de vos résultats scolaires (la moyenne s'impose !), tout en tenant compte de vos aptitudes et de vos motivations. C'est pourquoi il est important pour vous de réfléchir et de vous informer le plus en amont possible. Alors n'hésitez pas à rencontrer le psychologue de l'Éducation nationale (PsyEN). Les informations fournies par ce dernier, ainsi que par le conseiller principal d'éducation (CPE) et les délégués des parents, sont également prises en compte. Mais sachez qu'au final, c'est le chef d'établissement qui prend la décision d'orientation. En troisième, le conseil de classe peut donner son avis sur les enseignements optionnels pour l'entrée en seconde ou encore sur les spécialités de CAP que vous aurez choisies, voire en proposer d'autres correspondant mieux à votre profil, mais c'est à l'élève et à sa famille que revient le choix de ces enseignements.

À noter : en classe de seconde, ce calendrier de l'orientation en deux étapes est sensiblement le même. En seconde, le conseil de classe peut aussi conseiller certaines options ou spécialités pour la classe de première. En revanche, le type de bac peut général ou technologique vous être imposé.

Au deuxième trimestre, vous demandez donc le passage dans une des trois voies d'orientation. Le conseil de classe répond à cette demande. En cas de désaccord, le dialogue commence, et est maintenu jusqu'au troisième trimestre.
Au troisième trimestre, vous demandez le passage dans une des trois voies d'orientation ou exceptionnellement le redoublement. Le conseil de classe propose une des modalités après avoir réalisé un bilan par rapport aux objectifs du niveau de troisième. En cas d'accord, la proposition devient décision du chef d'établissement qui vous le notifie.
En cas de désaccord, un entretien obligatoire est proposé à la famille par le chef d'établissement. Si le désaccord persiste, le chef d'établissement doit motiver sa décision et vous pouvez avoir recours en faisant appel devant une commission d'appel.

LA DÉCOUVERTE PROFESSIONNELLE EN TROISIÈME

Dans le prolongement de la rénovation du collège et avec la volonté d'offrir aux élèves un éclairage concret sur leurs choix d'orientation, le gouvernement a mis en place à la rentrée 2005 des enseignements de découverte professionnelle pour la classe de troisième.
Deux possibilités s'offrent à vous : une option facultative de 3 heures hebdomadaires ou un module de 6 heures par semaine.

L'option facultative, qui s'adresse à tous les élèves, vise à vous apporter une première connaissance du monde professionnel par une découverte des métiers, du milieu professionnel et de l'environnement économique et social. Les notions et les savoirs abordés permettent d'appréhender la réalité de l'univers des métiers, trop souvent ignorée. Les activités proposées vous font découvrir une large palette de métiers et de formations. Les élèves de troisième pourront ainsi découvrir les métiers en observant en quelque sorte de très près le quotidien d'un boulanger, d'une infirmière, d'un pilote, d'un chercheur au sein d'un laboratoire, d'une secrétaire... Ils découvriront le milieu professionnel lui-même : l'organisation du travail dans une entreprise, quelle que soit sa taille, dans une administration, un laboratoire... Mais aussi les différentes formations pouvant aboutir au métier qu'ils ont ainsi « observé ». Cette première approche du monde professionnel contribue à élargir et compléter la culture générale des collégiens et participe à l'éducation à l'orientation.
Le module de découverte professionnelle de 6 heures concerne notamment les élèves qui savent déjà qu'ils s'engageront ensuite dans la voie professionnelle, mais aussi des élèves volontaires, scolairement fragiles et prêts à se mobiliser autour d'un projet de poursuite de formation. Implanté le plus souvent en lycée professionnel, ce module a pour objectif de leur faire découvrir deux ou trois métiers par des réalisations pratiques. Il permet de préparer une orientation positive vers la voie professionnelle et non une orientation par l'échec : l'élève pourra choisir, sur la base d'une expérience concrète, la filière qu'il préfère. Les 6 heures hebdomadaires nécessaires sont dégagées dans l'emploi du temps par les 3 heures d'option facultative et les 3 heures de langue vivante 2 dont ces élèves sont dispensés. Le retour à une voie générale après une troisième avec option découverte professionnelle 6 heures reste possible, pour ceux qui le souhaiteraient et qui en auraient les aptitudes.
Outre ces deux formules, une séquence d'observation en milieu professionnel est prévue pour tous les élèves en classe de troisième. Profitez de cette occasion pour bien sélectionner l'entreprise dans laquelle vous ferez votre séquence afin de vous faire une idée concrète du métier dont vous rêvez.

Le calendrier à respecter

Même si tout se décide au troisième trimestre, un choix d'orientation se prépare tout au long de l'année. Surveillez vos agendas pour ne pas vous y prendre au dernier moment !

Au premier trimestre : s'informer

Informez-vous sur les études et les métiers ; posez-vous les bonnes questions ; consultez les interlocuteurs qui peuvent vous aider.

Au deuxième trimestre : les vœux provisoires (janvier-mars)

À ce stade, on vous demandera quels sont vos projets d'études pour l'an prochain.

Vous indiquez sur la fiche de dialogue (ou fiche-navette), fiche de liaison présente lors des différentes phases d'orientation et remise par le collège, votre (ou vos) demande(s) provisoire(s) : seconde générale et technologique ou seconde spécifique ; seconde professionnelle (vers un bac pro) ; première année de CAP/CAPA (agricole) ; ou, exceptionnellement, redoublement. Vos souhaits seront examinés au conseil de classe qui vous donnera une proposition provisoire d'orientation, c'est-à-dire une première indication sur vos choix possibles.
Pendant cette période, rien n'est définitivement joué : il est encore possible de faire le point avec vos parents, vos professeurs (en particulier votre professeur principal) et bien sûr le psychologue de l'Éducation nationale qui est là pour vous aider. C'est en effet au troisième trimestre que les décisions définitives se prennent.
Cependant, pour certaines spécialités rares et souvent très demandées (hôtellerie, arts, sections internationales, sports études, bacs technologiques de la musique et de la danse…), il existe des modalités d'admission particulières nécessitant des inscriptions préalables. Se renseigner dès le mois de janvier.

Au troisième trimestre : les choix définitifs (avril-mai)
Au troisième trimestre, on vous demandera quels sont vos choix définitifs d'orientation. Vous les noterez sur un dossier qui vous sera remis par le collège.
Le conseil de classe examinera vos vœux et vous fera connaître ses propositions d'orientation : seconde, CAP ou exceptionnellement redoublement. Il donnera aussi son avis (et seulement un avis) sur les enseignements optionnels ou les spécialités de CAP que vous aurez demandés.

À partir de là, deux possibilités :
• si les propositions du conseil de classe vous conviennent, elles deviennent décisions d'orientation ;

À noter : les textes réglementaires en vigueur stipulent que « *les décisions non conformes aux demandes (des familles) font l'objet de motivations signées par le chef d'établissement. Les motivations comportent des éléments objectifs ayant fondé les décisions en termes de connaissances, de capacités et d'intérêts* ».

• si le conseil de classe n'est pas du même avis que vous, il peut vous refuser un passage en seconde générale, technologique ou professionnelle. Dans ce cas, vous pouvez demander à rencontrer le principal, mais la décision en fin d'entretien lui reviendra.

En cas de décision non conforme à votre demande, le chef d'établissement doit vous remettre par écrit une explication signée de sa main. Dans ce cas, la réglementation,

encore une fois, est formelle : vous avez le droit de demander à être reçu par le chef d'établissement ou son représentant pour en discuter. Un bon conseil : ne passez pas à côté de cette possibilité de négociation qui vous est offerte. Si vous vous en abstenez, vos chances d'obtenir satisfaction devant une commission d'appel seront fortement réduites.
Si vous n'êtes toujours pas d'accord, vous pouvez faire appel dans un délai de trois jours suivant la décision. Enfin, sachez que si une décision non conforme à votre vœu ne vous est pas notifiée par écrit, explicitée et signée par le chef d'établissement, vous pouvez la faire annuler.

Quoi qu'il en soit, vous devez ensuite attendre votre affectation. En effet, la décision d'orientation ne signifie pas inscription dans un établissement. Votre dossier doit passer par une commission d'affectation qui vous enverra un « avis d'affectation » de votre futur lycée. Mais attention, votre inscription ne sera définitive que lorsque vous aurez répondu. En cas de problème, prenez très vite contact avec l'inspection académique.

En clair, lorsque vous aurez reçu la notification d'orientation définitive (avant le 15 juin si tout se passe bien, début juillet si votre cas passe devant une commission d'appel), il vous restera à passer au secrétariat de votre futur lycée afin d'y accomplir les formalités d'inscription et d'être certain d'avoir votre place à la rentrée.

VOTRE CALENDRIER DE L'ORIENTATION

Nous vous présentons ici la chronologie des procédures aux paliers d'orientation (troisième ou seconde).

- **Premier trimestre** : l'établissement organise généralement une réunion de sensibilisation et d'information aux questions d'orientation. Vous bénéficiez de ces séances d'information en classe.
- **Deuxième trimestre** : vous formulez des vœux provisoires auxquels correspondent des propositions provisoires du conseil de classe.
- **Troisième trimestre** : vous formulez des vœux définitifs auxquels correspondent des propositions définitives du conseil de classe.

En fin de troisième, l'orientation décidée en conseil de classe est un choix portant sur un type d'études : seconde générale et technologique, seconde professionnelle (vers un bac pro), CAP.
L'affectation correspond à l'attribution d'une place dans un lycée. Elle est décidée en commission, en fonction des places disponibles dans les établissements. Vous pouvez ainsi très bien être autorisé à vous engager dans une section par le conseil de classe, mais ne pas obtenir de place dans un établissement proposant cette

section. Il est donc prudent et vivement conseillé de toujours prévoir plusieurs vœux d'orientation.

La procédure d'affectation

En fin de troisième, chaque collégien reçoit un dossier d'inscription par l'intermédiaire de son établissement de rattachement. Il peut formuler trois vœux, par ordre de préférence. L'ordre des vœux est important : la commission d'affectation étudie d'abord le premier vœu, puis le deuxième et enfin le troisième. Les commissions d'affectation, présidées par le proviseur (les parents d'élèves y sont représentés), se prononcent au vu du dossier des candidats.
Sachez aussi qu'il existe des secondes qui prévoient des recrutements particuliers. Il s'agit en général des classes à horaires aménagés, des sections orientales, internationales, des séries STD2A (sciences et technologie du design et des arts appliqués), STL, STI2D (architecture et construction, énergie et environnement...), ST2S, BT.

Que faire en cas de contestation ?

Si le conseil de classe refuse votre choix, prenez rendez-vous avec le chef d'établissement. Celui-ci est tenu de recevoir l'élève et ses parents, afin de les informer des propositions du conseil de classe et recueillir leurs observations. Il peut faire droit à la demande d'orientation de l'élève à condition que celui-ci s'engage à suivre un dispositif de remise à niveau, avec l'accord écrit de ses représentants légaux dans le cas d'un élève mineur.

REDOUBLER SA TROISIÈME ?

Le décret n 2014-1377 du 18 novembre 2014 relatif au suivi et à l'accompagnement pédagogique des élèves et le décret n° 2018-119 du 20 février 2018 relatif au redoublement soulignent le caractère exceptionnel du redoublement. Cependant, les parents d'élèves peuvent demander le redoublement pour leur enfant. « Cette demande doit être exprimée par écrit à la suite d'une phase de dialogue avec le chef d'établissement. Mais le redoublement ne peut être mis en œuvre qu'à titre exceptionnel, si les conditions prévues par l'article D331-62 du code de l'éducation sont réunies. Que la demande de redoublement émane de la famille ou qu'elle soit proposée par le conseil de classe, dans tous les cas, s'impose la nécessité de vérifier que le redoublement est à même de « pallier une période importante de rupture des apprentissages scolaires », ce qui suppose que d'autres modalités d'aide se sont révélées inopérantes ou sont jugées comme risquant de l'être, à partir d'une analyse de la situation de l'élève ».
En cas de désaccord une procédure d'appel est possible.

De même, l'article D331-37 du code de l'éducation dispose que « lorsque les parents de l'élève ou l'élève majeur n'obtiennent pas satisfaction pour les voies d'orientation demandées, ils peuvent, de droit, obtenir le maintien de l'élève dans sa classe d'origine pour la durée d'une seule année scolaire. » « Ce droit peut s'exercer dès lors que la décision d'orientation du chef d'établissement n'est pas conforme à la demande de la famille, sans que celle-ci ne soit tenue de faire appel ». Au collège, le droit au maintien ne concerne que les élèves des classes de troisième.

Source : http://eduscol.education.fr/cid102219/le-redoublement-faq.html

La procédure d'appel

Comment faire appel ?

Informez-vous auprès du principal de votre collège ou du professeur principal sur la procédure à suivre. Pensez aussi à consulter les associations de parents d'élèves.

Comment est constituée la commission d'appel ?

Présidée par l'inspecteur d'académie ou son représentant, elle comprend deux chefs d'établissement, un conseiller principal d'éducation, un psychologue de l'Éducation nationale, et trois représentants des parents d'élèves. Le dossier d'orientation est présenté par le professeur principal de la classe et le psychologue de l'Éducation nationale. L'élève et ses parents peuvent être entendus.
Sachez que la décision de la commission d'appel est définitive et irrévocable.
Si votre appel est rejeté, vous avez bien sûr encore le droit d'opter pour le redoublement (mais jamais pour le triplement…). Ce choix peut s'avérer stratégique puisqu'il vous permet (à vos risques et périls) de tenter d'obtenir l'orientation convoitée l'année suivante.

À savoir : le redoublement est limité à certaines circonstances particulières (rupture scolaire pour raisons médicales ou familiales, échec d'orientation ou non-obtention d'un choix d'orientation).

À noter : les résultats du diplôme national du brevet n'interfèrent pas sur la décision d'orientation. Réussir cet examen ne donne donc aucun droit particulier en la matière. Les décisions d'orientation sont d'ailleurs bien antérieures à cet examen et, qui plus est, à ses résultats. En revanche, en cas d'appel, un bon résultat au brevet peut venir valider la requête d'une famille et renforcer ses chances d'obtenir satisfaction.

« PRÉPA-MÉTIERS »

Le dispositif d'initiation aux métiers en alternance (Dima) a disparu à la rentrée 2019 au profit du dispositif « prépa-métiers ». Le décret n° 2019-176 du 7-3-2019 précise que « ces nouvelles classes ont pour objectif d'accompagner les élèves volontaires dans la construction de leur projet de poursuite d'études en particulier vers la voie professionnelle sous statut scolaire et par apprentissage ».
Les élèves volontaires des classes de troisième peuvent désormais bénéficier d'une organisation spécifique des enseignements dans le cadre d'une classe de troisième « prépa-métiers ». Une convention est alors conclue entre lycées professionnels ou polyvalents et collèges. « Elle définit les modalités pédagogiques et d'organisation des enseignements, dont celui de la découverte professionnelle des métiers et des formations professionnelles ».

Pour en savoir plus : www.education.gouv.fr/cid140398/au-bo-du-28-mars-2019-classe-de-troisieme-dite-prepa-metiers.html

5 – L'ENJEU DE LA SECONDE GÉNÉRALE ET TECHNOLOGIQUE

Selon l'étude *Repères et références statistiques* du ministère de l'Éducation nationale, de l'Enseignement supérieur et de la Recherche (chiffres 2019), 63,7 % des élèves entrent en seconde générale et technologique après la classe de troisième. Passage obligé avant de rejoindre en première soit la voie technologique et préparer un des huit bacs technologiques, soit la voie générale.
En choisissant de préparer une classe de seconde générale et technologique au lycée, vous devez prendre conscience de plusieurs éléments :

- les matières, dont certaines nouvelles, pas toujours faciles ;
- les choix d'orientation importants ;
- le bac à décrocher ;
- et l'après-bac à préparer dès à présent…

Passer du collège au lycée représente plus qu'un simple changement d'établissement. Le rythme et les méthodes de travail évoluent aussi. Il vous sera demandé beaucoup plus de travail personnel. C'est pourquoi vous bénéficiez d'heures d'accompagnement personnalisé, afin de surmonter d'éventuelles difficultés ou lacunes.
Vous apprendrez à jongler à la fois avec des notions abstraites de culture générale et avec des notions spécifiques de culture technologique. Le choix de la filière générale vous conduira le plus souvent vers des études longues à l'Université, dans une école… tandis que la préparation d'un bac technologique vous amènera davantage vers des filières d'études supérieures courtes telles que les BTS ou les DUT, qui n'empêchent en rien, bien au contraire les poursuites d'études ultérieures (qui concernent environ 6 élèves sur 10 dans ces filières).

L'ÉVALUATION EN CLASSE DE SECONDE

Depuis la rentrée 2018, les élèves de seconde passent un test numérique de positionnement destiné à faire le point sur leurs méthodes de travail en français et mathématiques. Cette évaluation, qui n'est en aucune façon un examen, n'est pas notée. Il s'agit plutôt de « *permettre aux enseignants de recueillir des informations sur les compétences et le savoir-faire de chaque élève* ». Cette évaluation permet donc de mieux connaître les élèves avant de démarrer les programmes. De plus, si vous montrez des difficultés dans les disciplines testées, vous pouvez bénéficier d'une aide individualisée, seul ou en petit groupe, encadré par des professeurs.
Chaque élève (et ses parents) peut, bien sûr, connaître les résultats aux divers tests auxquels il a été soumis.

Pour les élèves d'enseignement général et technologique (LEGT), l'évaluation concerne le français et les mathématiques. En lycée professionnel (LP), il s'agit d'une évaluation interdisciplinaire comportant des activités de français, mathématiques, économie-gestion et sciences et techniques industrielles, réunies dans un seul cahier. Chaque épreuve est structurée selon la même arborescence : capacités, compétences, composantes.

SECONDE GÉNÉRALE ET TECHNOLOGIQUE OU SECONDE SPÉCIFIQUE ?

La classe de seconde générale et technologique ou la classe de seconde spécifique constitue l'année du cycle de détermination de la voie générale et technologique. Elle remplit son rôle : tout au long de l'année, vous allez tester vos goûts, vos aptitudes et vos compétences. Vous allez approfondir les matières étudiées au collège et en découvrir de nouvelles.

En fonction d'un projet scolaire ou professionnel, vous choisissez de suivre en seconde les enseignements optionnels les mieux adaptés au bac que vous envisagez ou qui laissent le plus large choix en fin de seconde (pour ceux d'entre vous encore hésitants ou désireux d'expérimenter certaines matières en seconde avant de faire un choix). C'est seulement en fin de seconde que vous choisirez précisément votre série du bac.

La seconde générale et technologique

Au deuxième trimestre, l'élève et sa famille demandent le passage dans une des voies d'orientation. Vous devrez vous déterminer pour une série de bacs en fin de seconde.

Les voies d'orientation possibles sont :

- première générale ;
- première sciences et technologies de l'industrie et du développement durable : STI2D ;
- première sciences et technologies de la santé et du social : ST2S ;
- première sciences et technologies de laboratoire : STL ;
- première sciences et technologies du management et de la gestion : STMG ;
- première sciences et technologies de l'agronomie et du vivant : STAV ;
- première sciences et technologies du design et des arts appliqués : STD2A ;
- les classes de première puis terminale préparant à certains brevets de technicien et aux brevets de technicien agricoles.

À noter : en fin de première, vous choisirez une option de spécialisation qui viendra encore affiner votre profil.
Sachez qu'après une classe de seconde ou de première générale et technologique vous avez encore la possibilité de rejoindre la voie professionnelle.

QUELQUES CHIFFRES

Parmi les 568 800 élèves de seconde générale et technologique des lycées publics et privés, 68,6 % ont intégré une première générale, 22,4 % une première technologique, 4,5 % ont préféré redoubler et 3,4 % se sont réorientés vers la voie professionnelle.

Source : *Repères et références statistiques*, ministère de l'Éducation nationale, de l'Enseignement supérieur et de la Recherche. Chiffres 2019.

La seconde spécifique

Si vous optez pour une seconde spécifique, vous suivrez les classes de première puis de terminale correspondant à votre choix. Voici les possibilités qui vous sont offertes :

- technologique de l'hôtellerie et de la restauration ;
- techniques de la musique et de la danse ;
- brevet de technicien (BT).

Ces différents diplômes se préparent obligatoirement à partir d'une seconde spécifique. L'entrée dans cette classe est soumise à sélection (tests d'aptitude et/ou entretien et examen du dossier scolaire). Aussi, dès le mois de janvier de l'année de troisième, vous devez penser à vous renseigner. Comme il est ici difficile de changer d'orientation en cours de route, vous devez avoir mûri votre projet professionnel. La seconde spécifique comporte 12 à 16 heures hebdomadaires de cours technologiques et professionnels en rapport avec la spécialité du diplôme préparé.

LES PROCÉDURES D'ORIENTATION EN SECONDE

En seconde comme en troisième, les décisions d'orientation se prennent définitivement au troisième trimestre. Elles concernent le passage en première et le choix de la série que vous souhaitez préparer. N'attendez pas la dernière minute pour vous décider !

Le calendrier à respecter

Au premier trimestre : s'informer

Informez-vous sur les études et les métiers ; posez-vous les bonnes questions ; consultez les interlocuteurs qui peuvent vous aider. Un premier bilan sera exprimé par le conseil de classe, qui se tient généralement entre le 1er et le 20 décembre. Le bulletin pourra donner lieu à un premier avis sur les possibilités d'orientation en fin d'année de seconde. Soyez vigilant, lucide et voyez comment vous faire aider pour rétablir le cap si votre premier trimestre a été tout sauf brillant. Bien que le taux de redoublement diminue drastiquement d'année en année, la classe de seconde est une classe à risques.

Au deuxième trimestre : vos premiers projets

Ce trimestre correspond pour vous à une phase d'information et de réflexion. À ce stade, vous exprimerez vos « souhaits d'orientation » pour une série de baccalauréat : générale, STI2D, STL, STMG... Ils seront examinés au conseil de classe qui vous donnera une première indication sur vos choix possibles. Pendant cette période, rien n'est encore joué, mais soyez attentif à ces avis argumentés de l'équipe enseignante. À cette date, il est encore possible de faire le point avec vos parents, vos professeurs (en particulier votre professeur principal) et bien sûr le psychologue de l'Éducation nationale.
C'est en effet au troisième trimestre que les décisions définitives se prennent. Cela est à relativiser car dans les faits, on peut dire (au regard d'un troisième trimestre très court) que pour 75 % des élèves, les décisions en matière d'orientation sont acquises dès la fin du deuxième trimestre de l'année scolaire. Autant le savoir...

Au troisième trimestre : vos choix d'orientation définitifs

Au dernier trimestre, vous émettrez des « vœux d'orientation définitifs ». Vous avez la possibilité de classer trois vœux définitifs dans l'ordre de préférence. Respectez bien la date limite de retour de ces vœux et, si vous le jugez utile, n'hésitez pas à accompagner votre dossier d'une lettre de motivation. Vous annoncerez la ou les séries de première que vous envisagez, le ou les enseignement(s) obligatoire(s) au choix que vous souhaitez suivre en première (pour le bac général), la ou les spécialité(s) choisie(s) (pour les bacs techno).

Le conseil de classe examinera vos vœux et vous fera connaître ses « propositions d'orientation » : série du bac, (exceptionnellement) redoublement. Il donnera aussi son avis (et seulement un avis) sur les enseignements, options ou spécialités choisies. Impossible à ce stade de vous réorienter ou de rattraper votre année scolaire.
Deux cas de figure peuvent se présenter :

- si les propositions du conseil de classe vous conviennent, elles deviennent décisions d'orientation ;
- si le conseil de classe n'est pas du même avis que vous, il peut vous proposer une autre série de bac ou le redoublement. Dans ce cas, vous pouvez demander à rencontrer le proviseur, mais la décision en fin d'entretien lui reviendra.

À noter : les lycées publics et privés sous contrat ne peuvent aller à l'encontre de la décision de la commission d'appel. Seuls les lycées hors contrat en ont la possibilité. S'ils vous permettent ainsi de contourner une décision d'orientation, sachez tout de même que vous ne pourrez plus réintégrer un établissement public ou sous contrat…

REDOUBLER SA SECONDE ?

Le décret n° 2014-1377 du 18 novembre 2014 relatif au suivi et à l'accompagnement pédagogique des élèves et le décret n° 2018-119 du 20 février 2018 relatif au redoublement ont fait du redoublement une procédure exceptionnelle. Le redoublement est limité à certaines circonstances particulières (rupture scolaire pour raisons médicales ou familiales, échec d'orientation/réorientation ou non-obtention d'un choix d'orientation).
Cependant, les parents d'élèves peuvent demander le redoublement pour leur enfant. Cette demande doit être exprimée par écrit à la suite d'une phase de dialogue avec le chef d'établissement et doit prouver que le redoublement pourra « pallier une période importante de rupture des apprentissages scolaires ».
De même, l'article D331-37 du code de l'éducation dispose que « lorsque les parents de l'élève ou l'élève majeur n'obtiennent pas satisfaction pour les voies d'orientation demandées, ils peuvent, de droit, obtenir le maintien de l'élève dans sa classe d'origine pour la durée d'une seule année scolaire. » Ce droit peut s'exercer si la décision d'orientation du chef d'établissement n'est pas conforme à la demande de la famille, « sans que celle-ci ne soit tenue de faire appel ».

Source : http://eduscol.education.fr/cid102219/le-redoublement-faq.html

Que faire en cas de contestation ?

Vous n'êtes pas d'accord avec les propositions d'orientation du conseil de classe du troisième trimestre. Vous avez rencontré le chef d'établissement qui, à la suite de l'entretien, a pris une décision.

Le désaccord persiste : vous disposez d'un délai de trois jours pour faire appel de cette décision et saisir la commission d'appel.

Comment faire appel ?

Informez-vous auprès de votre lycée (proviseur ou professeur principal) sur la procédure à suivre. Pensez également à consulter les associations de parents d'élèves.

Comment est constituée la commission d'appel ?

Présidée par l'inspecteur d'académie ou son représentant, elle comprend deux chefs d'établissement, un conseiller principal d'éducation, un psychologue de l'Éducation nationale, et trois représentants de parents d'élèves. Le dossier d'orientation est présenté par le professeur principal de la classe et le psychologue de l'Éducation nationale. L'élève et ses parents peuvent être entendus.
La décision de la commission d'appel est définitive et irrévocable.

LES ENSEIGNEMENTS COMMUNS

À noter : les nouveaux programmes d'enseignement de seconde et de première des voies générale et technologique et de certains enseignements de terminale des voies générale et technologique, publiés au BO spécial n° 1 du 22 janvier 2019, sont entrés en vigueur à la rentrée 2019 pour les classes de seconde et de première. Les programmes de terminale entrent quant à eux en vigueur à la rentrée 2020.

Depuis septembre 2019, la seconde comprend 10 enseignements communs à tous les élèves et 2 enseignements optionnels. Les matières communes représentent 25 h 30 d'enseignements par semaine, réparties de la manière suivante.

Français (4 h)
Vous découvrirez des œuvres complètes, plus particulièrement des textes du XVIIe au XXe siècle. Le programme comprend quatre grands genres littéraires (roman, théâtre, poésie, écrits d'argumentation) étudiés à différents moments de l'histoire. En vue des épreuves du baccalauréat, la pratique du commentaire de texte (écrit et oral) et de l'écriture d'invention est approfondie, et la dissertation littéraire est abordée.

Mathématiques (4 h)
Trois grands thèmes sont abordés : les statistiques et les probabilités ; les fonctions ; la géométrie. Les activités mathématiques sont diversifiées : appliquer des techniques et mettre en œuvre des algorithmes ; raisonner, démontrer ; expliquer oralement une démarche, communiquer un résultat, à l'oral ou par écrit... Vous pourrez également, grâce à l'informatique, rechercher, expérimenter et découvrir des propriétés dans le domaine des nombres, de la géométrie et des statistiques.

Langues vivantes 1 et 2 (5 h 30)
Le programme de langues vivantes s'appuie sur le Cadre européen commun de référence pour les langues, et notamment sur le thème de « l'art de vivre ensemble » : famille, communautés, villes, territoires. L'étude des deux langues s'organise autour des trois notions suivantes : mémoire, sentiment d'appartenance et visions d'avenir. Pour chaque langue, ces notions sont adaptées à ses spécificités culturelles et linguistiques.

Histoire et géographie (3 h)
Consacrée à l'étude des Européens dans l'histoire du monde de l'Antiquité au milieu du XIXe siècle, la partie histoire suit une progression chronologique par l'intermédiaire d'approches thématiques des périodes étudiées.
Le programme de géographie est quant à lui divisé en quatre thèmes centrés sur la question de développement durable sous la forme d'études de cas : enjeux du développement ; gérer les ressources terrestres ; aménager la ville ; gérer les espaces terrestres.

Sciences économiques et sociales (1 h 30)
Le but du programme est de découvrir les notions, les méthodes spécifiques aux sciences économiques et à la sociologie à partir de problématiques contemporaines (ex. : la consommation des ménages).

Sciences de la vie et de la Terre (1 h 30)
Les programmes s'articulent autour de trois grandes thématiques. Dans la première thématique, « La Terre dans l'Univers, la vie et l'évolution du vivant », il s'agit de montrer – dans le cadre des domaines propres aux sciences de la vie et de la Terre – que la science construit, à partir de méthodes d'argumentation rigoureuses fondées sur l'observation du monde, une explication cohérente de son état, de son fonctionnement et de son histoire. Dans la deuxième, « Les enjeux planétaires contemporains », il s'agit de montrer comment la discipline participe à l'appréhension rigoureuse de grands problèmes auxquels l'humanité d'aujourd'hui

se trouve confrontée. La troisième « Le corps humain et la santé », centrée sur l'organisme humain, permet à chacun de comprendre le fonctionnement de son organisme, ses capacités et ses limites. Elle prépare à l'exercice des responsabilités individuelles, familiales et sociales et constitue un tremplin vers les métiers qui se rapportent à la santé (médecine, odontologie, diététique, épidémiologie).

Enseignement moral et civique (18 h annuelles)
Le but de cet enseignement est de permettre aux élèves de développer leur sens critique, leur expression et leurs techniques d'argumentation à partir d'études de cas autour des thèmes « la personne et l'État de droit » et « égalité et discrimination ».

Physique et chimie (3 h)
Trois thèmes relatifs à la santé (le diagnostic médical, les médicaments), la pratique sportive (l'étude du mouvement, les besoins et les réponses de l'organisme lors d'une pratique sportive la pression, les matériaux et les molécules dans le sport), et à l'Univers (première présentation de l'Univers, les étoiles, les éléments chimiques présents dans l'Univers, le Système solaire) constituent le programme.

Éducation physique et sportive (2 h)
Le programme comprend la pratique et l'approfondissement de diverses activités physiques, sportives, artistiques… Cela afin d'enrichir sa motricité et d'entretenir sa santé !

Sciences numériques et technologie (1 h 30)
Ce nouvel enseignement constitue à la fois un apprentissage de l'informatique et un questionnement sur la place du numérique dans la société. L'objectif est de comprendre l'évolution de la diffusion des technologies de l'information et de la communication et les impacts majeurs sur les pratiques humaines.

LES ENSEIGNEMENTS OPTIONNELS

Depuis la rentrée scolaire 2019, l'enseignement est divisé entre enseignements communs et enseignements optionnels. Les sciences économiques et sociales, que les élèves suivaient auparavant dans le cadre d'un enseignement d'exploration obligatoire, entrent désormais dans le tronc commun.
Chaque élève peut choisir jusqu'à deux, voire trois enseignements optionnels, et notamment des enseignements technologiques afin de découvrir les domaines et les métiers auxquels conduisent les différentes séries de la voie technologique.

Ces enseignements optionnels vont vous donner une idée avant l'heure de la série du bac que vous devrez choisir définitivement en fin de seconde. Mais si les choses semblent complexes, elles ne sont pas pour autant définitives. Suivre une option conseillée en vue de telle ou telle série du bac ne vous « enferme » pas dans un choix. Ainsi, même si vous n'avez pas suivi l'enseignement préconisé, vous pourrez tout de même être accepté dans la première souhaitée (à condition que vos résultats le permettent et qu'une place soit disponible). Un tel choix suppose bien sûr de votre part une réelle motivation et une capacité de travail non négligeable...
D'une manière générale, les maîtres mots de la classe de seconde, chargée du point de vue horaire, sont : travail et organisation. Vous aurez au minimum 28 heures de cours par semaine, des exigences de travail fondées sur l'analyse, la prise de notes rapide, la réflexion personnelle et l'argumentation...

Les enseignements optionnels proposés sont les suivants :
- langues et cultures de l'Antiquité : latin ;
- langues et cultures de l'Antiquité : grec ;
- langue vivante étrangère ou régionale ;
- langue des signes française ;
- arts (arts plastiques, cinéma-audiovisuel, danse, histoire des arts, musique ou théâtre) ;
- éducation physique et sportive (EPS) ;
- arts du cirque.
- management et gestion ;
- santé et social ;
- biotechnologies ;
- sciences et laboratoire ;
- sciences de l'ingénieur ;
- création et innovation technologiques ;
- création et culture-design.

Dans les lycées agricoles, les élèves pourront suivre, au choix : écologie-agronomie-territoires-développement durable (enseignement général) ; hippologie et équitation ou autres pratiques sportives ; pratiques professionnelles ; pratiques sociales et culturelles (enseignement technologique).

À noter : aucun lycée n'offre tous les enseignements optionnels existants. Chaque établissement possède ses propres spécificités : avec ou sans préparation à des bacs technos, vocation tertiaire ou industrielle, existence ou non de filières d'arts appliqués, offre importante de formations aux langues vivantes ou pas... Vous vous trouverez donc devant une offre plus ou moins large ne correspondant pas forcément à vos attentes. Deux solutions : changer d'établissement ou suivre les enseignements optionnels non proposés par votre lycée de proximité par correspondance (Cned).

Comment choisir ?

Vous êtes nombreux à vous demander comment effectuer votre choix. Il est important de choisir ces enseignements en tenant compte de vos projets, de vos goûts, de vos centres d'intérêt, mais aussi, bien évidemment, de votre profil scolaire.
Sachez toutefois que ces choix ne vous engagent pas « tout à fait » définitivement. Il est en effet toujours possible de demander à entrer dans une série de première sans avoir suivi l'enseignement optionnel correspondant.

En clair, la seconde est bien une classe de détermination, vous laissant à son issue la possibilité de demander toutes les premières du lycée général ou technologique (quelles que soient les options suivies durant l'année scolaire). Mais il est évident que les élèves qui auront suivi les enseignements optionnels correspondant à une filière demandée seront plus à même d'y réussir, et souvent prioritaires. Par exemple, un élève qui demande à entrer en première préparatoire au bac techno ST2S (sciences et technologies de la santé et du social) sans avoir suivi en seconde l'option santé et social n'obtiendra pas facilement un avis favorable (pour vous aider, consultez attentivement le tableau des couples conseillés). Certaines combinaisons sont donc plus cohérentes que d'autres pour se construire un parcours d'études. Ainsi, il faut choisir l'initiation aux sciences de l'ingénieur ou à la création et l'innovation technologiques pour se diriger vers les sciences et technologies industrielles et préparer un bac STI2D ; l'enseignement « création et culture design » oriente plutôt vers le bac STD2A...

LEXIQUE DES ABRÉVIATIONS

EATDD : écologie, agronomie, territoire et développement durable
ES : économique et social
L : littéraire
LV2 ou 3 : langue vivante 2 ou 3
MPS : méthodes et pratiques scientifiques
PFEG : principes fondamentaux de l'économie et de la gestion
S : scientifique
SES : sciences économiques et sociales
STD2A : sciences et technologies du design et des arts appliqués
ST2S : science et technologies de la santé et du social
STAV : sciences et technologies de l'agronomie et du vivant
STHR : sciences et technologies de l'hôtellerie et de la restauration
STMG : sciences et technologies du management et de la gestion
STI2D : sciences et technologies de l'industrie et du développement durable
STL : sciences et technologies de laboratoire
S2TMD : sciences et techniques du théâtre, de la musique et de la danse

Présentation détaillée des différents enseignements optionnels

Biotechnologies

L'option biotechnologies permet de découvrir des activités des métiers relevant des domaines de la santé, de l'environnement, des bio-industries et de la recherche en biologie. Il vise en particulier les métiers des laboratoires de biologie de ces différents domaines. Il donne des éléments éclairants pour choisir une orientation dans ce secteur. Cet enseignement d'exploration est recommandé aux élèves souhaitant suivre un bac STL, ST2S ou encore STI2D.

Création et innovation technologiques

Cette option propose aux élèves de découvrir pourquoi et comment un produit s'inscrit dans une évolution technologique, à partir de quelles découvertes, inventions et innovations technologiques il est apparu et comment une démarche de créativité est indispensable au développement des innovations technologiques. Une poursuite d'études vers un bac STD2A est appropriée.

Langues et cultures de l'Antiquité : latin ou grec

Vous découvrirez une langue et une civilisation anciennes en vous exerçant à la traduction écrite, à l'étude des textes littéraires ou de documents historiques ou artistiques. Ces deux options sont à choisir en vue d'un bac général.

Langue vivante 3 étrangère ou régionale
Vous découvrirez une langue, une civilisation, un mode de vie et de pensée différent au travers de l'étude du vocabulaire, de la grammaire, grâce à la conversation, l'étude de textes, de documents, de films, de traductions... Cet enseignement d'exploration est à choisir en vue d'un bac général.

Langue des signes française
Disponible à la rentrée 2020, cet enseignement optionnel de 3 heures par semaine s'adresse à des débutants non sourds (notamment les enfants entendants de parents sourds), sourds ou malentendants. À ce jour, le programme est en cours d'élaboration.

Santé et social
Cet enseignement a pour objectif de faire découvrir les relations entre l'individu et la société, la santé, le bien-être social et l'environnement, d'expliquer comment les territoires sont organisés pour offrir des prestations et des services à l'individu, aux groupes sociaux, à la population. Il aborde les questions essentielles liées au maintien de la santé et du bien-être social au travers des principales problématiques des sociétés développées, liées aux différents âges de la vie, au handicap, à la santé publique et à la cohésion sociale, à l'échelle d'un territoire. Cet enseignement est recommandé aux élèves souhaitant se diriger vers un bac ST2S.

Sciences de l'ingénieur
Le programme a pour objectif de faire découvrir les objectifs et les méthodes de travail propres aux sciences de l'ingénieur et d'apprendre comment des produits ou des systèmes complexes répondent à des besoins sociétaux. La question du développement durable y est largement abordée. Cet enseignement est vivement conseillé si vous visez un bac sciences et technologies de l'industrie et du développement durable (STI2D).

Sciences et laboratoire
Vous découvrirez et pratiquerez des activités scientifiques en laboratoire dans les domaines de la santé, de l'environnement et de la sécurité. Domaine qui peut être abordé au travers de méthodologies et d'outils propres aux différentes disciplines scientifiques concernées (physique, chimie, biochimie...).

Arts du cirque
Vous vous approprierez les bases essentielles des arts du cirque afin de développer un langage du corps et une base d'expression artistique : acrobaties, équilibre sur

les mains, préparation à un travail physique adapté (souplesse, renforcement...), jeu d'acteur, danse et arts et culture.

Création et culture-design

Cet enseignement explore les grandes thématiques autour du cadre de vie et de l'environnement, du produit, de l'image, de l'innovation... Sens esthétique, goût pour les innovations, prise en compte des contraintes techniques et commerciales... Autant de paramètres à intégrer dans la conception d'un produit. Ce cours permet également de découvrir les métiers du design.

Éducation physique et sportive

Cet enseignement offre une formation pratique, exigeante et rigoureuse dans le domaine des activités physiques, sportives et artistiques, tout en proposant d'approfondir ses connaissances sur les métiers du sport et les études supérieures qui y conduisent.

Arts (arts plastiques, cinéma-audiovisuel, danse, histoire des arts, musique ou théâtre)

Ces enseignements optionnels conduisent les élèves à percevoir et apprécier le rôle, la valeur et la vitalité des arts dans la société. Le but est de développer un regard sensible, éclairé et critique sur le monde, d'affiner son jugement esthétique, d'acquérir des compétences et connaissances techniques, artistiques et culturelles dans chacun des domaines artistiques proposés.

Management et gestion

Le but de cette option est de donner aux élèves les connaissances de base en management et en sciences de gestion leur permettant de situer les pratiques des organisations par rapport à des enjeux fondamentaux de société, de cohésion sociale, de solidarité et de réalisation de projets tant individuels que collectifs. Trois thèmes sont abordés : s'engager et entreprendre (de l'intention à la création) ; organiser et décider (des objectifs à la réalisation) ; évaluer et évoluer (du pilotage aux développements numériques).

Les enseignements optionnels conseillés en seconde

Les enseignements optionnels suivis en seconde constituent un choix stratégique. En effet, certaines combinaisons sont plus cohérentes que d'autres pour se construire un parcours d'études.
Plusieurs combinaisons d'options peuvent mener vers un même bac.

Cependant, tout élève a droit à l'erreur et celui qui n'a pas suivi l'enseignement préconisé peut être accepté dans la première désirée si ses résultats le lui permettent.

Bac visé	Enseignements d'exploration conseillés
Général	Langue étrangère ou régionale, langue des signes française, langues et cultures de l'Antiquité (latin ou grec), sciences et laboratoire, création et innovation technologiques, sciences de l'ingénieur
STI2D (sciences et technologies de l'industrie et du développement durable)	Biotechnologies, sciences de l'ingénieur, création et innovation technologiques
STMG (sciences et technologies du management et de la gestion)	Management et gestion
ST2S (sciences et technologies de la santé et du social)	Santé et social, éducation physique et sportive
STL (sciences et technologies de laboratoire)	Biotechnologies, sciences et laboratoire
STAV (sciences et technologies de l'agronomie et du vivant)	Biotechnologies, sciences et laboratoire
STD2A (sciences et technologies du design et des arts appliqués)	Création et culture-design, arts (arts plastiques, cinéma-audiovisuel, danse, histoire des arts, musique ou théâtre)

LES ORIENTATIONS SELON LES PROFILS D'OPTION EN SECONDE : QUELQUES CHIFFRES

Les flux vers les différentes orientations dépendent en partie des choix d'enseignements optionnels retenus en seconde GT, enseignements qui permettent un choix avant de se déterminer pour une des séries menant au baccalauréat général ou technologique.

Environ 20 % des élèves ayant choisi l'enseignement d'exploration « sciences de l'ingénieur » (désormais enseignement optionnel) s'orientent vers une première STI2D. Près de 30 % de ceux qui choisissaient SES et PFEG (désormais inclus dans les enseignements de tronc commun) s'orientaient vers une première STMG.

Face à ces orientations selon les profils d'options de seconde, les garçons et les filles ont des comportements différenciés : 69,3 % des filles s'orientent vers une première générale, 22,1 % vers une première technologique, le plus souvent en

STMG (11,5 %). 60,5 % des garçons s'orientent vers une première générale, tandis que 27,3 % entrent en première technologique, dont 12,3 % en première STMG et 13,2 % en première STI2D.

Source : *Repères et références statistiques*, ministère de l'Éducation nationale, de l'Enseignement supérieur et de la Recherche. Édition 2019.

LA SECONDE : UNE CLASSE DIFFICILE

La classe de seconde apparaît, pour beaucoup d'élèves, comme un passage difficile. Il existe souvent un écart, à la fois de niveau et d'attentes, entre le collège et le lycée, et certains élèves ont du mal à s'adapter à cette nouvelle situation.

Des stages pour une meilleure adaptation

Malgré des efforts d'adaptation et d'harmonisation, l'entrée en seconde est ressentie comme un choc par les élèves les plus fragiles, qui peuvent se retrouver assez rapidement en situation d'échec. La seconde est une classe dont le taux de redoublement est un des plus forts (4,5 % en 2018-2019), c'est aussi un palier de réorientation vers la voie professionnelle (3,4 % des élèves de seconde générale et technologique ont été réorientés en 2018-2019). Les nouveaux élèves ont souvent des difficultés à apprendre une leçon, organiser leur travail, s'exprimer à l'oral. C'est dans leur travail personnel qu'ils ont le plus de problèmes. Ils n'ont pas pris suffisamment l'habitude du travail autonome, et les parents ne sont pas toujours en mesure de les aider.
Deux sortes de stages ont donc été créées pour mieux soutenir l'élève qui pense s'être trompé de voie, ou celui qui a des difficultés pouvant compromettre son parcours : les stages de remise à niveau et les stages passerelles.

Les stages de remise à niveau

Destinés principalement à éviter le redoublement et à combler des lacunes qui pourraient compromettre l'orientation souhaitée, les stages de remise à niveau s'adressent aux élèves volontaires des lycées d'enseignement général et technologique et des lycées professionnels. Ces stages peuvent être recommandés par le conseil de classe, ou par tout acteur de l'équipe éducative (professeur principal, professeur en charge du soutien dans le cadre de l'accompagnement personnalisé, chef d'établissement...). L'élève peut lui-même prendre l'initiative de demander ce stage de remise à niveau.

Ces stages sont organisés durant l'année scolaire ou les vacances, durant deux semaines au maximum, à raison d'une durée moyenne de vingt heures par semaine. Organisés sous la responsabilité d'enseignants volontaires et parfois, dans les lycées publics, d'un membre de l'équipe pédagogique ou d'assistants d'éducation, ils sont prioritairement centrés sur l'acquisition de compétences, de contenus disciplinaires ou d'éléments de méthode.

Les stages passerelles

Sachez également qu'il est envisageable à l'issue de la classe de seconde de se réorienter vers le lycée professionnel afin d'y préparer un bac professionnel. En effet, des stages « passerelles » ont été mis en place, permettant aux élèves de changer d'orientation en cours ou en fin d'année en leur apportant les compléments d'enseignement indispensables. Assurés par des enseignants volontaires ou, pour les formations en langue vivante, par des enseignants étrangers placés sous la responsabilité d'un membre de l'équipe pédagogique, ces stages s'adressent en priorité aux élèves de première générale et technologique mais également à ceux de seconde. Ils permettent de vérifier l'opportunité du changement d'orientation puis de faire le point sur les conditions nécessaires pour que ce parcours assure la réussite de l'élève.
L'élève qui souhaite changer de série ou de voie construit, avec l'aide du professeur principal, du psychologue de l'Éducation nationale et de son tuteur son projet, de préférence au cours du premier trimestre. Après avis du conseil de classe ce changement d'orientation est prononcé par le chef d'établissement qui, au vu des besoins spécifiques de l'élève, peut proposer à celui-ci de suivre un stage passerelle. Un stage d'immersion peut être réalisé dans une formation différente de son établissement habituel, ou bien dans un autre établissement que le sien, en accord avec les chefs des établissements concernés. À l'issue du stage, un « dossier passerelle » est réalisé concernant le candidat, précisant ses résultats en termes de motivation, capacités scolaires et comportementales, soulignant le cas échéant les aides ou accompagnements qui s'avéreront nécessaires. Un avis est donné par le proviseur du lycée, la décision finale revenant au recteur de l'académie.

Récapitulatif des enseignements en seconde générale et technologique à compter de septembre 2020

Des enseignements communs à tous les élèves	
Français	4 h
Histoire-géographie	3 h
Langue vivante 1 et 2	5 h 30
Sciences économiques et sociales	1 h 30
Mathématiques	4 h
Physique-chimie	3 h
Sciences de la vie et de la Terre	1 h 30
Éducation physique et sportive	2 h
Enseignement moral et civique	18 h annuelles
Sciences numériques et technologie	1 h 30

Deux (ou trois) enseignements optionnels au choix parmi :	Volume horaire hebdomadaire
Santé et social	1 h 30
Biotechnologies	1 h 30
Sciences et laboratoire	1 h 30
Sciences de l'ingénieur	1 h 30
Éducation physique et sportive	3 h
Création et innovation technologiques	1 h 30
Arts (arts plastiques, cinéma-audiovisuel, danse, histoire des arts, musique ou théâtre)	3 h
Langues et cultures de l'Antiquité : latin	3 h
Langues et cultures de l'Antiquité : grec	3 h
Langues vivantes 3 étrangère ou régionale	3 h
Langue des signes française	3 h
Arts du cirque	6 h
Création et culture-design	6 h
Management et gestion	1 h 30

L'objectif principal : choisir son bac

À la fin de la classe de seconde, vous allez opter pour la voie générale ou la voie technologique et choisir parmi une série de bacs. Ce choix doit tenir compte à la fois de vos résultats scolaires et de vos projets d'études pour l'avenir.
L'évaluation de vos résultats scolaires de seconde est déterminante dans le choix de votre série de première. Vous devez aussi vous appuyer sur vos goûts, votre motivation, testés au travers des options suivies. Avant de vous engager dans une voie, informez-vous sur ce que cela implique au niveau de la poursuite d'études dans le supérieur.
Les objectifs des deux voies, l'organisation et le contenu des enseignements diffèrent largement. Les perspectives de poursuite d'études également. Ne vous engagez donc pas à la légère, car les décisions d'orientation prises en fin de seconde sont déterminantes.

En théorie, tout élève de seconde, quelles que soient les options choisies, peut demander à être intégré dans n'importe quelle classe de première. En pratique, c'est loin d'être aussi simple. En effet, un élève qui choisit de s'orienter vers une classe de première dont il ne connaît pas les enseignements fondamentaux part avec un handicap. D'où un risque d'échec à prendre en considération.

La voie générale

• À compter de l'année scolaire 2020-2021, tous les élèves passeront le « nouveau » bac général.
• Au programme de première (environ 30 heures de cours par semaine) : un socle d'enseignements obligatoires communs, des disciplines de spécialité (trois maximum), une session d'orientation hebdomadaire (1 h 30) et un enseignement facultatif. En terminale : un socle d'enseignements obligatoires communs, des disciplines de spécialité (deux parmi les trois choisies en première), une session d'orientation hebdomadaire (1 h 30) et des enseignements facultatifs (deux maximum).
• Après le bac : priorité aux études supérieures longues.

La voie technologique

• Elle comporte huit bacs : STL, STMG, STI2D, ST2S, STD2A, STAV, STHR (sciences et technologies de l'hôtellerie et de la restauration), techniques de la musique et de la danse. Le bac STHR se suit après une seconde spécifique. Sans oublier les brevets de technicien (BT).

• Au programme de première et terminale (heures de cours hebdomadaires variables selon les séries) : des enseignements généraux et trois enseignements de spécialité en première (deux en terminale).
• Après le bac : pour la majorité des élèves, cap sur le brevet de technicien supérieur (BTS) ou sur le diplôme universitaire de technologie (DUT).

Sauf cas particulier, tout élève ayant effectué un parcours d'études complet en classe de première générale ou technologique est admis dans une classe terminale correspondante. Cela signifie deux choses importantes : les réorientations sont en principe impossibles à ce niveau, un redoublement ne peut pas être imposé à l'élève (la classe de première n'étant pas un palier d'orientation). Les redoublements volontaires, exceptionnels mais possibles, ne sont cependant pas un droit. Quelle que soit la classe de terminale dans laquelle vous êtes admis, vous devrez effectuer des choix : celui, obligatoire, de deux enseignements de spécialité et celui, facultatif, d'une ou de deux options en terminale générale ; dans les séries technologiques STMG, STI2D, STL, ST2S et STD2A, à côté des enseignements généraux, les élèves de terminale suivent des enseignements technologiques spécifiques à leur série.

À noter : près de 95 % des élèves de première prolongent leurs études dans la même voie en terminale. Les réorientations sont donc possibles mais rendues difficiles par le fait que vous passez des épreuves anticipées en fin de première.

Les réorientations en fin de seconde générale et technologique

Le droit des familles à demander la première de leur choix se limite aux vœux d'orientation, la décision étant du ressort du conseil de classe. Il vous sera d'autant plus difficile d'obtenir un avis favorable à une demande de réorientation que celle-ci sera très éloignée des choix faits à l'entrée en seconde... Pour multiplier les chances de voir votre demande acceptée, vous devez remplir plusieurs conditions :
• être motivé et porteur d'un projet de réorientation crédible ;
• avoir fait preuve durant la seconde de réelles compétences scolaires ;
• accepter une remise à niveau si on vous le demande ;
• être prêt à changer d'établissement lorsque la filière de réorientation demandée n'est pas proposée dans le vôtre.

PARTIE II

LE BACCALAURÉAT D'ENSEIGNEMENT GÉNÉRAL

1 – PRÉSENTATION GÉNÉRALE

LES GRANDES LIGNES

Qui êtes-vous ? Un amoureux des belles-lettres, des langues étrangères, passionné par les grands penseurs et autres philosophes ? Ou bien êtes-vous plus cartésien, l'esprit concentré sur de savantes arabesques mathématiques, habile à manier les théorèmes et les formules scientifiques ? À moins que vous ne vous sentiez citoyen dans l'âme, curieux des mécanismes légaux, sociaux ou économiques qui régissent nos sociétés...

Quelles que soient vos affinités, quels que soient vos talents, il y a fort à parier que vous pourrez les affirmer et les consolider dans le cadre du lycée. À la différence d'un baccalauréat professionnel, qui permet d'accéder à la vie active immédiatement après l'obtention du diplôme, à la différence aussi du baccalauréat technologique, dont les enseignements sont plus orientés vers des savoirs pratiques et vous destinent à des cycles d'études courtes (BTS, DUT...), le baccalauréat général permet, grâce à des enseignements encore très magistraux, d'acquérir les bases nécessaires à une poursuite d'études.

Aujourd'hui, le bac général est un sésame, une clé quasi indispensable pour accéder à l'enseignement supérieur. Même si un certain nombre d'entre vous décide, à la sortie du lycée, de se lancer à la recherche d'un premier job, la grande majorité envisagera de poursuivre des études à l'Université, en classes prépas ou en école, car le baccalauréat seul ne suffit pas à garantir un emploi...

LA SESSION 2019 DU BACCALAURÉAT EN CHIFFRES

Avec 755 900 candidats et un taux de réussite à la session 2019 du baccalauréat de 88,1 %, les lauréats sont 0,2 % moins nombreux qu'en 2018.
Le taux de réussite dans les séries technologiques est de 88,1 % (- 0,8 % par rapport à 2018).
Le taux de réussite du baccalauréat professionnel s'établit à 82,3 % (- 0,3 % par rapport à 2018) et a ainsi permis de qualifier professionnellement plus de 172 500 jeunes.
Au total, la part des bacheliers 2019 dans une génération est portée à 79,7 % (79,9 % en 2018).

Source : ministère de l'Éducation nationale, *Évaluation et statistiques*, juillet 2019.

COMMENT S'ORIENTER ?

Il est rare d'avoir un projet professionnel dès la sortie du collège. Difficile donc de planifier les études que vous choisirez dans un avenir proche. Essayez tout d'abord de cerner vos goûts et vos compétences. Les tests qu'un psychologue de l'Éducation nationale vous fera passer (vous renseigner pour cela auprès de votre établissement) vous permettront de savoir pour quelle branche vous êtes *a priori* fait. Doué pour le social, pour le caritatif, apte à embrasser une carrière artistique, futur prof dans l'âme ? Autant de pistes que de métiers. Les conseils d'un professionnel peuvent vous aider à y voir plus clair. Attention toutefois, il est primordial de tenir compte de vos goûts propres. Suivre une orientation pour de mauvaises raisons peut s'avérer catastrophique et n'être finalement qu'une perte de temps.

Autre choix pouvant s'avérer problématique, celui d'un établissement scolaire. Les lycées ne jouissent pas tous de la même réputation. Sachez cependant qu'en raison du principe républicain de l'égalité des chances, l'enseignement dispensé sera le même quel que soit l'établissement. À l'issue de la troisième vous serez donc dirigé en fonction de la carte scolaire, puisque votre lieu de résidence vous rattache à un lycée (notez cependant que l'Éducation nationale a mis en place un assouplissement de la carte scolaire, *cf.* Partie I). Certains parents, mais aussi collégiens, cherchent à tout prix à connaître la valeur d'un établissement. Comme l'indiquait une note du ministère de l'Éducation nationale, « *apprécier la performance d'un lycée implique de voir ce que sont ses résultats relativement à l'objectif essentiel qui lui est fixé : préparer ses élèves au baccalauréat et les amener à la réussite à cet examen. Pour cela, le seul taux de réussite au baccalauréat est insuffisant. En effet, pour améliorer celui-ci, il suffit d'éliminer ou d'orienter vers d'autres établissements des élèves jugés susceptibles d'échouer au baccalauréat. Deux autres indicateurs sont également à considérer : le taux d'accès de seconde et de première au baccalauréat permet d'apprécier le caractère plus ou moins sélectif des établissements et le parcours scolaire des élèves depuis leur entrée en seconde ou en première jusqu'au baccalauréat… Dans ces conditions, il faut se méfier des classements établis sur un seul critère !* »

Sources : ministère de l'Éducation et *Le Monde de l'éducation*.

UN BAC « SECTION EUROPÉENNE » (OU « DE LANGUE ORIENTALE »)

À noter : le système LMD clarifie les niveaux de sortie (licence, master et doctorat) à l'échelle européenne en s'appuyant sur un système de crédits capitalisables (ECTS) qui encourage la flexibilité des parcours et la mobilité des étudiants au sein de l'Union européenne.

Dans ces conditions, pourquoi ne pas vous préparer dès la terminale en présentant un bac « section européenne » ?

Créées en 1992, les sections européennes et de langue orientale contribuent à répondre au besoin d'ouverture européenne et internationale des établissements scolaires français. Depuis leur création, leur succès ne se dément pas : en 2020, près de 1 800 établissements français proposent une section européenne ou de langues orientales.

À noter : les sections européennes ou de langue orientale sont ouvertes à partir de la classe de seconde jusqu'en classe terminale dans les lycées généraux, technologiques et professionnels.

À la différence des sections internationales, les sections européennes sont ouvertes à tous les élèves qui manifestent une aptitude et un goût suffisants pour une ou plusieurs langues parmi 7 langues proposées : l'anglais, l'allemand, l'espagnol, l'italien, le russe, le néerlandais et le portugais. L'ouverture d'une section européenne est du ressort du recteur d'académie.

Caractéristiques des enseignements

- Enseignement d'une partie du programme d'une ou plusieurs disciplines non linguistiques dans la langue de la section. Cette discipline non linguistique (DNL) peut être, au choix de l'établissement : histoire-géographie, sciences de la vie et de la Terre, mathématiques, EPS ou sciences-physiques. Pour ces enseignements spécifiques, les élèves sont regroupés en dehors de leurs classes habituelles.
- Organisation, dans le cadre du projet d'établissement, d'activités culturelles et d'échanges, tendant à l'acquisition d'une connaissance approfondie de la civilisation du ou des pays où est parlée la langue de la section.

C'est pour répondre à l'attente d'un public scolaire de plus en plus large, désireux d'acquérir la maîtrise d'une langue étrangère à un haut niveau, aussi proche que possible du bilinguisme, que le ministère de l'Éducation nationale, fort de ses expériences antérieures, a mis en place ce dispositif.

L'ambition fondatrice, au-delà de la dimension linguistique, vise un véritable renouvellement pédagogique qui implique une connaissance approfondie de la civilisation du ou des pays concernés, la dynamisation des échanges et des partenariats avec des établissements étrangers, la sensibilisation aux enjeux de la citoyenneté européenne, l'approfondissement de l'interdisciplinarité.

Les sections européennes constituent enfin un outil au service du renforcement et de la diversification de l'enseignement des langues vivantes, en permettant l'ouverture dans la première ou la seconde langue vivante étudiée et en élargissant à d'autres langues que les langues européennes. Dans ce cas, ces sections prennent l'appellation de sections de langues orientales.

Si la ventilation par langue place l'anglais au premier rang, suivi par l'allemand, l'espagnol et l'italien, on trouve également, en nombre plus limité, des sections de russe, portugais et néerlandais.

La scolarité suivie en section européenne ou de langue orientale est sanctionnée par une indication particulière portée sur le diplôme du baccalauréat général ou technologique : l'indication « section européenne » ou « section de langue orientale ». Cette dernière dépend :

- du résultat obtenu à l'épreuve obligatoire de langue vivante 1 ou 2 du baccalauréat qui a porté sur la langue de la section : le candidat doit y obtenir au moins 12 sur 20 ;
- du résultat obtenu à une évaluation spécifique, composée du résultat, pour 80 % de la note, d'une épreuve orale et, pour 20 %, d'une évaluation en cours de formation : le candidat doit y obtenir au moins 10 sur 20.

Les sections européennes dans l'enseignement professionnel visent à préparer l'ensemble des jeunes aux compétences que requièrent non seulement l'importance grandissante de la dimension internationale dans l'économie mais également les nouveaux enjeux de la citoyenneté.

2 – LE NOUVEAU BAC GÉNÉRAL (BAC 2021)

CARACTÉRISTIQUES

Alors que près de 90 % des élèves obtiennent leur baccalauréat général ou technologique, ils sont moins d'un tiers à obtenir un diplôme de licence en trois ans après ce fameux sésame.
Partant de ce constat, l'État français a décidé de réformer un diplôme ne préparant plus suffisamment les élèves aux attentes de l'enseignement supérieur.

Une autre volonté du gouvernement était de faire disparaître la section S (sciences), qui regroupait encore plus de la moitié des candidats au bac général alors que, de leur aveu même, 40 % de ces candidats ne souhaitaient pas poursuivre un cursus scientifique à l'issue de leur terminale.

Autre chantier de réforme : l'abolition des 12 à 16 épreuves finales au profit du contrôle continu, de quelques matières (philosophie, spécialités) et d'un oral commun. Ainsi, il n'est plus question d'un mois de juin tronqué pour les élèves de première et de seconde qui voyaient jusqu'à présent leurs établissements et leurs enseignants monopolisés par l'organisation du baccalauréat.

Les programmes d'enseignement ont donc été progressivement revus, dans une logique *« d'exigence disciplinaire et de préparation à l'enseignement supérieur »*.
Le lycée propose désormais également des enseignements nouveaux permettant de comprendre et d'agir dans le monde contemporain : humanités scientifiques et numériques ; histoire géographie ; géopolitique et sciences politiques ; sciences informatiques et numériques.

CALENDRIER DU BAC 2021

Depuis la rentrée 2018, pour les élèves de seconde : test numérique de positionnement.
Rentrée 2019, pour les élèves de première : trois disciplines de spécialité ; introduction d'un contrôle continu.
Juin 2019 : épreuve anticipée de français à l'oral et à l'écrit.
Rentrée 2020, pour les élèves de terminale : choix de deux disciplines de spécialité parmi les trois choisies en première pour les approfondir.
Avril-mai 2021 : deux épreuves terminales portant sur les disciplines de spécialité.
Juin 2021 : deux épreuves terminales pour tous les élèves : philosophie et grand oral.
Source : www.education.gouv.fr/un-nouveau-baccalaureat-en-2021-3098

En résumé, le bac 2021 c'est :
• un nouveau baccalauréat pour mieux accompagner les élèves dans la conception de leur projet d'orientation, avec :
- un temps dédié à l'orientation en seconde, première et terminale,
- deux professeurs principaux en terminale,
- un même diplôme pour tous, avec des enseignements communs, des enseignements de spécialité permettant aux élèves d'affiner leur projet en fonction de leurs souhaits, et avec la possibilité de choisir des enseignements optionnels pour mieux préparer leur parcours ;
• un nouveau baccalauréat pour servir de tremplin vers la réussite dans le supérieur :
- tous les lycéens bénéficient d'enseignements communs favorisant la réussite et la formation de chacun,
- les horaires consacrés aux enseignements de spécialité vont permettre aux élèves d'aller plus loin dans l'approfondissement des connaissances ;
• la fin des séries en voie générale pour permettre aux élèves de choisir les enseignements qui les motivent :
- les séries L, ES et S sont remplacées par des enseignements communs, des enseignements de spécialité choisis par les élèves et, s'ils le souhaitent, des enseignements optionnels.

LES ENSEIGNEMENTS DE PREMIÈRE ET DE TERMINALE

Présentation générale

En première, l'emploi du temps comprend un socle de culture commune à tous les élèves : français, histoire-géographie, enseignement moral et civique, EPS, enseignements scientifiques et langues vivantes. L'objectif est de partager une culture générale fondamentale, renforcer la maîtrise de la langue française et de la communication en langue étrangère, contribuer à la formation citoyenne, consolider les savoirs fondamentaux, développer l'esprit critique, l'autonomie et la responsabilité notamment dans l'usage des médias informatisés.
S'y ajoutent des disciplines de spécialité :
• arts ;
• histoire-géographie, sciences politiques et géopolitique ;
• humanités, littérature et philosophie ;
• langues, littératures et cultures étrangères ;
• littérature, langues et cultures de l'Antiquité ;
• mathématiques ;
• numérique et sciences informatiques ;

- sciences de la vie et de la Terre ;
- sciences économiques et sociales ;
- sciences de l'ingénieur ;
- physique-chimie.

En terminale, des enseignements sont également communs, mais la philosophie remplace le français et la part des langues vivantes est réduite d'une demi-heure (4 h au lieu de 4 h 30).

Un choix d'enseignements optionnels facultatifs (maximum un enseignement en première et possibilité d'un second choix en terminale) est également proposé :
- en première : arts ; langues et cultures de l'Antiquité ; LV3 (étrangère ou régionale) ; langue des signes française ; EPS ;
- en terminale uniquement : mathématiques expertes ; mathématiques complémentaires ; droits et grands enjeux du monde contemporain.

Enfin, en première comme en terminale, l'emploi du temps comprend 1 h 30 hebdomadaire d'orientation.

Les enseignements communs

Le volume horaire hebdomadaire dédié à chaque matière est le suivant :

Matières	Horaires hebdomadaires en première	Horaires hebdomadaires en terminale
Français	4 h	-
Philosophie	-	4 h
Histoire-géographie	3 h	3 h
Enseignement moral et civique	18 h annuelles	18 h annuelles
LV1 et LV2	4 h 30	4 h
Éducation physique et sportive	2 h	2 h
Enseignement scientifique	2 h	2 h
Orientation	1 h 30	1 h 30

Source : www.education.gouv.fr

Les disciplines de spécialité

Matières	Horaires hebdomadaires en première	Horaires hebdomadaires en terminale
Arts	4 h	6 h
Histoire-géographie, sciences politiques et géopolitique	4 h	6 h
Humanités, littérature et philosophie	4 h	6 h
Langues, littératures et cultures étrangères	4 h	6 h
Littérature, langues et cultures de l'Antiquité	4 h	4 h
Mathématiques	4 h	6 h
Numérique et sciences informatiques	4 h	6 h
Sciences de la vie et de la Terre	4 h	6 h
Sciences de l'ingénieur	4 h	6 h
Sciences économiques et sociales	4 h	4 h
Physique-chimie	4 h	6 h

Source : www.education.gouv.fr

Les options

Matières	Horaires hebdomadaires en première	Horaires hebdomadaires en terminale
Arts	3 h	3 h
Langues et cultures de l'Antiquité (latin ou grec)	3 h	3 h
EPS	3 h	3 h
Langue vivante 3 (régionale ou étrangère)	3 h	3 h
Langue des signes française	3 h	3 h

Matières	Horaires hebdomadaires en première	Horaires hebdomadaires en terminale
Hippologie et équitation(1)	3 h	3 h
Agronomie-Économie-Territoires(1)	3 h	3 h
Pratiques sociales et culturelles(1)	3 h	3 h
Mathématiques expertes	-	3 h
Mathématiques complémentaires	-	3 h
Droit et grands enjeux du monde contemporain(2)	-	3 h

(1) Enseignements assurés uniquement dans les lycées d'enseignement général et technologique agricole.

(2) L'objectif de cet enseignement est de faire découvrir aux élèves le droit, son rôle social, ainsi que la rigueur de sa méthode dans une démarche d'apprentissage qui va du particulier au général (mise en valeur de la relation étroite entre le droit et le quotidien des personnes, fonctions et caractéristiques des métiers du droit, parcours de formation permettant d'y accéder).

Source : www.education.gouv.fr

LES MODALITÉS DE L'EXAMEN

Le nouveau baccalauréat général comprend cinq épreuves terminales comptant pour 60 % de la note finale. La première épreuve terminale est l'épreuve anticipée de français à la fin de la classe de première (oral et écrit). Les quatre autres épreuves consistent en une épreuve de philosophie, un oral final et deux épreuves de spécialité. Ces épreuves sont organisées sur le modèle des épreuves actuelles du baccalauréat.

En outre, le nouveau baccalauréat comprend une part de contrôle continu représentant 40 % de la note finale.

Le contrôle continu

L'introduction d'une part de contrôle continu dans le baccalauréat permet de valoriser la régularité du travail du lycéen en première et en terminale. Le contrôle continu représente 40 % de la note finale.

Il est réparti comme suit :
• 10 % pour la prise en compte des bulletins de première et de terminale dans l'ensemble des disciplines pour encourager la régularité du travail des élèves ;
• 30 % pour des épreuves communes de contrôle continu organisées dans les établissements pendant les années de première et de terminale afin de valoriser le travail des lycéens.

Si les épreuves communes de contrôle continu sont nouvelles, leur organisation continue de s'appuyer sur l'expérience des chefs d'établissement et des professeurs pour préparer les élèves au baccalauréat. Au programme : devoirs sur table ou exercices sur le modèle des actuels bacs blancs durant deux périodes en première (au cours des 2e et 3e trimestres) et une en terminale (au 2e trimestre). Les modalités d'organisation et les dates de ces épreuves sont laissées au choix des établissements. Cependant, les sujets, exercices ou énoncés proposés pour les épreuves communes seront issus d'une banque nationale numérique, conçue par l'Éducation nationale, avec des barèmes nationaux, et les copies seront anonymes pour assurer l'équité entre les lycéens et le caractère national de l'examen.

Les épreuves communes de contrôle continu concernent les disciplines qui ne sont pas évaluées dans les épreuves terminales du baccalauréat, à savoir l'histoire-géographie, les langues vivantes 1 et 2, l'enseignement scientifique et le troisième enseignement de spécialité choisi par les candidats en première (celui-ci n'étant pas poursuivi en terminale, il ne peut donner lieu à une épreuve).
Par ailleurs, l'éducation physique et sportive reste évaluée en cours de formation et ne donne donc pas lieu à des épreuves communes.

Les épreuves finales

La philosophie

Selon le ministère de l'Éducation nationale, *« elle s'adresse à tous les élèves, quel que soit leur parcours au lycée général et technologique, et aide les élèves à comprendre le monde dans lequel ils vivent, à penser la place qu'ils y occupent, à donner un sens aux savoirs et aux expériences acquis dans le cours de leurs études »*. Développant l'autonomie et le sens critique de chacun, elle a pour vocation de préparer les élèves à toutes les études supérieures. *« C'est également une pièce maîtresse du rituel républicain, qui fait la force du baccalauréat. Pour toutes ces raisons, la philosophie est une épreuve terminale pour tous. »*
L'épreuve de philosophie de la voie générale est désormais commune à tous les élèves, quels que soient leurs choix de spécialités.

Au programme des enseignements, dissertations et explications de textes permettant de construire de manière personnelle son propos, tout en mobilisant les acquis des années précédentes : introduction d'un problème, raisonnement, analyse de la valeur d'un argument, discussion d'une thèse pertinente par rapport à un problème bien défini, recherche d'un exemple illustrant un concept ou une difficulté, transition entre deux idées, élaboration d'une conclusion…

L'oral

Épreuve individuelle de 20 minutes, l'oral porte sur un projet pouvant être travaillé dès la classe de première et poursuivi en classe de terminale sur un thème donné dans les disciplines de spécialité de l'élève.

L'épreuve est découpée en deux parties :

- une présentation personnelle du projet en rapport avec un ou deux enseignements de spécialité choisis par le candidat ;
- une discussion avec le jury menée à partir de la présentation du projet, permettant d'évaluer la capacité du candidat à analyser en mobilisant les connaissances acquises au cours de sa scolarité, notamment scientifiques et historiques.

Le but de cet oral est d'évaluer la capacité d'un candidat à s'exprimer en français de manière précise, à répondre aux questions de façon adaptée, et sa capacité à argumenter et à défendre ses idées, compétences indispensables dans la vie personnelle et professionnelle.

QUE FAIRE APRÈS LE BAC ?

L'Université

Le baccalauréat général 2021 a pour but d'aider les futurs étudiants à réussir leur insertion à l'université et à obtenir une licence (en trois ans), un master (en cinq ans) ou un doctorat (en huit ans).
De nombreux types de licences sont proposés par les universités : licences à dominante littéraire, économique, linguistique, scientifique, juridique, etc. Bien entendu, avant de vous lancer dans une formation, informez-vous sur les contenus et le niveau d'exigence, mais aussi sur la poursuite d'études après la licence.

En premier cycle, vous préparez une licence dans la filière de votre choix. Ceux qui recherchent une filière professionnalisée peuvent se diriger vers un diplôme d'études universitaires scientifiques et techniques (Deust) ; les formations sont

peu nombreuses, le recrutement se fait après le bac ou après la première année de licence.
Signalons également les formations bidisciplinaires de licence : lettres-histoire de l'art, allemand-histoire, droit-économie, économie-sociologie... L'objectif est de donner une double compétence aux étudiants.
Vous affinerez ensuite votre orientation : master recherche dans la suite logique de la spécialité de votre licence pour des débouchés essentiellement dans l'enseignement et la recherche, ou études professionnalisées (licence ou master professionnel) dans les domaines de l'aménagement, de la documentation, de la communication, du développement de projets culturels, des relations internationales, de la gestion, de la comptabilité, du commerce, de la banque-finance, du management, du droit des entreprises, des affaires internationales...
Informez-vous dès à présent sur les poursuites d'études offertes par le cursus qui vous intéresse. En perspective : trois à cinq ans d'études... et plus.

Nous vous présentons ici quelques-uns des diplômes.

Quelques diplômes à dominante littéraire ou économique

• **Licence lettres et langues :** futurs fonctionnaires, soyez les bienvenus ici, puisque ce diplôme conduit principalement aux métiers de l'enseignement ainsi qu'aux carrières administratives (après réussite à l'un des nombreux et plus ou moins difficiles concours de la fonction publique). Des débouchés également dans l'information, la communication, la documentation, l'interprétariat, le tourisme. Cette licence propose plusieurs mentions telles que lettres classiques, lettres modernes, sciences du langage, langues, littératures et civilisations étrangères et régionales (LLCER) ou langues étrangères appliquées (LEA). Cette dernière exige une double compétence (langue et gestion, langue et informatique) qui exclut d'emblée les profils uniquement littéraires !

• **Licence de sciences humaines et sociales :** avec ses mentions philosophie, psychologie, sociologie, histoire, géographie et aménagement, histoire de l'art et archéologie, information et communication, sciences de l'éducation, cette licence propose certes des enseignements passionnants, mais a le tort de n'offrir souvent que des débouchés trop limités, pointus, voire déjà saturés.

• **Licence d'arts :** cette formation ne vous préparera pas aux carrières purement artistiques, mais davantage aux métiers de l'enseignement, ou à celui de gestionnaire de l'art. Attendez-vous donc à exercer vos talents plutôt dans un bureau ou une salle de classe que directement sur une scène ou devant votre chevalet ! Là encore, plusieurs options sont disponibles : arts, arts plastiques, musicologie, histoire de l'art et archéologie, arts du spectacle.

• **Licence de droit :** autre diplôme très populaire auprès des bacheliers, il est indispensable pour accéder aux professions juridiques et judiciaires (magistrats, avocats, notaires...). Il permet également de préparer les concours des administrations ou de travailler dans les banques, les assurances... Dans cette licence, les profils à dominante littéraire ont des atouts : la maîtrise de la langue et du verbe, composante essentielle des études de droit, qui s'épanouit dans des exercices comme le commentaire d'arrêt. Attention cependant, si vous manquez de maturité et d'autonomie, la fac de droit n'est pas faite pour vous : il y a des TD, certes, mais il n'existe pas d'encadrement directif, comme on peut en trouver en IUT.

• **Licence d'économie et gestion :** pour ceux d'entre vous qui auraient le projet de poursuivre leurs études dans cette voie, nous vous rappelons que cette formation exige un excellent niveau en mathématiques. Nous ne saurions donc trop vous conseiller de choisir le plus grand nombre d'options en rapport avec les maths en première et terminale !

Quelques diplômes à dominante scientifique

Licence de sciences : les trois quarts des effectifs des mentions de la licence de sciences (informatique, mathématiques, MIASHS (mathématiques et informatique appliquées aux sciences humaines et sociales), sciences de la vie et de la Terre, sciences de la Terre, physique, chimie et sciences de la vie) sont issus d'un baccalauréat général à dominante scientifique.

Chaque filière de cette licence se distingue par des enseignements dominants.

• Par exemple, les mentions et parcours proposés en **licence de sciences de la vie et de la Terre** offrent différentes orientations : biologie cellulaire et physiologie, biochimie, écologie, biologie des populations et des écosystèmes, sciences naturelles, sciences de la vie et de la Terre, biologie environnement... Ces licences ouvrent la voie au professorat *via* les masters. Elles mènent aussi aux professions spécialisées dans les biotechnologies, le génie médical, aux métiers de l'environnement...

• **Les licences d'informatique** apportent une formation de base en algorithmique, analyse, algèbre linéaire, programmation, systèmes et réseaux, bases de données, architecture, technologies internet. Elles ouvrent sur d'autres disciplines (mathématiques, physique, chimie).

• **La licence de sciences mention mathématiques** se décline en divers parcours. Les parcours de mathématiques fondamentales se concentrent sur l'algèbre, la géométrie, les probabilités, les statistiques dans une perspective théorique, et développent une culture scientifique globale (mécanique, physique, informatique...). Ils débouchent sur la recherche ou l'enseignement. Les parcours de mathématiques appliquées sont variés : math-méca, économétrie, santé, bancassurance, informatique...

• **La licence mathématiques et informatique appliquées aux sciences humaines et sociales (MIASHS)** est composée de mathématiques et d'informatique (algèbre, analyse, probabilités, statistiques, programmation) et d'un parcours de sciences sociales orienté vers l'économie et la gestion, ou les sciences humaines (histoire, linguistique, psychologie, sociologie...). Elle débouche sur des masters de maths appliquées à l'économie, d'informatique, d'économie, de sciences humaines, et sur les écoles nationales de statistique. Certains parcours préparent aux concours administratifs et de l'enseignement. Les **mentions « mathématiques » et « informatique »** sont, selon les universités, distinctes ou regroupées. Cette licence apporte une solide formation en informatique et mathématiques, ainsi que dans leurs domaines d'application. Parmi les parcours possibles : maths et applications, maths-informatique, MIAGE..., ouvrant sur les masters de maths pures ou de maths appliquées (mécanique, biologie, économie...).

• Au programme de la **licence de sciences mention physique-chimie**, et dont les mentions diffèrent selon les universités – sciences de la matière (SM), chimie et procédés, physique-chimie et matériaux, etc. –, on trouve : chimie (organique, minérale, physique, analytique), physique (thermodynamique, mécanique quantique, techniques d'analyses physico-chimiques, optique), maths, informatique et langues. Les parcours en chimie de l'environnement ont des applications dans les secteurs des risques industriels et du traitement de l'eau et des pollutions, les plus porteurs d'emplois. Ils sont également adaptés à une poursuite d'études vers un master préparant aux concours du professorat : Capes, Capet et agrégation.

• **La licence sciences de la Terre** s'adresse aux passionnés de géologie, de géophysique, d'océanologie, de volcanologie... Au programme : géomorphologie, sciences de l'atmosphère, astronomie. Plusieurs parcours sont proposés : génie de l'environnement, sciences de la Terre, de l'Univers ou des planètes, sciences de l'environnement.

Après une licence scientifique, certains étudiants optent pour une formation orientée vers les besoins des entreprises comme la Miage. On compte 20 Miage en France qui préparent aux fonctions d'encadrement et de consultants. Elles accueillent 3 700 étudiants par an environ.

Les classes prépas et les IEP

Les classes prépas littéraires

Les CPGE (classes préparatoires aux grandes écoles) littéraires ouvrent les portes de leurs prestigieuses formations aux meilleurs élèves de profil littéraire (jusqu'à présent les bacheliers L représentaient la majorité des effectifs). La classe de première année (« lettres sup ») assure la préparation aux concours d'entrée des ENS (écoles normales supérieures). À l'issue de cette année, vous pouvez demander à être admis en classe préparatoire littéraire seconde année (encore appelée « première supérieure » ou « khâgne ») et passer les épreuves du concours d'entrée aux ENS. Les élèves de première supérieure peuvent également passer les concours d'entrée dans les écoles de commerce spécialement aménagés pour eux. Par le biais d'une dispense des examens universitaires, la classe de lettres sup donne également accès à la deuxième année de licence. Pour prétendre à cette dispense, il faut être inscrit à la faculté des lettres et sciences humaines à la rentrée. De même, à l'issue de khâgne, les élèves peuvent avoir accès à la licence.
Attention, les portes des écoles normales supérieures ne s'ouvriront qu'aux élèves d'un excellent niveau et d'une maturité suffisante. Reste aussi la voie de la recherche, celle des instituts de sciences politiques ou des écoles de journalisme. De plus, grâce à la culture générale qu'elle dispense et aux méthodes qu'elle fait acquérir, la prépa littéraire permet de préparer de façon optimale les concours de recrutement des personnels enseignants (Capes, agrégation), les concours administratifs, ceux des écoles de bibliothécaires documentalistes, des carrières muséographiques, ainsi que ceux de certaines écoles de gestion des entreprises.

À noter

- Les prépas « Chartes » accueillent les excellents latinistes qui souhaitent intégrer l'École nationale des chartes pour devenir responsables de la conservation du patrimoine (archives, bibliothèques).
- Les prépas « Saint-Cyr », qui préparent au concours d'entrée de l'École militaire, ont une option « lettres ».
- Si vous avez suivi une option en mathématiques en terminale, vous pouvez viser les prépas « lettres et sciences sociales ». Elles donnent accès aux ENS Ulm, Lyon et Cachan, à l'École nationale de la statistique et de l'administration économique (ENSAE), mais aussi aux écoles supérieures de commerce par le biais de l'option « lettres et sciences humaines » des concours.
- Vous pouvez également tenter votre chance dans une classe préparatoire économique et commerciale, option « économique ». Une condition : avoir un excellent niveau général et être fort en mathématiques.

Les classes prépas scientifiques

Les bacheliers avec un profil scientifique représentent la quasi-totalité des effectifs des classes prépas scientifiques – notamment ceux qui ont opté pour une spécialité en mathématiques en terminale –, mais aussi des prépas économiques et commerciales, voie scientifique. Là encore, le choix est vaste.

Les concours sont difficiles, aussi, pour vous ménager des possibilités de réorientation, inscrivez-vous parallèlement en licence à l'Université !

Les classes prépas économiques et commerciales

Les classes prépas économiques et commerciales option scientifique préparent en deux ans aux concours d'entrée dans les grandes écoles de commerce et de gestion. Vous y serez à l'aise si vous avez un bon niveau en langues, lettres et sciences humaines.

Les classes préparatoires scientifiques

Elles développent des enseignements qui répondent à la demande des grandes écoles et des milieux professionnels. L'accent est mis sur les sciences de l'ingénieur, et une place importante est laissée au travail personnel et à la capacité d'initiative de l'élève.

Ces classes préparent en deux ans aux concours des écoles d'ingénieurs, des écoles normales supérieures (ENS) ou des écoles militaires... Plusieurs parcours sont possibles : mathématiques, physique et sciences de l'ingénieur (MPSI), physique, chimie et sciences de l'ingénieur (PCSI), physique, technologie et sciences de l'ingénieur (PTSI), biologie, chimie, physique et sciences de la Terre (BCPST), technologie et biologie (TB), mathématiques, physique (MP) ; physique, sciences de l'ingénieur (PSI) ; physique, chimie (PC) ; technologie, physique et chimie (TPC). À la fin de la première année, les élèves de MPSI peuvent aller en MP et PSI, ceux de PCSI en PC et PSI, ceux de PTSI en TPC ou PSI.

PLUSIEURS VOIES POUR LES PRÉPAS SCIENTIFIQUES

BCPST : biologie, physique-chimie et sciences de la Terre
ENS Cachan : arts et création industrielle
MPSI : mathématiques, physique, sciences de l'ingénieur
PCSI : physique, chimie, sciences de l'ingénieur
PCSI-SI : classes de PCSI réservées aux bacheliers ayant suivi l'enseignement de technologie industrielle comme matière obligatoire
PTSI : physique, technologie, sciences de l'ingénieur

À noter : les bacheliers attirés par les domaines à dominante biologique (agronomie, eaux et forêts, agroalimentaire, recherche) ou géologique peuvent se préparer aux concours au sein de prépas spéciales.

UNE PRÉPA DE CHOIX : LA VOIE BCPST

L'une des prépas privilégiées par les bacheliers de profil scientifique est la BCPST (biologie, chimie, physique, sciences de la Terre), qui leur est d'ailleurs réservée. Il en existe 56 en France, qui préparent à différentes séries de concours.
Cette classe prépare en deux ans aux concours d'entrée de plus de 50 grandes écoles. Au programme : biologie cellulaire et moléculaire, biologie des organismes, écosystèmes, mécanismes de l'évolution, géoscience (roches, minerais, atmosphère), physique (électrocinétique et électronique, mécanique, thermodynamique, optique), chimie (atomes, thermodynamique, chimie organique), géographie (cartes topographiques, thématiques, géologiques, images satellites), mathématiques (algèbre, analyse, probabilités), informatique, travaux d'initiative personnelle encadrés, français, philosophie, langue(s) vivante(s) et EPS.

La prépa BCPST permet de se présenter aux concours et écoles *via* trois banques d'épreuves :
- concours Agro-Véto (32 écoles et 4 ENV) ;
- concours G2E (géologie, eau, environnement – 18 écoles) ;
- concours inter-ENS (École des ponts et ENS).

La majorité de ces grandes écoles délivrent au bout de trois ans d'études un diplôme d'ingénieur (ce qui correspond donc à une formation à bac + 5, niveau master). Elles conduisent à des carrières d'ingénieurs et de chercheurs dans des domaines très variés, dans le secteur public ou dans le secteur privé.

Les IEP

Un grand nombre de bacheliers optent également pour un IEP (institut d'études politiques). Les études y sont organisées en deux cycles qui durent en tout cinq ans, dont une année dite « d'ouverture » (souvent la troisième), orientée vers l'international. Chaque année d'études est sanctionnée par un examen ou une évaluation qui autorise le passage dans l'année supérieure et, en dernière année, l'obtention du diplôme. Les IEP offrent à leurs étudiants une solide culture générale en économie, droit, histoire, relations internationales, langues, sciences politiques, etc. Dès la deuxième année, il est possible de se préspécialiser en vue de l'obtention d'un master (15 à 20 cycles de masters sont proposés dans chaque IEP). Ils permettent par la suite de se diriger vers les professions de cadres supérieurs (dans l'administration d'État et les collectivités locales et territoriales), de cadres d'entreprise et des secteurs de la communication et des médias, d'enseignants et chercheurs en science politique, des postes à responsabilité dans la banque et la finance, les relations internationales et autres sciences sociales. Le diplômé d'IEP est également reconnu par les universités comme titulaire d'un diplôme de master.

Les filières courtes

Les filières courtes à dominante littéraire

Certaines filières courtes sont accessibles aux littéraires avec un bon taux de réussite. Il s'agit des DUT information-communication, carrières juridiques, gestion des entreprises et des administrations ; des BTS support à l'action managériale, assurance, commerce international, communication des entreprises, édition, tourisme…

Il est également possible d'entrer dans les écoles d'art ou les conservatoires. Tout dépendra de votre livret scolaire et des enseignements et options que vous aurez choisis en première et terminale.

De plus en plus d'étudiants continuent leurs études au-delà d'un bac + 2 : à l'Université, notamment pour y préparer une licence professionnelle, ou en école de commerce. Mais attention, les poursuites d'études après un DUT, et *a fortiori* après un BTS, n'ont pas de caractère automatique et dépendent, en particulier, de la spécialité préparée en BTS ou en DUT.

Les filières courtes à dominante économique et sociale

Associant pratiques professionnelles (un stage obligatoire d'une dizaine de semaines) et cours théoriques, les BTS (préparés au lycée) et les DUT (préparés à l'Université) ont pour vocation première une insertion professionnelle rapide. Parmi les spécialités les plus prisées des bacheliers de profil économique et social : les DUT techniques de commercialisation, gestion des entreprises et des administrations (GEA), gestion administrative et commerciale des organisations (GACO), gestion logistique et transport, carrières juridiques ; les BTS commerce international, banque-conseiller de clientèle (particuliers), assurance… Informez-vous sur leur contenu et leurs débouchés.

Les filières courtes à dominante scientifique

Pas de doute, les BTS (brevets de technicien supérieur) et DUT (diplômes universitaires de technologie) sont des filières dans lesquelles les bacheliers scientifiques réussissent, même s'ils sont moins nombreux que les bacs technologiques. Ceux qui choisissent un cycle court semblent préférer les études en IUT afin d'y préparer les DUT mesures physiques, chimie, génie biologique, informatique, statistiques et informatique décisionnelle, génie électrique et informatique industrielle… Les BTS assistance technique d'ingénieur, et systèmes numériques option informatique et réseaux sont également un choix judicieux.

Les écoles spécialisées

Une quarantaine de grandes écoles de commerce recrutent sur concours après le bac pour quatre ou cinq ans d'études. À choisir si vous voulez vous plonger tout de suite dans le concret (marketing, management, économie, commerce international...). Ces écoles accueillent volontiers les bacheliers de profil économique et social, à condition qu'ils ne soient pas allergiques aux maths.

D'autres écoles : de vente (en particulier celles dépendant du réseau des chambres de commerce et d'industrie), du secteur social, de secrétariat spécialisé, de notariat, les écoles du tourisme, de l'information et de la communication, du transport, etc., sont des pistes à explorer si vous avez un projet professionnel bien précis. Ces écoles sont accessibles, selon les cas, directement après le bac ou après un bac + 2. Vous vous engagerez alors pour trois à cinq ans d'études.

INTÉGRER UNE ÉCOLE JUSTE APRÈS LE BAC

Plusieurs formations professionnelles sont accessibles au niveau bac. Le recrutement se fait sur dossier ou sur concours, souvent l'année même de terminale. Attention : vous devez vous inscrire très tôt (de décembre à mars).

Certaines écoles d'ingénieurs ont des procédures d'admission directement après le bac : instituts nationaux des sciences appliquées (INSA), écoles nationales d'ingénieurs (ENI), universités de technologie... La formation y dure cinq ans. Une quarantaine d'écoles de commerce post-bac accueillent également directement les bacheliers, pour trois à cinq ans d'études.

D'autres écoles spécialisées sont accessibles directement après le bac : particulièrement prisées des scientifiques, les écoles d'architecture, pour trois, cinq à huit ans d'études ; mais aussi les écoles paramédicales (ergothérapeutes, infirmier(ère)s...), pour trois ou quatre ans d'études, selon les cas.

PARTIE III

LES BACCALAURÉATS D'ENSEIGNEMENT TECHNOLOGIQUE

1 – PRÉSENTATION GÉNÉRALE

LES GRANDES LIGNES

À la fin de la classe de seconde, vous avez décidé, après mûre réflexion et grâce à la découverte d'enseignements de détermination ciblés, d'opter pleinement pour la voie technologique. Cette orientation concerne un quart des élèves environ. Il vous faudra donc choisir une série parmi un large choix : pas moins de huit bacs technos assortis de spécialités et d'options… En fin de seconde puis de première, vous opterez pour des enseignements de spécialité qui viendront encore affiner votre profil. Les objectifs de la filière technologique, l'organisation et le contenu des enseignements diffèrent largement, nous l'avons vu, de ceux d'enseignement général. Les perspectives de poursuite d'études sont également différentes.

Le baccalauréat technologique sanctionne une formation alliant culture générale et qualification professionnelle. Sur le plan professionnel, il vous donne les connaissances nécessaires à la compréhension des problèmes techniques d'une famille de métiers. Sur le plan de l'enseignement général, il permet d'acquérir un niveau équivalent à celui du baccalauréat de l'enseignement général. Créé au départ pour former des techniciens, le bac techno prépare actuellement davantage à la poursuite d'études qu'à l'emploi immédiat. Les trois quarts de ces bacheliers se dirigent vers l'enseignement supérieur, essentiellement vers des études de techniciens supérieurs (BTS, DUT, Deust…) bien adaptées à leur formation technologique de base.
Les bacs technos se préparent en deux ans dans un lycée après une classe de seconde générale et technologique. Le bac STAV, quant à lui, se prépare au sein d'un lycée agricole. Seuls les bacs technos sciences et technologies de l'hôtellerie et de la restauration (STHR) et techniques du théâtre, de la musique et de la danse (S2TMD) se préparent après une seconde spécifique.

LES BACS EN SIGLE

- STMG : sciences et technologies du management et de la gestion.
- STI2D : sciences et techniques de l'industrie et du développement durable.
- STL : sciences et technologie de laboratoire.
- ST2S : sciences et technologies de la santé et du social.
- STAV : sciences et technologies de l'agronomie et du vivant.
- STD2A : sciences et technologies du design et des arts appliqués.
- S2TMD : sciences et techniques du théâtre, de la musique et de la danse.
- STHR : sciences et technologies de l'hôtellerie et de la restauration.

LES BACS TECHNOLOGIQUES À PARTIR DE 2021

Comme nous l'avons vu, le bac fait l'objet d'une réforme importante. Alors que la voie générale a été entièrement repensée, qu'en est-il des bacs technologiques ?
Les filières sont maintenues en voie technologique, car elles ont été rénovées récemment. Les élèves continueront de choisir leur série parmi STMG, ST2S, STI2D, STL, STD2A ou STAV en fin de seconde et les élèves de seconde souhaitant découvrir des enseignements technologiques pourront choisir un enseignement optionnel.
Les changements interviendront en classe de première et terminale, où tous les lycéens de la voie technologique suivront des enseignements communs et deux enseignements de spécialité (trois en première) avec des horaires déterminés en fonction de chaque domaine technologique.
L'examen sera quant à lui similaire à la voie générale : contrôle continu (en histoire-géographie, langue vivante, mathématiques, EPS et enseignement de spécialité suivi en première uniquement) et épreuves terminales dont une épreuve de philosophie (dont les sujets seront choisis en fonction de la série du bac) et un oral.
Les élèves de la série STHR continueront quant à eux, à faire l'objet d'un choix spécifique dès la fin de la classe de troisième. En revanche, les élèves des anciennes classes TMD qui passaient aussi par une seconde spécifique doivent désormais suivre les enseignements de seconde générale et technologique. La voie TMD est devenue « sciences et techniques du théâtre, de la musique et de la danse (S2TMD) » à la rentrée 2019.

Source : ministère de l'Éducation nationale, www.education.gouv.fr et Onisep.

AU PROGRAMME

À noter : conformément aux dispositions de l'article D. 333-3 du code de l'éducation, les enseignements dans les séries ST2S, STL, STD2A, STI2D, STMG ou STHR comprennent des enseignements communs, dispensés dans toutes les séries ; des enseignements de spécialité dans chacune des séries ; des enseignements optionnels au choix des élèves.
En outre, dans les séries STL, STI2D et STMG, les élèves doivent choisir un enseignement spécifique en lien avec les enseignements de spécialité de la série :
• pour la série STL, la classe de première et la classe de terminale comprennent les enseignements spécifiques suivants : biotechnologies ; sciences physiques et chimiques en laboratoire ;
• pour la série STI2D, la classe de terminale comprend les enseignements spécifiques suivants : architecture et construction ; énergies et environnement ; innovation technologique et éco-conception ; systèmes d'information et numérique ;

• pour la série STMG, la classe de terminale comprend les enseignements spécifiques suivants : gestion et finance ; mercatique (marketing) ; ressources humaines et communication ; systèmes d'information de gestion.
Source : www.education.gouv.fr

Vous aurez donc des enseignements obligatoires, alliant disciplines générales et technologiques. Certains enseignements sont communs à tous les bacs techno : français (en première), histoire et géographie, philosophie (en terminale), deux langues vivantes, mathématiques, enseignement moral et civique, éducation physique et sportive. Ils sont complétés par des enseignements de spécialité propres à chaque spécialité de bac. Vous avez la possibilité de préparer un bac technologique assorti de la mention « section européenne » ou de la mention « section de langue orientale ». Il existe également un bac option internationale (à ne pas confondre avec le bac international).

Programmes de première et terminale technologiques

Enseignements généraux et obligatoires	
En première	**En terminale**
Français, EPS, LV1, LV2, histoire-géographie, enseignement moral et civique et mathématiques	Philosophie, EPS, LV1, LV2, histoire-géographie, enseignement moral et civique et mathématiques
Enseignements spécifiques	
En première (3 spécialités)	**En terminale (2 spécialités)**
STI2D : Innovation technologique ; ingénierie et développement durable ; physique-chimie et mathématiques	Ingénierie, innovation et développement durable (domaine au choix : architecture et construction ou énergies et environnement ou innovation technologique et écoconception ou systèmes d'information et numérique) ; physique-chimie et mathématiques
STD2A : Physique chimie ; outils et langages numériques ; design et métiers d'art	Analyse et méthodes en design ; conception et création en design et métiers d'art
ST2S : Physique, chimie pour la santé ; biologie et physiopathologie humaines ; sciences et techniques sanitaires et sociales	Chimie, biologie et physiopathologie humaines ; sciences et techniques sanitaires et sociales

En première (3 spécialités)	En terminale (2 spécialités)
STMG : Sciences de gestion et numérique ; management ; droit et économie	Management, sciences de gestion et numérique (discipline spécifique au choix : gestion et finance ou mercatique (marketing) ou systèmes d'information de gestion) ; droit et économie
STL : Physique chimie et mathématiques ; biochimie biologie ; biotechnologie ou sciences physiques et chimiques en laboratoire	Physique chimie et mathématiques ; biochimie-biologie-biotechnologie ou sciences physiques et chimiques en laboratoire
STAV : Gestion des ressources et de l'alimentation ; territoires et sociétés ; technologie (aménagement, production, agroéquipement, services, transformation)	Gestion des ressources et de l'alimentation ; territoires et technologie (aménagement, production, agroéquipement, services et transformation)
S2TMD : Économie, droit et environnement du spectacle vivant ; culture et sciences chorégraphiques, musicales ou théâtrales ; pratique chorégraphique, musicale ou théâtrale	Culture et sciences chorégraphiques, musicales ou théâtrales ; pratique chorégraphique, musicale ou théâtrale
STHR : Enseignement scientifique alimentation-environnement (ESAE) ; sciences et technologies culinaires et des services ; économie, gestion hôtelière	Sciences et technologies culinaires et des services, enseignement scientifique alimentation, environnement ; économie, gestion hôtelière
Deux enseignements optionnels maximum à choisir parmi :	
Arts et EPS (toutes séries) ; Langue régionale ou LV3 ou langue des signes française (STHR et STAV) ; hippologie et équitation (STAV) ; pratiques sociales et culturelles (STAV) ; pratiques professionnelles (STAV)	

COMMENT S'INSCRIRE AU BAC ?

Si vous êtes scolarisé dans un lycée, c'est tout simplement l'établissement qui se charge des inscriptions. En revanche, si vous suivez des cours à distance ou si vous avez choisi de vous présenter en candidat libre, vous devrez vous adresser au rectorat de votre académie.
Pour en savoir plus, contactez votre rectorat (www.education.gouv.fr/cid3/les-rectorats-et-services-departementaux-de-l-education-nationale.html) ou consultez le site du service interacadémique des examens et concours (SIEC ; www.siec.education.fr) – pour les académies de Créteil, Paris, Versailles – qui

indique qui peut s'inscrire, quand, comment. Dans tous les cas, vous recevrez une convocation précisant les dates et les lieux des épreuves.

Résultats de la session de juin 2019 au bac technologique

Séries	Taux de réussite
STI2D	90,5 %
STL	90,3 %
STMG	85,3 %
ST2S	90,6 %
STAV	88,6 %
S2TMD	96,7 %
STHR	94,9 %
STD2A	96,6 %
Ensemble	**88,1 %**

Source : *Note d'information*, ministère de l'Éducation nationale, juillet 2019.

QUI SONT LES BACHELIERS TECHNOLOGIQUES ?

Les hommes sont plus nombreux dans les spécialités industrielles alors que les bacheliers tertiaires sont des femmes dans 75 % des cas. Plus de la moitié a effectué fréquemment des petits boulots ou des emplois de vacances pendant sa scolarité. Atouts non négligeables pour faire ses débuts dans la vie active, surtout lorsqu'un bachelier décide de ne pas poursuivre ses études. Ce sont ceux qui ont suivi une spécialité industrielle qui décroche le plus rapidement un emploi. De plus en plus, les bacheliers technologiques optent pour des études supérieures. Rentrer immédiatement sur le marché de l'emploi avec un bac technologique n'est pas avantageux. Les premiers emplois sont souvent temporaires, sous contrat à durée déterminée ou se trouvent *via* l'intérim et sont sous-qualifiés (essentiellement ceux du secteur tertiaire). C'est avec le temps que les bacheliers technologiques industriels voient leurs conditions de travail s'améliorer : cinq ans après avoir obtenu leur diplôme, 90 % occupent un emploi et, en moyenne, leur salaire net mensuel dépasse le Smic.

QUE FAIRE APRÈS LE BAC TECHNOLOGIQUE ?

Valider un bac techno, c'est déjà une étape importante, mais rarement suffisante pour assurer votre avenir… C'est pourquoi plus de trois quarts des titulaires des bacs techno poursuivent actuellement des études supérieures, principalement en sections de techniciens supérieurs (BTS).

Taux d'inscription des bacheliers technologiques dans l'enseignement supérieur en 2017

Filière	STI2D	STMG	ST2S	STL	Autres bacs techno	Total
Université	35,8 %	32,1 %	28,6 %	41,1 %	14,1 %	31,5 %
IUT	21,5 %	11,4 %	1,8 %	14 %	2 %	11,6 %
BTS	37,2 %	44,1 %	14 %	30,5 %	46,3 %	40,4 %
CPGE	3,7 %	1,7 %	0,0 %	3,3 %	0,7 %	1,9 %
Autres formations	4,8 %	3,8 %	10,6 %	3,5 %	6,3 %	5,3 %
Ensemble des élèves poursuivant dans le supérieur	81,6 %	81,7 %	53,2 %	78,5 %	67,4 %	

Source : *Repères et références statistiques*, ministère de l'Éducation nationale, édition 2018.

À noter : pour connaître la liste des établissements préparant aux différents bacs technos, consultez la rubrique « S'orienter » du site de l'Onisep (www.onisep.fr).

2 – LE BAC SCIENCES ET TECHNOLOGIES DU MANAGEMENT ET DE LA GESTION (STMG)

Le bac sciences et technologies du management et de la gestion (STMG) permet aux élèves de découvrir un large panel de concepts fondamentaux en économie et sciences de gestion au cours de l'année de première. Ainsi, leur choix de terminale est plus éclairé ! Un accompagnement personnalisé, un tutorat ainsi que les stages passerelles et de remise à niveau sont également proposés.

CARACTÉRISTIQUES

À la rentrée 2019, 73 349 élèves ont fait le choix de la série STMG en première, dont 52,2 % de filles.

Profil requis

Ce bac est destiné aux élèves désireux de découvrir l'environnement économique et juridique de l'entreprise et d'être initiés à l'ensemble des techniques de gestion, de comptabilité, de vente et de communication. Un bon niveau est indispensable en français, gestion et langues vivantes. Il s'agit d'un choix intéressant pour les élèves manifestant une certaine maturité, un grand sens de la communication et de l'initiative, de l'ordre et de la méthode, et qui sont ouverts aux nouvelles technologies de la communication. Vous ne devez pas négliger l'expression écrite et orale et avoir un goût prononcé pour les langues.

Accès

Après une seconde générale et technologique.
En classe de seconde, il est intéressant de suivre un enseignement optionnel de management et gestion.

Objectif

En STMG, les élèves découvrent l'entreprise, son environnement économique et juridique, s'initient au management des organisations, à l'informatique et à la communication.
Ils acquièrent également les concepts fondamentaux de la gestion et les connaissances économiques et juridiques indispensables (enseignements communs). Cette formation constitue surtout un tremplin pour la poursuite d'études en comptabilité, secrétariat, commerce et gestion. Néanmoins, un faible pourcentage de jeunes diplômés entre dans la vie professionnelle.

LES MATIÈRES

Au programme

Vous suivrez des enseignements généraux : français (en première), histoire-géographie, LV1 et LV2, philosophie (en terminale)... Vous découvrirez également des enseignements de spécialité : sciences de gestion et numérique ; management ; économie et droit (en première) et management, sciences de gestion et numérique (discipline spécifique au choix : gestion et finance ou mercatique (marketing) ou systèmes d'information de gestion) ; droit et économie (en terminale).

Volume horaire hebdomadaire du bac techno STMG

Cette nouvelle grille horaire a été mise en place en septembre 2019 pour la classe de première et en septembre 2020 pour celle de classe terminale.

Matières	**En première**	**En terminale**
Enseignements communs		
Mathématiques	3 h	3 h
Français	3 h	-
Histoire-géographie	1 h 30	1 h 30
Langues vivantes 1 et 2	4 h	4 h
Philosophie	-	2 h
Éducation physique et sportive	2 h	2 h
Enseignement moral et civique	18 h annuelles	18 h annuelles
Enseignement de spécialité		
Sciences de gestion et numérique	7 h	-
Management	4 h	-
Management, sciences de gestion et numérique avec discipline spécifique au choix parmi : gestion et finance ; mercatique (marketing) ; systèmes d'information de gestion ; ressources humaines et communication	-	10 h
Droit et économie	4 h	6 h

Enseignements optionnels	En première	En terminale
Éducation physique et sportive	3 h	3 h
Art (arts plastiques, théâtre, cinéma-audiovisuel, histoire des arts, danse ou musique)	3 h	3 h
Langue vivante C (régionale ou étrangère ou langue des signes française)	3 h	3 h
Atelier artistique	72 h annuelles	72 h annuelles

Source : www.education.gouv.fr

DEUX ÉLÈVES PRÉPARANT UN BAC STMG TÉMOIGNENT

Pour Ingrid, « *les études sont concrètes, plus proches de la vie en entreprise et me permettront vite de faire mes preuves. Le choix de spécialités est large : pour ma part, j'ai choisi ressources humaines et communication.* » Adrien, lui, a opté pour la spécialité systèmes d'information de gestion, par goût pour l'informatique. « *En terminale*, explique-t-il, *on étudie des logiciels tels que Word, Access, Excel... On apprend même à programmer ! L'enseignement est basé sur de nombreuses études de cas, appliquées aux différents domaines de la gestion d'entreprise.* »

QUE FAIRE APRÈS UN BAC STMG ?

L'après-bac STMG se traduit souvent par une poursuite d'études, essentiellement en BTS (comptabilité et gestion ; services informatiques aux organisations ; support à l'action managériale ; management commercial opérationnel, etc.) ou en DUT (gestion des entreprises et des administrations ; gestion administrative et commerciale des administrations ; statistique et informatique décisionnelle, etc.) ou en école spécialisée dans la vente, la distribution, le secrétariat, le tourisme.
Quelques classes préparatoires aux écoles de commerce accueillent les meilleurs élèves de gestion. La filière comptable (DCG) leur est aussi accessible.
L'Université attire de nombreux bacheliers STMG, mais la réussite n'est pas toujours au rendez-vous (choisir de préférence la filière AES). La fac est donc à réserver aux meilleurs d'entre vous : ceux qui se sont construit un parcours de formation bien adapté, qui sont parfaitement organisés et qui savent fournir un travail personnel important. Si vous bénéficiez d'un bon niveau scolaire, d'une bonne capacité de travail et de beaucoup de méthode, la licence AES ou une licence professionnelle du secteur de la gestion des entreprises, des ressources humaines, des assurances, de la banque, du commerce ou de la vente et de la distribution vous sont accessibles.

Les débouchés

Les débouchés professionnels après le bac STMG concernent les fonctions administratives, comptables ou commerciales dans les entreprises, les banques, l'assurance, la grande distribution...

- à bac + 2, des postes sont à pourvoir dans les petites et moyennes entreprises, mais aussi dans les cabinets d'expertise comptable, pour les différentes activités administratives (assistant de direction, secrétaire juridique, etc.) ;
- à bac + 4/5, niveau conseillé, de nombreux débouchés dans les métiers de la gestion et de la comptabilité ;
- ceux qui continuent jusqu'à bac + 5 peuvent trouver un emploi dans une grande entreprise comme comptable, audit, contrôleur de gestion, etc. ;
- enfin le DCG (diplôme de comptabilité et gestion), premier diplôme de la filière expertise comptable, vous offre des perspectives intéressantes...

FILIÈRE COMPTABLE

Le cursus de l'expertise comptable, harmonisé avec le schéma universitaire européen LMD, intègre les référentiels internationaux applicables aux professionnels de la comptabilité et de l'audit. Il comprend deux diplômes : le diplôme de comptabilité et gestion (DCG) et le diplôme supérieur de comptabilité et gestion (DSCG), respectivement positionnés à bac + 3 (niveau licence) et à bac + 5 (niveau master).

Le DCG et le DSCG permettent l'accès à l'expertise comptable, mais il est également possible d'entrer directement dans la vie active en s'intégrant dans une entreprise ou dans un cabinet comptable à des postes à responsabilité en comptabilité ou en gestion.

Le DEC (diplôme d'expert-comptable) confère quant à lui, un niveau bac + 8. Les cinq années correspondent à un peu plus de 3 000 heures de cours. L'anglais est obligatoire aux niveaux licence et master. Les épreuves de niveau licence sont plutôt centrées sur des techniques ou des concepts monodisciplinaires, tandis que les épreuves de niveau master sont plus largement transversales. Un stage ou une expérience professionnelle est nécessaire aux deux niveaux car chaque niveau peut être une fin de parcours.

Et pourquoi pas une prépa ?

Méconnues des bacheliers STMG, les classes préparatoires économiques et commerciales, option technologique (ECT), leur sont pourtant réservées. Elles visent l'accès aux écoles de commerce. Intéressantes, elles ont leurs exigences :

vous devez posséder des bases solides en maths, gestion, économie, droit... mais aussi en français, langues, histoire-géographie. Sachez qu'une réorientation en cas d'échec aux concours est toujours possible, notamment vers un BTS, un DUT ou encore une licence.

Une école spécialisée

Enfin, les écoles spécialisées peuvent vous offrir des perspectives professionnelles intéressantes. Les écoles de vente (en particulier celles dépendant du réseau des chambres de commerce et d'industrie : instituts de force de vente, écoles de commerce et de distribution...), du transport, de secrétariat spécialisé, les écoles du secteur social, mais aussi celles du tourisme, d'information-communication... proposent des formations spécialisées. Des pistes à approfondir si vous avez un projet professionnel précis dans l'un de ces domaines. Vous vous engagerez, le plus souvent, pour trois années d'études. Renseignez-vous sur la qualité de l'établissement auquel vous vous adresserez : conditions d'admission, coût de scolarité, déroulement des études, valeur du diplôme sur le marché de l'emploi.

Les débouchés sont nombreux dans la vente pour les titulaires d'un bac + 2 : représentant dans l'alimentation, la bureautique, les loisirs, chef de rayon ou de caisse dans la distribution, commercial dans la banque ou les assurances. À bac + 5, vos responsabilités seront plus élevées : animation d'une équipe de représentants, d'un service commercial ou d'une cellule marketing.

DES LICENCES EXIGEANTES

La licence de droit : l'enseignement est différent de l'initiation au droit que vous avez suivie au lycée. À l'Université, vous étudiez tous les domaines du droit (civil, pénal, constitutionnel), mais aussi les sciences économiques et politiques... Le droit exige un travail personnel important, rigoureux, une bonne mémoire et des capacités de rédaction.

La licence AES (administration économique et sociale) : elle exige un bon niveau et un travail régulier dans toutes les matières générales. Pluridisciplinaire, elle aborde les domaines suivants : droit, économie, gestion, sciences humaines, maths. Principaux objectifs : travailler dans la gestion des entreprises ou préparer les concours d'accès à la fonction publique.

La licence économie et gestion demande un très bon niveau en maths et en gestion, et exige de bonnes capacités d'expression écrite. En effet, l'économie s'appuie avant tout sur les maths. L'enseignement est donc ici bien différent de celui dispensé au lycée.

La licence sciences humaines et sociales est dotée de huit mentions dont philosophie, sociologie, histoire, géographie et aménagement, histoire de l'art et archéologie, psychologie... Elle requiert de bonnes capacités d'analyse et de synthèse, ainsi que des qualités d'expression écrite. Elle impose généralement des études longues aux débouchés incertains... Il vous sera souvent nécessaire d'acquérir une double compétence pour vous insérer sur le marché du travail.

3 – LE BAC SCIENCES ET TECHNOLOGIES DE L'INDUSTRIE ET DU DÉVELOPPEMENT DURABLE (STI2D)

CARACTÉRISTIQUES

À la rentrée 2019, 29 475 élèves ont opté pour la série STI2D en première, dont 7,9 % de filles.

Profil requis

L'industrie vous attire ? Le bac sciences et technologies de l'industrie et du développement durable (STI2D) est peut-être ce qu'il vous faut.
Le bac STI2D est non seulement articulé autour des sciences, mais il est aussi tourné vers la technologie et s'adresse ainsi à des élèves curieux qui aiment davantage l'expérimentation. Ce bac est principalement destiné à des élèves attirés par la fabrication, la conception, l'organisation et la gestion de projets industriels, la préservation de l'environnement. Vos points forts ? Mathématiques, physique, technologies industrlelles, informatique. Vos atouts personnels ? Organisation et méthode dans le travail, intérêt pour les manipulations, capacité à mener à bien un projet et, bien sûr, curiosité pour les nouvelles technologies.

Accès

Après une seconde générale et technologique. Dès la seconde, il est intéressant de suivre les enseignements d'exploration biotechnologies, sciences de l'ingénieur ou encore création et innovations technologiques.

LES MATIÈRES

Au programme

La série STI2D vous permet d'acquérir des compétences technologiques transversales à tous les domaines industriels, ainsi que des compétences approfondies dans un champ de spécialité.
Comme dans les autres séries, une grande importance est accordée aux enseignements communs : histoire-géographie, langues vivantes, français, etc. et une large part est réservée à la physique-chimie et aux mathématiques, à l'ingénierie et au développement durable ainsi qu'à l'innovation technologique, dans le cadre des enseignements de spécialité en première.

En terminale, les enseignements de spécialité sont :
• physique-chimie et mathématiques ;
• ingénierie, innovation et développement durable avec une discipline spécifique au choix parmi : architecture et construction ; énergies et environnement ; innovation technologique et écoconception ; systèmes d'information et numérique.

UNE ÉLÈVE TÉMOIGNE

Alexandra a intégré une première STI2D. Ce qui l'a amenée à choisir cette voie ? *« En enseignement d'exploration (devenu enseignement optionnel) cette année, j'ai choisi CIT* ("Création et innovation technologique"). *Nous avons créé un prototype d'éolienne qui m'a passionné*, explique-t-elle. *J'ai choisi la spécialité "Architecture et construction" ; j'ai fait ce choix parce que j'aime bien tout ce qui a trait à la création et à la modernité »*, décrit la jeune fille.

Volume horaire hebdomadaire du bac techno STI2D

Cette nouvelle grille horaire a été mise en place en septembre 2019 pour la classe de première et en septembre 2020 pour celle de classe terminale.

Matières	En première	En terminale
Enseignements communs		
Mathématiques	3 h	3 h
Français	3 h	-
Histoire-géographie	1 h 30	1 h 30
Langues vivantes 1 et 2	4 h	4 h
Philosophie	-	2 h
Éducation physique et sportive	2 h	2 h
Enseignement moral et civique	18 h annuelles	18 h annuelles
Enseignement de spécialité		
Innovation technologique	3 h	-
Ingénierie et développement durable	9 h	-
Ingénierie, innovation et développement durable avec une discipline spécifique au choix parmi : architecture et construction ; énergies et environnement ; innovation technologique et écoconception ; systèmes d'information et numérique	-	12 h
Physique-chimie et mathématiques	6 h	6 h

Enseignements optionnels	En première	En terminale
Éducation physique et sportive	3 h	3 h
Art (arts plastiques, théâtre, cinéma-audiovisuel, histoire des arts, danse ou musique)	3 h	3 h
Langue vivante C (régionale ou étrangère ou langue des signes française)	3 h	3 h
Atelier artistique	72 h annuelles	72 h annuelles

Source : www.education.gouv.fr

QUE FAIRE APRÈS UN BAC STI2D ?

Les filières courtes

La plupart des bacheliers STI2D s'engagent dans des études courtes professionnalisantes pour préparer un des nombreux BTS ou DUT industriels. Certains BTS et DUT « transversaux » sont accessibles après toutes les spécialités du bac STI2D : les BTS conception de produits industriels, assistance technique d'ingénieur, maintenance des systèmes option systèmes de production, technico-commercial, les DUT qualité, logistique industrielle et organisation, génie industriel et maintenance…
Ces diplômes peuvent éventuellement être complétés par une licence professionnelle (bac + 3).

L'Université

Ceux qui se découvrent une attirance pour des études plus théoriques se dirigent vers l'Université, à condition d'avoir un excellent dossier. La fac accueille en effet peu de bacheliers STI2D : choisissez de préférence une filière d'études professionnalisée : les licences de sciences et technologies pour l'ingénieur (électronique, automatique, mécanique…) ou de génie des procédés (matériaux) sont les plus adaptées aux bacheliers STI2D.

Les prépas et les écoles d'ingénieurs

Pour les élèves les plus motivés et qui ont un bon dossier, l'accès aux écoles d'ingénieurs, à des écoles spécialisées (électronique, réseaux, matériaux…) est possible. C'est d'ailleurs presque la raison d'être de ce bac : le bac STI2D a été construit pour mener à des études supérieures, au même titre que le baccalauréat général.

Vous pourrez ainsi assurer la compétitivité du secteur industriel français dans des domaines d'avenir (énergies renouvelables, écoconstruction, télécommunications...). Vos connaissances transversales des technologies actuelles apporteront sans doute dans un avenir plus ou moins proche une réponse à l'actuelle pénurie d'ingénieurs en France !

Il est conseillé de viser les écoles à vocation industrielle ou les formations d'ingénieurs en partenariat (FIP), qui proposent une alternance école/entreprise. Certaines écoles généralistes avec prépas intégrées, comme les écoles nationales d'ingénieurs (ENI) et les instituts nationaux des sciences appliquées (INSA, à Lyon et Toulouse par exemple), l'UTMB (Belfort-Montbéliard) accueillent des bacheliers STI2D munis d'un bon dossier et/ou ayant obtenu leur bac avec mention. L'école supérieure d'ingénieurs des travaux de la construction (ESITC) de Metz ouvre également ses portes aux bacheliers STI2D.
Les écoles d'ingénieurs en trois ans recrutent principalement à l'issue des prépas scientifiques. Vous pouvez donc, pour les meilleurs d'entre vous, envisager une classe préparatoire technologique : la prépa « technologie et sciences industrielles » (ou TSI), exclusivement réservée aux bacheliers STI2D, et qui ouvrira plus facilement la porte à certaines écoles d'ingénieurs !

À noter : sachez qu'à bac + 2 ou à bac + 4/5, il existe des débouchés dans l'ensemble des secteurs industriels, notamment pour exercer des fonctions de conception, de fabrication, de contrôle qualité, de maintenance ou de technico-commercial.

4 – LE BAC SCIENCES ET TECHNOLOGIES DU DESIGN ET DES ARTS APPLIQUÉS (STD2A)

À la rentrée 2019, 3 716 élèves, dont 77,8 % de filles, ont intégré une première STD2A.

CARACTÉRISTIQUES

Ce bac s'adresse à tous ceux qui sont attirés par les applications de l'art (graphique, mode, design) et par la conception et la réalisation d'objets (vêtements, meubles, ustensiles…) ou d'espaces. Vous êtes curieux, observateur, vous avez un attrait particulier pour l'art, une sensibilité artistique et de la créativité ? Vous aimez dessiner, créer, inventer, manier les textures, les matières ? Ce bac est sans doute pour vous : la motivation, l'implication, la curiosité, l'esprit pratique et d'analyse sont parmi les traits de caractère attendus pour intégrer la formation, dont les débouchés se situeront en architecture d'intérieur, en design industriel, design d'espaces, communication visuelle, publicité, mode…

Accès

Vous pourrez intégrer la première « sciences et technologies du design et des arts appliqués » après une année de seconde générale et technologique. En seconde, les options arts ou/et création et culture design sont indiquées.

Objectif

La série STD2A permet de vous former très concrètement dans les champs de la conception et de la création industrielle ou artisanale : culture générale, créativité, connaissances des matériaux, des techniques de fabrication, maîtrise du dessin et des outils de représentation…

La formation permet d'acquérir une culture du design (exploiter des ressources documentaires, sélectionner des références, reconnaître les principales étapes de l'histoire des techniques et des évolutions technologiques, situer les repères historiques et contemporains de la création artistique…), d'engager une pratique expérimentale du design (mettre en œuvre des méthodes d'investigation, repérer les étapes qui constituent les démarches de conception et de réalisation d'un produit ou d'une création, exploiter ces démarches et en justifier les logiques, identifier et distinguer un problème de design, identifier, expérimenter et exploiter diverses méthodes de créativité adaptées aux problèmes posés…), communiquer ses intentions (formuler des hypothèses et des démarches de création…).

LES MATIÈRES

Les enseignements de spécialité

Les enseignements s'appuient sur des démarches expérimentales qui permettent d'appréhender, de manière active, les univers complexes du design et des métiers d'arts. Outre les enseignements communs (français, histoire-géographie, mathématiques, etc.), trois enseignements de spécialité sont au programme de première : physique-chimie ; outils et langages numériques ; design et métiers d'art. En terminale, deux enseignements de spécialité sont prévus : analyse et méthodes en design ; conception et création en design et métiers d'art.

Volume horaire hebdomadaire du bac techno STD2A

Cette grille horaire a été mise en place en septembre 2019 pour la classe de première et en septembre 2020 pour celle de classe terminale.

Matières	En première	En terminale
Enseignements communs		
Mathématiques	3 h	3 h
Français	3 h	-
Histoire-géographie	1 h 30	1 h 30
Langues vivantes 1 et 2	4 h	4 h
Philosophie	-	2 h
Éducation physique et sportive	2 h	2 h
Enseignement moral et civique	18 h annuelles	18 h annuelles
Enseignement de spécialité		
Physique-chimie	2 h	-
Outils et langages numériques	2 h	-
Analyse et méthodes en design	-	9 h
Conception et création en design et métiers d'art	-	9 h
Design et métiers d'art	14 heures	

Enseignements optionnels	En première	En terminale
Éducation physique et sportive	3 h	3 h
Art (arts plastiques, théâtre, cinéma-audiovisuel, histoire des arts, danse ou musique)	3 h	3 h
Langue vivante C (régionale ou étrangère ou langue des signes française)	3 h	3 h
Atelier artistique	72 h annuelles	72 h annuelles

Source : www.education.gouv.fr

QUE FAIRE APRÈS UN BAC STD2A ?

Le bac STD2A en poche, vous pourrez poursuivre des études en écoles d'art pour préparer diplôme national des métiers d'art et du design en trois ans. Le DN MADE a remplacé les BTS en arts et design, les diplômes des métiers d'art (DMA) ainsi que les mises à niveau en arts appliqués (MANAA). Vous pourrez aussi intégrer une école des beaux-arts et éventuellement l'Université, pour des études plus théoriques. Par la suite, il est possible de passer un diplôme supérieur des arts appliqués (DSAA), un master ou de préparer un DNSEP (diplôme national supérieur d'expression plastique).

Enfin, sachez que quelques licences professionnelles ont été créées dans le domaine de la culture et des arts.

Un certain nombre de formations complémentaires en un an sont accessibles soit directement après le bac, soit après un bac + 2. Elles vous permettent d'acquérir une spécialisation plus fine dans la communication visuelle, l'infographie, le stylisme, la décoration intérieure…

Les écoles municipales, régionales et nationales d'art vous proposent des formations artistiques relevant du ministère de la Culture : le DNA en trois ans (diplôme national d'arts) qui forme des artistes, et le DNSEP en cinq ans (diplôme national supérieur d'expression plastique) qui forme des concepteurs dans les domaines du design, des arts appliqués et de la communication.

Les écoles nationales supérieures d'art – École nationale supérieure des beaux-arts (ENSBA), École nationale supérieure des arts décoratifs (ENSAD), École nationale supérieure de création industrielle – Les Ateliers (ENSCI-Les Ateliers) – qui recrutent sur concours vous sont également accessibles. Elles sont réservées aux plus talentueux et vous formeront à des diplômes bac + 3 à bac + 5. Objectif : devenir peintre, sculpteur, graveur, designer, architecte d'intérieur, créateur de produits industriels…

Vous pouvez également être tenté par l'une des nombreuses écoles privées proposant une formation post-bac en communication visuelle, stylisme, design, infographie... Attention, elles sont de qualité inégale et souvent très chères. Renseignez-vous.

L'Université ne figure pas parmi les poursuites d'études prioritaires et accueille peu les bacheliers STD2A, car les formations adaptées sont rares. Les bacheliers de la série STD2A ne sont concernés que par la mention arts plastiques de la licence arts. Première étape d'études longues, plus théoriques que pratiques, cette formation mène essentiellement à l'enseignement et à l'animation culturelle. Profil requis : allier des aptitudes littéraires à des compétences artistiques.

Avec un bac STD2A, il vous est possible enfin d'intégrer les classes préparatoires artistiques pour entrer à l'école normale supérieure Paris-Saclay en section design. Objectif : l'enseignement. Cette orientation ne concerne cependant qu'un nombre très restreint d'élèves.

5 – LE BAC SCIENCES ET TECHNOLOGIES DE LABORATOIRE (STL)

CARACTÉRISTIQUES

À la rentrée 2019, 7 833 élèves ont opté pour une section STL en première, dont 57,8 % de filles.

Profil requis
Cette formation s'adresse à des jeunes qui aiment les sciences expérimentales et les travaux pratiques, qui savent être calmes, patients (les résultats se faisant parfois longtemps attendre) et persévérants.

Accès
Dès la classe de seconde, grâce aux options biotechnologies et sciences et laboratoire, par exemple.

Objectif
D'un point de vue pédagogique, le bac STL vous demandera d'acquérir des notions relatives à la démarche scientifique, de mettre en place des méthodes, des connaissances et un savoir-faire expérimental dans les domaines de la biologie, biochimie, microbiologie, physique et chimie.
Un certain nombre de métiers sont accessibles après avoir suivi une filière STL : technicien supérieur en laboratoire d'analyses, de contrôle, de recherche ; assistant ingénieur de recherche ; manipulateur en radiodiagnostic (radiographie, IRM, scanner…) ou en radiothérapie ; diététicien ; conducteur de *process* dans l'industrie et l'environnement ; qualiticien…

LES MATIÈRES

Au programme

Comme pour l'ensemble des baccalauréats technologiques, les cours sont divisés entre enseignements communs (français, mathématiques, langue vivante, etc.) et enseignements de spécialité : physique chimie et mathématiques ; biochimie-biologie ; biotechnologie ou sciences physiques et chimiques en laboratoire (en première) et physique chimie et mathématiques ; biochimie-biologie-biotechnologie ou sciences physiques et chimiques en laboratoire, en terminale.

Volume horaire hebdomadaire du bac techno STL

Cette nouvelle grille horaire a été mise en place en septembre 2019 pour la classe de première et en septembre 2020 pour celle de classe terminale.

Matières	En première	En terminale
Enseignements communs		
Mathématiques	3 h	3 h
Français	3 h	-
Histoire-géographie	1 h 30	1 h 30
Langues vivantes 1 et 2	4 h	4 h
Philosophie	-	2 h
Éducation physique et sportive	2 h	2 h
Enseignement moral et civique	18 h annuelles	18 h annuelles
Enseignement de spécialité		
Physique-chimie et mathématiques	5 h	5 h
Biochimie biologie	4 h	-
Biotechnologie ou sciences physiques et chimiques en laboratoire	-	13 h
Enseignements optionnels		
Éducation physique et sportive	3 h	3 h
Art (arts plastiques, théâtre, cinéma-audiovisuel, histoire des arts, danse ou musique)	3 h	3 h
Langue vivante C (régionale ou étrangère ou langue des signes française)	3 h	3 h
Atelier artistique	72 h annuelles	72 h annuelles

Source : www.education.gouv.fr

QUE FAIRE APRÈS UN BAC STL ?

Bien que la plupart des bacheliers STL optent pour une poursuite d'études, sachez que l'entrée dans la vie professionnelle est possible dès l'obtention de votre baccalauréat, soit en intégrant un laboratoire d'analyse, soit au sein des industries alimentaires ou chimiques. Vous pourrez par exemple travailler dans les laboratoires

de mesure et de contrôle, dans les ateliers de production (industries chimiques, pharmaceutiques, agroalimentaires), les entreprises paramédicales…
Près d'un quart des bacheliers STL se dirigent cependant vers des filières d'études potentiellement longues dès leur sortie du bac : Université, écoles d'ingénieurs, écoles spécialisées…

Sachez que les bacheliers STL peuvent s'inscrire dans n'importe quelle filière scientifique universitaire. Les licences de sciences pour l'ingénieur, qui exigent un très bon niveau en mathématiques, en physique et chimie, mènent aux masters génie des procédés ou matériaux ; celles de biologie, de chimie, de physique requièrent de solides bases scientifiques.

Les formations courtes (BTS et DUT)

Parmi les formations courtes, les titulaires du bac STL visent prioritairement les BTS, principalement ceux qui sont dans la continuité de leur formation : les filières de biochimie, d'analyses biologiques et de chimie en grande majorité. Les sections équivalentes en IUT sont aussi celles qui attirent le plus de bacheliers STL.

Certains BTS et DUT sont accessibles aux bacheliers des deux options : BTS métiers des services à l'environnement et BTS technico-commercial par exemple, DUT mesures physiques et DUT qualité, logistique industrielle et organisation, BTS métiers de l'eau, diététique ou métiers de l'esthétique, cosmétique, parfumerie, DTS imagerie médicale et radiologie thérapeutique (qui permet d'exercer la profession de manipulateur radio).

Les bacheliers STL pourront également s'orienter vers le BTS analyses de biologie médicale, le BTS bioanalyses et contrôles, le BTS biotechnologies, BTS bioqualité, le BTSA analyses agricoles biologiques et biotechnologies, le BTS métiers de la chimie ou encore le DUT génie chimique, génie des procédés.

LA FORBINE À MARSEILLE

Créé en 1967, l'établissement La Forbine forme chaque année près de 350 élèves et étudiants aux carrières de la chimie et de la biologie. Situé à Marseille, le lycée technique de chimie et de biologie propose des formations allant de la seconde aux BTS. Ainsi, au sein du même établissement, vous pourrez suivre une seconde générale et technologique, puis une première et terminale STL (sciences et techniques de laboratoire) et poursuivre vos études en BTS analyses de biologie médicale ou en BTS métiers de la chimie ou encore en BTS biotechnologies.

Toutes les formations de La Forbine sont dispensées au sein du lycée, sous forme de cours magistraux et de séances de travaux dirigés et de travaux pratiques qui se déroulent en sous-groupes comptant au plus 15 élèves.

► Contact : Lycée La Forbine. 4, boulevard de La Forbine, 13011 Marseille. Tél. : 04 91 44 60 48. Internet : www.laforbine.com

Et pourquoi pas une classe prépa scientifique ?

Peu de bacheliers STL s'inscrivent en prépa alors que des classes en filière scientifique leur sont en partie réservées. La bonne nouvelle ? La tendance est à la création de nouvelles classes de ce type et donc à davantage de places pour ce profil de bacheliers !

Cette orientation est cependant avant tout destinée aux meilleurs élèves des sections STL. En effet, les classes préparatoires recrutent sur dossier scolaire, c'est-à-dire après examen des trois bulletins de la classe de première et des deux premiers bulletins de terminale. Sachez qu'étant donné la grande sévérité de cette sélection, tout votre dossier est décortiqué : les appréciations de vos profs, les avis du conseil de classe, et même les résultats dans des matières qui paraissent souvent négligeables dans une orientation scientifique (langues vivantes, français).

Les **prépas TB** (technologie et biologie) préparent au concours commun agro-véto afin d'intégrer une école d'ingénieur (en agronomie ou génie biologique) ou une école vétérinaire. Le contenu du programme est relativement proche de celui de la prépa BCPST et est axé sur les mathématiques, la physique, le français et les langues vivantes.

Les **prépas TPC** (technologie et physique-chimie) permettent d'intégrer une école d'ingénieur en chimie. Seuls quatre lycées accueillent des bacheliers STL en prépa TPC. En deux ans, les étudiants se préparent aux concours communs polytechniques avec des épreuves spécifiques à la filière TPC. Ce concours permet d'entrer dans une quinzaine d'écoles formant des ingénieurs dans tous les domaines de la chimie. À côté des épreuves écrites d'admissibilité, le contrôle continu réparti sur les deux années de TPC contribue à la réussite des étudiants travaillant régulièrement et sérieusement.

Les **prépas TSI** (technologie et sciences industrielles) accordent quelques places aux STL avec un programme renforcé en maths, physique-chimie et sciences-industrielles. C'est la bonne voie pour rejoindre une école d'ingénieurs recrutant sur concours commun. Vous aurez accès aux mêmes écoles que celles accessibles aux élèves issus d'une prépa MP, PC ou PSI, notamment Centrale, les Mines, l'X ou les écoles des concours communs polytechniques.

Quelques écoles d'ingénieurs accessibles directement après le bac recrutent des bacheliers STL. C'est le cas par exemple de Polytech Nancy, de Polytech Angers et de l'Institut Mines-Telecom de Lille.

ÉCOLES D'INGÉNIEURS : PRENEZ GARDE À L'AUTOCENSURE !

Les directives ministérielles sur l'égalité des chances prônent un plus large accès des bacheliers technologiques aux études d'ingénieur.
Or les responsables d'admission qui recrutent des bacheliers technologiques constatent un manque de candidatures. « *Beaucoup n'envisagent même pas de faire des études d'ingénieur. Pourtant, ils ne doivent pas s'autocensurer, ils ont leurs chances* », affirme Christine Boccingher, la directrice du service des admissions du réseau INSA, qui aimerait doubler le nombre de places offertes aux STI2D-STL.
Attention cependant, quelle que soit la formation visée, le niveau de recrutement est très exigeant pour ces candidats afin de garantir leur réussite une fois dans l'école.

Le paramédical, un secteur qui recrute

Les élèves motivés et qui ont un bon niveau dans les matières scientifiques peuvent se diriger vers les carrières paramédicales. La plupart des professions concernées ne peuvent s'exercer sans le diplôme d'État requis.
Attention, l'accès aux écoles paramédicales est très sélectif (surtout les écoles d'infirmiers, de masseurs-kinésithérapeutes et d'ergothérapeutes). Il vous faudra une bonne dose de motivation pour bien préparer ces concours.

D'autres formations vous sont plus accessibles : celles de technicien de laboratoire d'analyses médicales, de pédicure-podologue, de manipulateur en électroradiologie médicale…

DES ÉLÈVES ENCORE MAL INFORMÉS

Jean Michel est enseignant de biochimie en classe de STL dans un lycée de la banlieue lyonnaise ; il est également chargé de cours dans une classe prépa TB. Lorsque nous l'avons rencontré, il se plaignait du manque d'information de ses élèves : « *La plupart ne connaissent pas bien les exigences qui seront les nôtres durant les deux ans qui les séparent de leur examen. Ils connaissent mal les programmes, ne savent pas toujours ce qu'englobent les intitulés de certaines matières, il y a un gros travail à faire à ce niveau !* »

Quant aux débouchés, Jean Michel estime que ses élèves manquent d'ambition, mais là encore, il met en cause la mauvaise information des lycéens : « *À l'issue de la terminale, les élèves sont encore trop peu nombreux à s'inscrire en classe préparatoire scientifique, alors que c'est la voie royale pour ceux et celles qui ont l'ambition de devenir ingénieurs. Bien que ce ne soit pas le cas dans l'établissement où je travaille, certaines classes prépas ont du mal à faire le plein, et le recrutement se fait parfois au détriment de la qualité !* ».
Mais avant de songer à l'après-bac, cet enseignant a souhaité donner quelques conseils, certes basiques, mais incontournables, à ceux qui opteraient pour un bac STL : « *Les cours et le travail personnel représentent jusqu'à 40 heures par semaine. Les élèves doivent apprendre à travailler régulièrement, car les TP fonctionnent sur la base des pré-acquis. Les lacunes peuvent très vite s'accumuler, et les retards deviennent rapidement insurmontables.* »

6 – LE BAC SCIENCES ET TECHNOLOGIES DE LA SANTÉ ET DU SOCIAL (ST2S)

À la rentrée 2019, 22 174 élèves ont choisi la section ST2S en première, dont 85,4 % de filles.

CARACTÉRISTIQUES

Profil requis

Pour cette orientation, il est demandé aux futurs titulaires du bac ST2S de posséder un bon niveau en français et en biologie, ainsi qu'un niveau correct en mathématiques. Ils doivent également avoir une bonne expression orale et l'esprit d'analyse, de réflexion, d'argumentation et de synthèse. Notez que, de par les professions auxquelles ce baccalauréat prépare (secteur social et médical principalement), les élèves doivent avoir le goût des contacts, des capacités relationnelles, avoir le sens des responsabilités, être discrets, tolérants et capables de s'adapter aux situations de crise. À déconseiller donc aux caractères asociaux et aux émotivités exacerbées…

Accès

Les élèves sont issus d'une seconde générale et technologique. L'option « santé et social » est la plus indiquée.

Objectif

Le bac ST2S destine aux nombreux métiers des secteurs médical et social. Les enseignements spécifiques vous permettront donc de découvrir l'environnement lié à votre futur métier (les structures d'accueil, les institutions, etc.) et d'acquérir une bonne connaissance du corps humain, de son fonctionnement, des maladies… En terminale, vous suivrez une préparation aux concours des secteurs sanitaire et social, très utile pour votre poursuite d'études.

IL FAUT ÊTRE PASSIONNÉ !

Professeur en région parisienne, Sophie Guéraud enseigne à la fois la biologie humaine, la physiopathologie et la terminologie médicale. Ses classes de première et terminale ST2S sont composées quasi exclusivement de jeunes filles, venues de seconde ou de première d'adaptation. Mlle Guéraud constate que « *la plupart des élèves éprouvent des difficultés dans les matières de l'enseignement général (français, langues, maths). Dans ces classes, les jeunes filles se destinent à des carrières sociales (éducateur spécialisé, éducateur de jeunes enfants) ou à des carrières médicales (infirmières, secrétaires médicales). Les élèves de ST2S doivent être studieux et travailleurs dans trois matières principales à fort coefficient : la communication, les sciences sanitaires et sociales et la bio-physiopathologie.* »
Principalement en raison d'un manque d'information après les classes de troisième, les jeunes gens qui se présentent dans cette filière sont « *particulièrement surpris par l'étendue des programmes et leur diversité. Ils ont souvent sous-évalué la quantité de travail qui leur serait demandée.* » Les clés pour réussir sont pourtant connues de tous : « *Il faut fournir un travail assidu et régulier. Il y a un important travail de mémorisation afin d'acquérir les connaissances en anatomie ou en terminologie. Il faut également faire preuve de curiosité et d'intérêt pour les secteurs à la fois médicaux et sociaux.* » Pour vous éviter une cuisante désillusion, Sophie Guéraud conseille de vous interroger sur vos véritables motivations : « *Il est indispensable d'être passionné par les carrières sociales ou paramédicales, et d'avoir le goût du contact avec le public.* » Une qualité que votre future profession ne manquera pas d'exiger de vous.

LES MATIÈRES

Au programme

Comme dans les autres séries, une grande part est accordée aux enseignements communs : histoire-géographie, langues vivantes, français, mathématiques, etc.
Du côté des enseignements de spécialité, on trouve : physique-chimie pour la santé ; biologie et physiopathologie ; chimie-biologie et physiopathologie humaine ; sciences et techniques sanitaires et sociales.

Volume horaire hebdomadaire du bac techno ST2S

Cette nouvelle grille horaire a été mise en place en septembre 2019 pour la classe de première et en septembre 2020 pour celle de classe terminale.

Matières Enseignements communs	En première	En terminale
Mathématiques	3 h	3 h
Français	3 h	-
Histoire-géographie	1 h 30	1 h 30
Langues vivantes 1 et 2	4 h	4 h
Philosophie	-	2 h
Éducation physique et sportive	2 h	2 h
Enseignement moral et civique	18 h annuelles	18 h annuelles
Enseignement de spécialité		
Physique-chimie pour la santé	3 h	-
Biologie et physiopathologie humaines	5 h	-
Chimie-biologie et physiopathologie humaine	-	8 h
Sciences et techniques sanitaires et sociales	7 h	8 h
Enseignements optionnels		
Éducation physique et sportive	3 h	3 h
Art (arts plastiques, théâtre, cinéma-audiovisuel, histoire des arts, danse ou musique)	3 h	3 h
Langue vivante C (régionale ou étrangère ou langue des signes française)	3 h	3 h
Atelier artistique	72 h annuelles	72 h annuelles

Source : www.education.gouv.fr

MOINS FACILE QU'ON NE LE CROIT...

Claire, 17 ans, est élève de terminale ST2S. Sa camarade de classe, Delphine, est âgée de 19 ans. Nous leur avons demandé de vous parler des difficultés et des satisfactions qu'un élève de ST2S peut rencontrer durant sa scolarité.

• Quelles étaient vos motivations ou vos projets ?

Delphine : « *J'ai débuté dans cette filière par un BEP carrières sanitaires et sociales, dans lequel l'aspect pratique était très développé. J'ai ensuite repris une filière technologique en passant par une première d'adaptation, car mon objectif est de préparer une école d'éducateurs spécialisés.* »

Claire : « *Je croyais qu'en choisissant un bac technologique, les études seraient plus faciles qu'en préparant un baccalauréat général. Je me suis trompée, car il y a beaucoup de travail à fournir. Mais mon choix était parfait pour me préparer à mon futur métier d'éducatrice.* »

• Que faut-il à un lycéen pour réussir en ST2S ?

Claire : « *Il faut savoir s'organiser, ne pas apprendre à la dernière minute, rester concentré durant les cours, car c'est le meilleur moment pour comprendre, et puis ne pas oublier de se faire des fiches pour le bac, tout au long de l'année.* »

Delphine : « *Il est primordial de faire preuve de maturité et d'être bien dans sa tête. Il faut aussi savoir s'organiser dans son travail et bien entendu être à l'écoute des autres. Ce sont des qualités qui seront indispensables dans nos futures professions.* »

• Quelles difficultés avez-vous rencontrées durant votre scolarité ?

Delphine : « *Lorsque l'on arrive d'un BEP et que l'on reprend une filière générale, il est difficile de rattraper le niveau, principalement dans les matières d'enseignement général.* »

Claire : « *Les cours sont assez lourds à assimiler, et il y a une part importante de "par cœur" pour mémoriser les définitions. C'est beaucoup plus difficile que les élèves ne le croient et il faut fournir un travail soutenu et régulier pour y arriver.* »

• Pourriez-vous conseiller un jeune qui hésiterait à choisir cette filière ?

Delphine : « *Ce sont des études difficiles, surtout en biologie ou en ST2S, et il faut obligatoirement se préparer à une poursuite d'études après le bac.* »

Claire : « *Ne croyez pas que ce soit une filière plus facile que les autres. C'est un bac qui nous apporte de nombreuses connaissances dans des matières très variées, comme la communication, la biologie, la terminologie. Autant de connaissances qui seront indispensables pour notre futur métier.* »

QUE FAIRE APRÈS UN BAC ST2S ?

Une terminale ST2S ne vous donne pas directement accès à un métier : elle vous enseigne des connaissances qui vous permettront d'accéder à une formation supérieure. Bien qu'il soit possible de travailler immédiatement après votre bac (par exemple en tant que secrétaire médicale), nous ne saurions que trop vous conseiller d'opter pour une poursuite d'études dans le secteur social ou paramédical. Bien souvent, une mise à niveau d'un an est nécessaire pour préparer certains concours.

Avant même l'obtention de votre bac, vous devrez vous inscrire auprès d'écoles de préparation aux concours d'infirmier, d'aide-soignant, d'auxiliaire de puériculture, d'éducateur de jeunes enfants, d'éducateur spécialisé, de moniteur éducateur ou d'assistant de service social : attention à vous renseigner suffisamment tôt sur les dates, les modalités et les frais d'inscription.

Les formations paramédicales

Vous choisissez souvent de préparer le bac ST2S pour vous orienter ultérieurement vers un métier du secteur paramédical tel que kinésithérapeute, infirmier(ère), puéricultrice(teur), ergothérapeute... C'est au concours d'entrée dans les instituts de soins infirmiers que vous réussissez le mieux.
Motivé, il faut vous donner les moyens de réussir. L'admission dans les écoles paramédicales est en effet très sélective. Il vous faut avoir des bases très solides dans les matières scientifiques. De plus en plus souvent, une année de préparation aux concours est nécessaire. Les solutions se multiplient.

Les carrières « sociales »

Les études qui mènent aux métiers d'assistant de service social, d'éducateur spécialisé, d'éducateur de jeunes enfants durent en général trois ans. Elles se caractérisent par une articulation étroite entre enseignements théoriques et stages pratiques. Et... par une sélection sévère à l'entrée. Souvent, une expérience dans l'animation sociale est appréciée, voire exigée.
Attention, dans la plupart des établissements de formation, les candidats se comptent par centaines pour quelques dizaines de places seulement.

À noter : les inscriptions dans ces écoles spécialisées se prennent tôt dans l'année de terminale, selon des modalités particulières. Renseignez-vous dès la rentrée.

Le secrétariat médical

Cette profession concerne en priorité les bacheliers ST2S. Ils possèdent le bagage théorique nécessaire, mais doivent le compléter par une formation pratique. Ce perfectionnement est dispensé dans les centres de la Croix-Rouge et dans les lycées sous forme de FCIL (formation complémentaire d'initiative locale) « secrétariat médical » ou « secrétariat médico-social ». L'admission se fait sur dossier, tests et entretien de motivation.

Des BTS et DUT pointus

En deux ans après le bac, il est possible de préparer un BTS. Parmi ceux qui correspondent le plus au profil et à la formation des élèves de ST2S on trouve le **BTS diététique**. Il forme de futurs professionnels dont la mission sera de prévenir les risques cardio-vasculaires, apprendre à leurs patients à avoir une alimentation saine, etc. Le diététicien intervient principalement en maisons de retraite, hôpitaux, maisons de cure, restaurants d'entreprises ou peut s'établir à son compte. Vous recevrez une formation en biochimie-biologie, nutrition-alimentation, techniques culinaires, économie et gestion. Ce BTS comprend une période de stage de 20 semaines réparties sur les deux années.

Le **BTS économie sociale et familiale** forme des spécialistes chargés d'informer et de former les adultes sur les principaux aspects de leur vie quotidienne (santé, alimentation, habitat...). On trouve ces professionnels dans les caisses de mutualité sociale, les directions départementales d'action sanitaire et sociale, les caisses d'allocations familiales ou en milieu hospitalier. L'enseignement se concentre sur les sciences appliquées et la psychosociologie. La plupart des titulaires de ce BTS poursuivent leurs études un an pour passer un diplôme d'État de conseiller en économie sociale et familiale.

Le **BTS support à l'action managériale** permet de répondre aux besoins d'évolution du métier d'assistant et de coller aux attentes des professionnels.
Vous pouvez éventuellement viser le **BTS analyses de biologie médicale** et le **BTS métiers de l'esthétique, cosmétique, parfumerie**. Une condition : avoir d'excellents résultats dans les matières scientifiques (biologie, physiopathologie, sciences physiques, mathématiques).
Autre possibilité : préparer le diplôme de technicien supérieur en imagerie médicale et radiologie thérapeutique.

En deux ans également, les titulaires d'un bac ST2S peuvent préparer un **DUT carrières sociales**. Cinq options sont proposées : animation sociale et socioculturelle, assistance sociale, éducation spécialisée, gestion urbaine et services à la personne. Les titulaires de ce DUT sont nombreux à continuer leurs études pendant un an afin d'obtenir notamment le diplôme d'État d'assistant de service social ou encore celui d'éducateur spécialisé, en fonction de l'option suivie...
Avant de choisir, informez-vous sur les exigences de chacun des diplômes, leur contenu, leurs débouchés. Profitez des journées portes ouvertes des IUT et des lycées pour rencontrer des enseignants et des étudiants. Ils vous donneront des précisions

sur les conditions d'admission, l'organisation des études, l'insertion professionnelle des diplômés...

L'Université

Il n'existe pas de licence adaptée à la filière ST2S. Pourtant les bacheliers de cette série sont nombreux à s'engager dans des filières universitaires (psychologie, biologie, droit, médiation culturelle et communication...).

Les bacheliers ST2S rencontrent d'importantes difficultés et sont peu nombreux à passer le cap de la licence. Ce fort taux d'échec s'explique de diverses manières : idées fausses sur le contenu des études, enseignements du bac ST2S peu adaptés aux exigences universitaires, mauvaise évaluation du travail personnel à fournir... En somme beaucoup de désillusions.
Peuvent vous intéresser les filières menant aux seconds cycles dans les domaines du travail social ou du développement social. Mais elles sont rares. Notons néanmoins la mise en place de quelques licences professionnelles dans le domaine des services aux personnes.

LES ÉTUDES D'INFIRMIER(ÈRE)

Il s'agit sûrement de la formation la plus prisée par les élèves de ST2S, car elle apparaît comme la voie royale vers les professions médicales et ouvre la route à de nombreuses spécialisations (infirmier anesthésiste, infirmier en bloc opératoire). Cette formation se répartit également entre des cours théoriques (2 100 heures) et de nombreuses périodes de stages en milieu médical (2 100 heures). Il faut distinguer les modules transversaux (ceux étudiés tout au long des trois ans et qui sont le support de votre futur métier) et les modules de soins dont chacun est étudié une fois. Cette formation est dispensée en vue de l'exercice de la profession d'infirmier en milieu hospitalier, en milieu extra-hospitalier et en secteur libéral.
L'ensemble de la formation se déroule sur trois ans et le système de notation donne lieu à l'attribution des crédits conformément au système européen de transferts de crédits « *European Credits Transfert System* » (ECTS). Le diplôme d'État d'infirmier sanctionne un niveau validé par l'obtention de 180 crédits européens, soit 6 semestres, un grade de licence et 20 semaines de formation en alternance par semestre.

► Contacts :
- www.infirmiers.com (le site de la profession : incontournable !) ;
- ANFIIDE (Association nationale française des infirmières et infirmiers diplômés et étudiants). Internet : www.anfiide.com ;
- FNESI (Fédération nationale des étudiants en soins infirmiers).
Internet : http://fnesi.org

7 – LE BAC SCIENCES ET TECHNOLOGIES DE L'AGRONOMIE ET DU VIVANT (STAV)

CARACTÉRISTIQUES

Profil requis

Ce bac est destiné aux élèves qui s'intéressent à la biologie, l'environnement, l'agroalimentaire et l'agriculture.

Il faut donc être attiré par les métiers de l'agriculture et s'intéresser en particulier aux technologies de l'agronomie appliquées à l'élevage, la culture et leurs environnements ou à la transformation et la commercialisation des produits agroalimentaires.

Vos points forts : chimie, biologie, physique appliquée, sciences économiques et sociales, étude des produits et de leur transformation agroalimentaire.

Accès

Après une seconde générale et technologique. Dès la seconde, il est intéressant de suivre l'enseignement d'exploration écologie, agronomie, territoire, développement durable (EATDD) dispensé dans les lycées agricoles.

Objectif

La formation permet l'acquisition d'une culture humaniste, scientifique et technologique, commune à l'ensemble des domaines de compétences de l'enseignement agricole. Ce bac techno a pour objectif prioritaire de fournir aux élèves les connaissances scientifiques fondamentales adaptées à la poursuite d'études dans l'ensemble des BTSA, en BTS ou DUT dans les secteurs de l'agroalimentaire, de l'analyse biologique, de la production agricole, de l'aménagement de l'espace ou encore de la commercialisation des produits agricoles.

LES MATIÈRES

Au programme

Vous suivrez des enseignements généraux : français (en première), histoire-géographie, LV1 et LV2, philosophie (en terminale)... Vous découvrirez également des enseignements de spécialité : gestion des ressources et de l'alimentation ; territoires et sociétés ; technologie ; territoires et technologies.

Volume horaire hebdomadaire du bac techno STAV

Cette nouvelle grille horaire a été mise en place en septembre 2019 pour la classe de première et en septembre 2020 pour celle de classe terminale.

Matières	En première	En terminale
Enseignements communs		
Mathématiques	3 h	3 h
Français	3 h	-
Histoire-géographie	1 h 30	1 h 30
Langues vivantes 1 et 2	4 h	4 h
Philosophie	-	2 h
Éducation physique et sportive	2 h	2 h
Enseignement moral et civique	18 h annuelles	18 h annuelles
Enseignement de spécialité		
Gestion des ressources et de l'alimentation	6 h 45	6 h 45
Territoires et sociétés	2 h 30	
Technologie	3 h	
Territoires et technologies		4 h 30
Enseignements optionnels		
Éducation physique et sportive	3 h	3 h
Art (arts plastiques, théâtre, cinéma-audiovisuel, histoire des arts, danse ou musique)	3 h	3 h
Langue vivante C (régionale ou étrangère ou langue des signes française)	3 h	3 h
Atelier artistique	72 h annuelles	72 h annuelles

Source : www.onisep.fr

QUE FAIRE APRÈS UN BAC STAV ?

Ce bac vous permet de poursuivre des études supérieures dans le domaine de la transformation des produits, de l'analyse biologique, de la production (technologies végétales, productions animales…), de l'agroéquipement, de la commercialisation, des aménagements…, essentiellement en BTS agricoles (BTSA) dans les spécialités proches de celles déjà étudiées : industries agroalimentaires, technico-commercial, analyses agricoles, biologiques et biotechnologies… Les meilleurs peuvent rejoindre, sur concours, une école d'ingénieurs en agroalimentaire. Il existe d'ailleurs une classe préparatoire post-BTSA en un an. Après un BTSA, il existe aussi de nombreux certificats de spécialisation en un an.

Les BTSA plébiscités

Le BTSA (brevet de technicien supérieur agricole) s'impose comme la principale poursuite d'études des bacheliers STAV. Ce diplôme vous prépare à une entrée dans la vie active.

Les BTSA sont préparés dans les lycées agricoles publics et privés. Ces formations sont très convoitées. Évaluez donc bien vos aptitudes avant de déposer un dossier de candidature. Si vous visez le BTSA technico-commercial, par exemple, mieux vaut présenter de bons résultats en langues pour avoir des chances d'être admis.

Les spécialités adaptées sont : agronomie : productions végétales, aménagements paysagers ; analyse, conduite et stratégie de l'entreprise agricole ; analyses agricoles biologiques et biotechnologiques (Anabiotec) ; aquaculture ; développement de l'agriculture des régions chaudes ; développement, animation des territoires ruraux ; génie des équipements agricoles ; gestion et maîtrise de l'eau ; gestion et protection de la nature ; gestion forestière ; production horticole ; productions animales ; technico-commercial ; sciences et technologies des aliments ; services en espace rural ; viticulture-œnologie.

• Le BTSA **analyses agricoles, biologiques et biotechnologiques (Anabiotec)**

La formation est centrée sur les disciplines utilisées en laboratoire (chimie, biochimie, microbiologie, biotechnologie…) et les techniques d'analyse. De fait, les débouchés se trouvent essentiellement dans les laboratoires d'analyse-contrôle et de recherche-développement. Les domaines d'application concernent l'industrie alimentaire, les industries pharmaceutiques et cosmétiques, l'agronomie, les produits vétérinaires et agrochimiques ou encore l'environnement.

• Le BTSA **sciences et technologies des aliments**

Outre un enseignement général, la formation comprend un enseignement scientifique et technique : microbiologie, chimie et biochimie, génie industriel, génie alimentaire et environnement économique de l'entreprise. Quatre spécialités sont proposées : aliments et processus technologiques, produits céréaliers, produits laitiers, viandes et produits de la pêche. À l'issue de ce BTSA, vous serez apte à exercer les métiers de responsable d'un secteur de fabrication, responsable qualité, responsable achats, stockage, distribution des produits alimentaires, technicien de recherche et de développement.

• Le BTSA **technico-commercial**

Ce diplôme propose cinq spécialités : agrofournitures, animaux d'élevage et de compagnie, jardin et végétaux d'ornement, produits alimentaires et boissons, produits de la filière forêt bois. L'étude des techniques de commercialisation et de l'économie constitue le noyau dur de la formation. De plus, pour la spécialité « produits alimentaires », on abordera la microbiologie et la technologie alimentaire. Les débouchés sont variés, allant du poste de chef de rayon de produits alimentaires dans une grande surface à celui d'attaché commercial dans une grande entreprise.

• Le BTSA **aménagements paysagers**

La formation est centrée sur les techniques utiles à la conduite d'un chantier paysager (connaissance des végétaux, études d'aménagement, gestion et conduite de chantier...). Les emplois se trouvent dans les entreprises privées et les collectivités territoriales.

• Le BTSA **analyse, conduite et stratégie de l'entreprise agricole (ACSE)**

Ce diplôme permet d'acquérir les connaissances comptables et juridiques nécessaires à la conduite d'une exploitation agricole. On approfondit par ailleurs l'étude d'une filière agricole : lait, viande, céréales, arboriculture, viticulture. Les débouchés concernent l'ensemble du monde agricole (conseiller agricole, exploitant, technicien d'agriculture...).

• Le BTSA **gestion forestière**

Ce BTSA aborde tous les aspects de la sylviculture et de l'exploitation du bois (écosystème forestier, peuplements forestiers, exploitation forestière et aménagement). Il débouche sur des emplois tant dans le domaine public que privé de technicien forestier, gestionnaire de propriété forestière... Il aidera par exemple, dans le sud de la France, à la lutte contre les incendies en mettant sur pied des actions de prévention, en analysant quotidiennement le terrain, en veillant à l'entretien des sous-bois...

• Le BTSA **gestion et maîtrise de l'eau (GEMEAU)**

Trois spécialités sont proposées : maîtrise de l'eau en agriculture et en aménagement (irrigation) ; études et projets d'aménagements hydrauliques urbains et agricoles, gestion des services d'eau et d'assainissement.

• Le BTSA **gestion et protection de la nature**

Il propose deux spécialités : gestion des espaces naturels (axée sur la mise en valeur écologique, économique et culturelle d'espaces naturels) et animation nature (axée sur les techniques de sensibilisation du public à l'environnement).

• Le BTSA **génie des équipements agricoles**
Il apporte les connaissances scientifiques et économiques nécessaires pour intervenir dans la construction, la commercialisation et l'utilisation de matériels et équipements agricoles.

• Le BTSA **productions animales**
Cette formation conduit à différents métiers de l'élevage : agriculteur, technicien ou conseiller d'élevage, contrôleur laitier, technicien de reproduction…

• Le BTSA **aquaculture**
Il donne les connaissances scientifiques et économiques nécessaires à la gestion d'une entreprise aquacole (projet d'installation et choix des matériels, techniques d'élevage, gestion).

• Le BTSA **production horticole**
La formation aborde les productions florales, fruitières et légumières, les pépinières. Il débouche sur des postes de responsable de culture, de conseiller, par exemple.

• Le BTSA **agronomie, productions végétales**
Il permet d'acquérir les bases à la fois théoriques et pratiques en agronomie, productions végétales, biologie végétale, protection de l'environnement, la formation portant essentiellement sur l'économie et la politique des productions végétales, le fonctionnement et le droit de l'entreprise, la bioclimatologie et l'agro-écosystème. Il débouche sur deux types de fonction : la production agricole et le conseil (en chambre d'agriculture, groupement de producteurs…), avec notamment les postes d'exploitant, chef de culture, conseiller, technicien de laboratoire technico-commercial…

• Le BTSA **viticulture-œnologie**
On y apprend la culture, l'entretien et la gestion du vignoble, mais aussi la fabrication et la conservation des vins. À la clé, des emplois de gestionnaire de domaine viticole, de maître de chai, de négociant en vin ou de conseiller… Les titulaires de ce BTSA peuvent ensuite préparer le diplôme national d'œnologie.

• Le BTSA **développement, animation des territoires ruraux**
La formation offre une bonne connaissance des réseaux et des politiques publiques et de la gestion économique et humaine des structures impliquées dans l'offre de services en milieu rural… Les titulaires de ce BTSA peuvent travailler dans une collectivité territoriale, un syndicat ou une association pour animer et développer les territoires ruraux, les exploitations agricoles ou les entreprises rurales.

Signalons également le BTSA **développement de l'agriculture des régions chaudes** (implanté en Guadeloupe, à Tahiti et à la Réunion).

Bien apprécié des employeurs, le BTSA vous permet une insertion professionnelle satisfaisante. Il vous conduit à des métiers aussi variés qu'agriculteur, technicien forestier, contrôleur laitier, conseiller en chambre d'agriculture, technicien paysagiste, technico-commercial, chef de fabrication ou contrôleur qualité dans l'industrie alimentaire...
Mais près de la moitié des techniciens supérieurs dans ce domaine poursuivent leurs études. Beaucoup préparent un certificat de spécialisation. Ceux-ci forment à des compétences variées (conduite d'élevage, comptabilité, vente...), utiles aux professionnels de l'élevage, de l'exploitation agricole, de l'aménagement paysager, du machinisme agricole... Le cursus se déroule souvent sous contrat d'apprentissage. Certains préparent un second BTSA en un an. Il s'agit pour eux d'affiner leur spécialisation ou d'acquérir une double compétence, souvent demandée par les employeurs (gestion, informatique, vente...). Quelques écoles, préparant en cinq ans aux carrières d'ingénieurs agricoles, horticoles ou en aménagement rural, admettent un petit nombre de titulaires de BTSA, de BTS ou DUT directement en deuxième année. Quelques élèves avec un bon dossier réussissent à rejoindre une filière professionnalisée à l'Université.

D'autres poursuites d'études

• Quelques bacheliers technologiques agricoles entrent en DUT génie biologique. Les options agronomie, industries alimentaires et biologiques, génie de l'environnement ou bio-informatique intéressent les bacheliers STAV.
• Après le bac STAV, de très bons élèves peuvent envisager l'accès à l'Université, principalement dans les filières sciences de la vie et sciences de la Terre et de l'Univers. En général, une mise à niveau scientifique est nécessaire. Les étudiants peuvent ensuite suivre un second cycle fondamental débouchant sur les concours de l'enseignement, ou une formation professionnalisée, également ouverte aux titulaires de BTSA du secteur agricole ou du DUT génie biologique.
• Enfin, il existe des classes préparatoires (ATS) implantées dans les lycées agricoles et réservées aux titulaires de BTSA et de DUT ou BTS se rapportant à la biologie ou à l'agroalimentaire. Elles ne sont pas toujours obligatoires pour se présenter aux concours d'entrée des écoles d'ingénieurs, mais vivement recommandées. Les prépas TB (technologie-biologie), en deux ans, sont ouvertes aux titulaires du bac STAV, même si elles admettent en priorité les bacheliers STL : elles permettent de présenter les concours d'entrée dans les écoles d'agronomie (ENITA, INA, ENS...) ou les écoles vétérinaires.

Pourquoi pas ingénieur ?

Deux possibilités : se présenter directement dans une école acceptant la candidature de titulaires de BTS, BTSA, DUT, ou s'inscrire en classe préparatoire ATS (adaptation technicien supérieur) en vue d'intégrer une grande école d'ingénieurs ou une école nationale vétérinaire.
Quelques écoles, préparant en cinq ans aux carrières d'ingénieur en agroalimentaire, admettent en deuxième année un petit nombre de titulaires de BTSA, de BTS ou de DUT. Il s'agit d'écoles rattachées au ministère de l'Agriculture (Agrocampus Ouest) et d'écoles privées (ESA, ESAP, ISA, ISAB, ISARA). Les écoles universitaires (ENSBANA, ENSSTAB, ESMISAB, Polytech'Montpellier), quant à elles, intègrent surtout des titulaires de DUT.
Les titulaires de BTSA toutes options, mais aussi de DUT ou de BTS liés à la biologie, à l'agroalimentaire ou à la technologie industrielle, ont accès à des classes préparatoires spécifiques en un an (ATS de biologie). Elles ne sont pas obligatoires pour se présenter aux concours d'entrée des écoles d'ingénieurs, mais vivement recommandées.

Voici les concours auxquels vous pouvez postuler :
• **Le concours ingénieur par la voie « C Bio »** est ouvert aux élèves issus de prépas ATS biologie et donne accès à l'Agrocampus Ouest de Rennes (cursus ingénieur agronome) ; Agrocampus Ouest d'Angers (cursus ingénieur horticulture et paysage) ; AgroParisTech Paris-Grignon ; AgroSup Dijon (cursus agronomie ou cursus agroalimentaire) ; Bordeaux Sciences Agro ; ENSAIA de Nancy (filière agronomie) ; ENSAT Toulouse ; Montpellier Sup Agro (cursus ingénieur agronome ou cursus ingénieur systèmes agricoles et agroalimentaires) ; Oniris Nantes (cursus agroalimentaire) ; VetAgro Sup Clermont-Ferrand (cursus agronomie).
• **Le concours « C ENV » des quatre écoles nationales vétérinaires (ENV)** est également ouvert aux élèves issus de prépas ATS biologie. En effet, quelques vétérinaires se consacrent à l'industrie alimentaire.
• **Le concours « C2 » est ouvert aux titulaires d'un DUT** dans une des quatre spécialités suivantes : chimie, génie biologique, génie chimique-génie des procédés, hygiène-sécurité-environnement (l'inscription à ce concours se fait uniquement l'année de l'obtention du DUT). La sélection s'y fait sur dossier et épreuves orales. **Il permet d'intégrer : Agrocampus Ouest, AgroParisTech, Agrosup Dijon, Bordeaux Sciences agro, ENSAIA Nancy, ENSAT Toulouse, Montpellier SupAgro, Oniris et VetAgro Sup.**

À noter : « *En 2021, les élèves de classe terminale qui souhaitent devenir vétérinaires pourront également s'inscrire* via *Parcoursup dans les Écoles nationales vétérinaires (ENV). 160 places seront disponibles sur dossier scolaire et entretiens. Ces étudiants suivront une année de cycle préparatoire intégré dispensé dans les écoles vétérinaires, ce qui permettra de rapprocher la durée de formation des vétérinaires de la moyenne européenne. 480 étudiants continueront à être recrutés dans les ENV par le concours A, B et C (après un BTS, BTSA, DUT ou une licence professionnelle).* » (Source : communiqué de presse commun de la ministre de l'Enseignement supérieur, de la Recherche et de l'Innovation et du ministre de l'Agriculture et de l'Alimentation. 20 décembre 2019.)

▶ **Contact :** www.concours-agro-veto.net

8 – LE BAC SCIENCES ET TECHNIQUES DU THÉÂTRE, DE LA MUSIQUE ET DE LA DANSE (S2TMD)

À la rentrée 2019, 330 élèves étaient inscrits en première S2TMD (TMD), dont 58,8 % de filles.

À noter : depuis septembre 2019, les élèves qui souhaitent préparer ce bac technologique sont scolarisés au sein d'une classe de seconde générale et technologique et non plus dans une seconde spécifique comme c'était le cas avec l'ancien bac TMD.

CARACTÉRISTIQUES

En fin de troisième, vous pouvez choisir de préparer un bac technologique qui vous permettra de concilier passion pour la danse, la musique ou le théâtre et scolarité.

Profil requis

Ce bac est réservé aux élèves ayant la musique, le théâtre ou la danse pour passion et qui ambitionnent de devenir un virtuose, un acteur ou une étoile… Vos points forts : exécutions instrumentales, chorégraphiques ou talents de comédien. La concurrence est rude. Pour s'en sortir, il faut du talent certes, mais aussi de l'opiniâtreté…

Accès

À partir d'une seconde générale et technologique. L'enseignement optionnel de culture et pratique de la danse ou de la musique ou du théâtre est plus que conseillé. Les élèves désireux de s'inscrire en S2TMD doivent également être inscrits dans un conservatoire ayant signé une convention avec l'établissement choisi. Peu de lycées préparent à ce bac, il faut donc se renseigner tôt dans l'année.

Objectif

La préparation de ce bac combine des cours au lycée et au conservatoire. Avec l'option « instrument » ou l'option « danse », les élèves fréquentent régulièrement le lycée et le conservatoire pour des études équilibrées en enseignements généraux et technologiques.

LES MATIÈRES

Ce bac sanctionne à la fois une scolarité générale et des études musicales, théâtrales ou chorégraphiques de haut niveau.
En première et terminale, les élèves retrouvent les matières suivantes :
• des matières d'enseignement général communes à tous les bacs technos : français (en première), langue(s), philosophie (en terminale), mathématiques, histoire-géographie, EPS... Objectif : acquérir la culture générale indispensable pour poursuivre des études supérieures. L'enseignement de musique, de théâtre ou de danse est souvent dispensé au lycée le matin et au conservatoire l'après-midi. Les élèves ont la possibilité de suivre des enseignements facultatifs.
• des enseignements de spécialité où les exécutions instrumentales ou chorégraphiques sont déterminantes.

Volume horaire hebdomadaire du bac techno S2TMD

Cette nouvelle grille horaire a été mise en place en septembre 2019 pour la classe de première et en septembre 2020 pour celle de classe terminale.

Matières	En première	En terminale
Enseignements communs		
Mathématiques	3 h	3 h
Français	3 h	-
Histoire-géographie	1 h 30	1 h 30
Langues vivantes 1 et 2 (dont 1 heure d'enseignement technologique en langue vivante 1)	4 h	4 h
Philosophie	-	2 h
Éducation physique et sportive	2 h	2 h
Enseignement moral et civique	18 h annuelles	18 h annuelles
Enseignement de spécialité		
Économie, droit et environnement du spectacle vivant	3 h	
Culture et sciences chorégraphiques ou musicales ou théâtrales	5 h 30	7 h
Pratique chorégraphique, musicale ou théâtrale	5 h 30	7 h

Enseignements optionnels	En première	En terminale
Éducation physique et sportive	3 h	3 h
Art (arts plastiques, théâtre, cinéma-audiovisuel, histoire des arts, danse ou musique)	3 h	3 h

QUE FAIRE APRÈS UN BAC S2TMD ?

Il faut savoir que, dans ces secteurs, les débouchés sont assez limités. Vous pourrez exercer dans les domaines de la musique, de la danse, du théâtre dans l'enseignement ou dans l'animation culturelle. Pianiste, compositeur, chef d'orchestre, danseur, chorégraphe, metteur en scène, scénariste... La concurrence est rude !

Pour devenir musicien, comédien, chanteur ou danseur, la voie royale reste le passage par le conservatoire ou les écoles spécialisées, avec souvent, en complément, des études à l'Université. Car si le conservatoire offre une formation axée sur la technique et la pratique de la musique, à très haut niveau, les apports de la fac en termes de culture générale sont indispensables.

Le « must » des formations : les conservatoires nationaux supérieurs de Paris et de Lyon. Ils forment des professionnels de haut niveau, triés sur le volet par un concours d'entrée extrêmement sélectif. Les musiciens peuvent également tenter leur chance dans les conservatoires nationaux de région (CNR) et les écoles nationales de musique (ENM). Ces établissements délivrent un **diplôme d'études musicales** (DEM) en trois ans et préparent au concours d'entrée dans les orchestres nationaux ou régionaux. La concurrence est extrêmement rude et seuls les meilleurs pianistes, chefs d'orchestre, danseurs ou chorégraphes trouveront leur place dans les orchestres symphoniques ou les compagnies de ballet. Le talent est indispensable, mais sans une bonne dose de travail, peu de chance de faire sa place. Certains conservatoires assurent la préparation au certificat d'aptitude aux fonctions de professeur de musique ou de danse. Vous avez également la possibilité de passer le **diplôme d'État de professeur de musique ou de danse**.

Vous pouvez aussi envisager des études à l'université si vous êtes attiré par l'enseignement ou l'animation culturelle, ou en complément des études en conservatoire. Une trentaine d'universités proposent la licence musicologie et délivrent également, pour la plupart, des diplômes de master dans la continuité de la licence.

Les formations en danse sont rares à l'Université. On peut tout de même mentionner la licence danse de l'université de Strasbourg et de l'université Bordeaux-Montaigne ainsi que les licences arts du spectacle (université de Paris) et arts parcours études en danse (Lille).

La licence arts du spectacle permet également d'étudier le théâtre à l'Université. Les débouchés sont peu nombreux mais il est possible de devenir scénariste ou assistant de production, par exemple. Après une licence, les meilleurs élèves et ceux qui veulent poursuivre leurs études pourront se tourner vers l'École nationale supérieure des arts et techniques du théâtre de Lyon (ENSATT).

Enfin, n'oubliez pas les métiers de l'animation, des bibliothèques, des discothèques…

À noter : sur cette question souvent posée, consulter les fiches pratiques des *métiers de la musique* publiées sur le site de la Cité de la musique – Philharmonie de Paris : https://metiers.philharmoniedeparis.fr

QUE SONT-ILS DEVENUS ?

Le bilan des dix dernières années fait apparaître que les élèves issus de la TMD (transformée en S2TMD à la rentrée 2019 pour intégrer une section théâtre à la formation) sont nombreux à se présenter aux CNSM de Paris et de Lyon : beaucoup y sont reçus et peuvent ainsi poursuivre une carrière d'instrumentiste de haut niveau. La plupart parviennent à obtenir une place dans un orchestre, parallèlement souvent à un poste de professeur dans un conservatoire ou une école de musique.
Un certain nombre, non négligeable et de plus en plus important ces dernières années, suit les cours de la faculté de musicologie en vue de l'obtention du Capes d'éducation musicale et de chant choral. D'autres suivent les cours de la faculté de lettres (français-philo-histoire) et peuvent s'orienter vers des métiers différents de ceux exclusivement centrés sur la musique.
Quel que soit leur choix, il est à remarquer que tous ont suivi leurs études musicales, tant au conservatoire qu'au lycée, avec une motivation extraordinaire et qu'après leur baccalauréat (que beaucoup obtiennent avec mention), ils trouvent du travail et ont la chance de pratiquer un métier qui les passionne.

9 – LE BAC SCIENCES ET TECHNOLOGIES DE L'HÔTELLERIE ET DE LA RESTAURATION (STHR)

CARACTÉRISTIQUES

À la rentrée 2019, 2 403 élèves ont choisi la section STHR en première, dont 55,8 % de filles.

Profil requis

Le bac STHR est fait pour des élèves qui désirent se tourner vers les professions de la restauration, de l'accueil et de l'hébergement. Au menu : économie générale, sciences appliquées, techniques d'accueil et d'hébergement, méthodes culinaires. Disponibilité, adaptabilité, sens de l'initiative et résistance physique seront vos atouts pour réussir.

Accès

À partir d'une seconde spécifique. L'entrée en seconde se fait sur dossier plus entretien de motivation et/ou tests d'aptitude qui se déroulent au mois de mai précédant la rentrée scolaire. Vous devez vous informer dès février ou mars.
Cependant, les élèves de seconde générale et technologique, de seconde ou première professionnelle et de CAP peuvent intégrer une première STHR à condition de suivre un stage de remise à niveau.

Objectif

Ce bac vous permet d'acquérir une multicompétence dans les domaines de la restauration, de l'accueil et de l'hébergement.
• En restauration, vous approfondissez les technologies et les méthodes culinaires : étude des types de restauration, des produits de cuisine, élaboration des menus…
• En service, vous apprenez à connaître les équipements d'un restaurant, les fonctions du personnel, les conditions d'entretien des locaux, l'organisation du service de restauration, l'accueil des clients…
• En hébergement, vous découvrez la diversité des entreprises hôtelières, l'organisation et la conduite des activités de l'hôtel, la place du produit « chambre », ainsi que les services se rattachant à ce produit. Vous recevez une formation à la gestion hôtelière : comptabilité, gestion des ventes, des approvisionnements, du personnel. Deux langues étrangères figurent au programme.

Ce bac est surtout axé sur la poursuite d'études vers un BTS, mais près de la moitié des diplômés entrent dans la vie active dans des fonctions d'assistant d'encadrement : second de cuisine, chef de rang, assistant de réception, assistant du directeur de la restauration.

LES MATIÈRES

L'enseignement s'articule autour d'enseignements de spécialité (économie, gestion hôtelière, sciences et technologies culinaires...) et de matières générales complétées par des travaux pratiques en cuisine, en service, en hébergement. Au sein même de l'établissement, les élèves sont mis en situation professionnelle : ils accueillent une importante clientèle extérieure et organisent l'ensemble du service sous l'œil « critique » de leur professeur.

Dans les disciplines professionnelles, vous découvrez en « gestion hôtelière » tout ce qui concerne la comptabilité, les ventes, l'approvisionnement... ; les « sciences et technologies culinaires » permettent d'aborder les types de restauration, les produits de cuisine, les modes de cuisson, l'élaboration des menus ; en « enseignement scientifique alimentation-environnement (ESAE) », vous apprenez l'organisation du service de restauration, les vins, etc. ; les « sciences et technologies des services » concernent la décoration, le linge et la literie, les besoins des clients, le rôle des équipes chargées de la réception, du service des étages. Ces enseignements sont largement exploités dans le cadre des travaux pratiques : organisation d'un service de banquet, réalisation de plats, élaboration d'un planning d'occupation des chambres...

Comme dans tout bac, les matières générales (français, langues, histoire-géographie, mathématiques...) tiennent une place importante dans l'emploi du temps. Les langues vivantes sont très présentes avec l'enseignement obligatoire d'une LV1 et d'une LV2, dont impérativement l'anglais.

En plus de l'étude des disciplines propres à l'hôtellerie, vous êtes sensibilisé aux questions d'hygiène, de sécurité et de prévention des accidents du travail.

Volume horaire hebdomadaire du bac techno STHR

Cette nouvelle grille horaire a été mise en place en septembre 2019 pour la classe de première et en septembre 2020 pour celle de classe terminale.

Matières Enseignements communs	En première	En terminale
Mathématiques	3 h	3 h
Français	3 h	-
Histoire-géographie	1 h 30	1 h 30
Langues vivantes 1 et 2	4 h	4 h
Philosophie	-	2 h
Éducation physique et sportive	2 h	2 h
Enseignement moral et civique	18 h annuelles	18 h annuelles
Enseignements de spécialité		
Enseignement scientifique alimentation environnement (ESAE)	3 h	-
Sciences et technologies culinaires et des services	10 h	-
Économie – gestion hôtelière	5 h	5 h
Sciences et technologies culinaires et des services – enseignement scientifique alimentation environnement (ESAE)	-	13 h
Enseignements optionnels		
Éducation physique et sportive	3 h	3 h
Art (arts plastiques, théâtre, cinéma-audiovisuel, histoire des arts, danse ou musique)	3 h	3 h
Langue vivante C (régionale ou étrangère ou langue des signes française)	3 h	3 h
Atelier artistique	72 h annuelles	72 h annuelles

Source : www.education.gouv.fr

QUE FAIRE APRÈS UN BAC SCIENCES ET TECHNOLOGIES DE L'HÔTELLERIE ET DE LA RESTAURATION (STHR) ?

Pour la majorité des titulaires de ce bac, la poursuite d'études s'effectue en **BTS management en hôtellerie-restauration** afin d'apprendre à établir les budgets, à gérer le personnel, à contrôler l'équipement, etc. Ce BTS comporte trois options dans la suite logique du bac : l'option management d'unité de restauration, l'option management d'unité de production culinaire et l'option management d'unité d'hébergement. Dans l'hôtellerie, il mène à des fonctions de chef de département

ou de secteur, de directeur d'hébergement, de directeur de petite chaîne hôtelière. En cuisine, le technicien supérieur sera chef de partie, puis chef de cuisine. Il existe aussi des débouchés dans l'industrie agroalimentaire.
Autres BTS intéressants : le BTS tourisme, qui forme des responsables de grandes chaînes internationales ou d'établissements en catégorie 3/4 étoiles ; le BTS gestion de la PME ; le BTS comptabilité et gestion (avec un bon niveau en maths) ; le BTS management commercial opérationnel...
Un certain nombre de formations complémentaires en un an sont accessibles soit directement après le bac, soit après un bac + 2. Proposées dans les secteurs de l'hôtellerie et du tourisme, elles vous permettent d'acquérir une spécialisation plus fine.
Les bacheliers peuvent préparer une mention complémentaire (MC) en un an. La MC accueil réception, appréciée des professionnels, permet de devenir réceptionniste. Ou encore les MC employé traiteur, organisateur de réceptions, sommellerie...
Vous pouvez aussi accéder à des formations complémentaires d'initiative locale (FCIL) en un an : par exemple : chef de rang, concierge d'hôtel, cuisine de la mer, accueil et service de la clientèle anglophone ou mobilité internationale en hôtellerie-restauration (qui permet de partir en stage dans un pays européen).

De nombreuses écoles, généralement privées et au coût élevé, forment des professionnels de l'hôtellerie-restauration, en deux ou trois ans après le bac. Par exemple l'Institut Vatel à Paris qui propose un *Bachelor's degree in International Hotel Management* (diplôme à bac + 3), ou l'Institut Paul Bocuse, avec sa formation bachelor management international des arts culinaires (bac + 3).
Il existe aussi des formations pointues à bac + 4 et au-delà, comme celle de management en hôtellerie-restauration.

Les formations proposées par l'Université sont rares dans ce domaine. Vous trouverez néanmoins quelques filières professionnalisées orientées vers l'encadrement et la gestion hôtelière, notamment des licences professionnelles, ainsi que les masters professionnels tourisme, hôtellerie, restauration. L'objectif de ces formations est de vous permettre de maîtriser les outils du management et d'acquérir en vente ou en gestion les compétences indispensables pour décrocher un poste dans les grandes chaînes hôtelières.

10 – LES BREVETS DE TECHNICIEN

À la rentrée 2019, 226 élèves étaient inscrits en dernière année de préparation au brevet de technicien, dont 74,3 % de filles.

CARACTÉRISTIQUES

L'écrasante majorité des brevets de technicien (BT) s'est progressivement transformée en bacs technologiques ou en bacs professionnels, mais en 2018, il subsiste encore une spécialité. Une sélection rigoureuse est faite à l'entrée de cette section en voie de disparition.

Durée

La scolarité est d'une durée de trois ans pour les élèves issus de la classe de troisième. Le dernier BT existant (métiers de la musique) se prépare à partir d'une seconde spécifique.

Objectif

Un BT vous donne une qualification de technicien spécialisé dans un secteur professionnel précis. Il est très apprécié des employeurs.

Formation

Le BT métiers de la musique est préparé dans 3 lycées (Saint-Brieuc, Nancy et Sèvres). Contrairement au bac technologique qui couvre un champ large (la mécanique, l'électricité, le bâtiment...), le BT se caractérise par une formation technique très spécialisée.

Au programme

Vous suivrez 12 à 17 heures d'enseignement général, 17 à 25 heures d'enseignements technologiques et professionnels par semaine. La formation comporte un stage qui est l'occasion de découvrir le milieu et d'appliquer des techniques professionnelles.

Et après ?

L'entrée dans la vie professionnelle est la suite logique de ces formations. Vous avez néanmoins la possibilité de poursuivre des études en BTS.

LE DERNIER BREVET DE TECHNICIEN

Le dernier BT accessible est celui des métiers de la musique.

LA VOIE PROFESSIONNELLE

Parfois considérés à tort comme une « voie de garage », les CAP et bacs professionnels n'ont pas toujours bonne réputation dans un pays où la valeur d'une personne s'apprécie encore trop souvent au nombre d'années d'études effectuées après le bac… Et pourtant, ces formations très pratiques sont une voie efficace d'accès au monde du travail pour les jeunes qui n'ont pas le goût des études longues et théoriques. Ils y apprennent un métier et sont rapidement opérationnels.

Cette section a pour objet de vous aider à faire votre choix parmi la multitude de formations professionnelles existantes.

PARTIE I

LE CAP

Si certains ont l'ambition de poursuivre de longues études, d'autres aspirent à une entrée rapide dans la vie professionnelle. Pour eux, les CAP semblent les mieux adaptés : en deux années, ils forment à des métiers aussi variés qu'évolutifs ayant l'avantage d'offrir pour la plupart la perspective d'une embauche assez rapide. Avec environ 200 spécialités en CAP, le choix est vaste : activités de la mer, aéronautique, agriculture, agroalimentaire, artisanat d'art, automobile, bâtiment et travaux publics, coiffure et esthétique, imprimerie, mécanique, restauration et hôtellerie, transport et logistique…

Avertissement : le brevet d'études professionnelles (BEP) est une étape vers le baccalauréat professionnel en trois ans. Il s'agit d'un diplôme intermédiaire de niveau 3 qui atteste l'acquisition de compétences professionnelles. Sa présentation n'est pas obligatoire. Les épreuves sont majoritairement évaluées en contrôle en cours de formation. Il sanctionne une formation qui donne, à la fin de la première professionnelle, une première qualification professionnelle d'ouvrier ou d'employé qualifié, à l'issue de laquelle l'élève peut poursuivre vers la terminale professionnelle ou s'orienter vers l'insertion dans la vie professionnelle. Il n'est pas possible d'entrer dans des formations préparant **exclusivement** au BEP. C'est pourquoi, pour ceux qui sont intéressés par les BEP et les BEPA, nous vous invitons à consulter la partie sur les bacs professionnels.

1 – CHOISIR SON MÉTIER, CHOISIR SA VIE

L'orientation dans les filières professionnelles à la fin de la troisième est trop souvent vécue par les élèves (et leurs parents) comme un échec : c'est une orientation « de force », ou « par défaut », qui le plus souvent est la conséquence d'un manque de réflexion de la part du jeune sur son projet de vie.

Nous ne perdrons donc pas de temps à vous prouver que les filières professionnelles, lorsqu'elles sont choisies par les élèves, mènent plus souvent à l'emploi que les filières générales : il suffit de comparer les taux de chômage respectifs, deux ans après l'obtention de leur diplôme, des titulaires d'un CAP ou d'un bac pro et des titulaires d'une licence, pour s'en convaincre. Le rapport est évidemment en faveur des premiers, car leur formation les prépare à des métiers, contrairement aux licences qui constituent un enseignement généraliste et absolument pas professionnel.
En revanche, il est important d'insister sur la nécessité de vous prendre en main le plus tôt possible : dès l'entrée au collège, réfléchissez à ce que vous souhaitez faire de votre vie, et au métier que vous souhaitez exercer. Choisir un métier implique de choisir une orientation scolaire, une formation, mais aussi et surtout sa vie. Alors réfléchissez-y et soyez curieux. Pour vous aider et vous renseigner sur les réalités des métiers qui vous intéressent, vous disposez d'une multitude d'outils, pour la plupart gratuits.

Pour connaître les lieux où vous trouverez toutes les informations nécessaires à votre orientation, reportez-vous au chapitre 3 de la partie I de la première section de cet ouvrage : « Comment s'informer ? ».

2 – LA RÉNOVATION DE LA VOIE PROFESSIONNELLE ET LA FIN DES BEP

Le BEP est une certification intermédiaire qui se passe exclusivement au cours du cursus conduisant au bac professionnel en trois ans. Elle n'est pas obligatoire pour l'obtention du bac pro.

Vous devez donc vous inscrire en classe de seconde professionnelle (première année du cycle de préparation en trois ans du bac pro) et opter pour un champ professionnel en précisant la (ou les) spécialité(s) de bac envisagée(s), ou une spécialité pour les secondes non rattachées à un champ professionnel. Notez qu'un champ professionnel regroupe des spécialités de bac pro d'une même famille. Ainsi, quelque 100 spécialités sont regroupées au sein de 20 champs. Par exemple, le champ professionnel BTP regroupe 8 spécialités de bac pro, parmi lesquelles : « technicien du bâtiment : organisation et réalisation du gros œuvre », « aménagement et finition du bâtiment », « ouvrages du bâtiment : métallerie » et « menuiserie-aluminium-verre ».

Les BEP sont organisés en unités, générales et professionnelles, chacune constituée d'un ensemble cohérent de compétences et de connaissances au regard de la finalité du diplôme. Chaque spécialité du BEP est définie par un arrêté ministériel. Les candidats titulaires de certains titres ou diplômes peuvent être dispensés de l'obtention d'une ou plusieurs unités du diplôme présenté. Ceux qui justifient de certaines unités ou du bénéfice de certaines épreuves d'un diplôme préparé antérieurement peuvent être dispensés de l'obtention d'une ou plusieurs unités constitutives du diplôme visé.

À noter : les titulaires d'un BEP avant rénovation conservent leurs droits. Ils peuvent poursuivre une première professionnelle ou demander une admission en première technologique.

3 – QU'EST-CE QU'UN CAP ?

Le CAP se prépare en deux ans après la classe de troisième. C'est un diplôme spécialisé qui prépare à des tâches bien précises et débouche, en général, sur la vie active.

PRÉSENTATION GÉNÉRALE

Le CAP (certificat d'aptitude professionnelle), qui donne une qualification d'ouvrier ou d'employé qualifié (niveau 3), forme à des métiers très spécifiques sur une durée de deux ans après la troisième. Il existe environ 200 spécialités de CAP. Le jeune qui emprunte cette voie apprend son métier en lycée professionnel (en lycée professionnel agricole pour le **CAP agricole**) ou par la voie de l'apprentissage (dans les **CFA**, centres de formation d'apprentis).

La plupart des CAP ont pour objectif l'entrée dans la vie active. L'élève peut toutefois envisager de poursuivre ses études, sur une durée d'un an, *via* une **MC** (mention complémentaire) ou une **FCIL** (formation complémentaire d'initiative locale). Il est également possible d'obtenir une qualification professionnelle supérieure en préparant, tout en travaillant, un **BP** (brevet professionnel) ou un **BM** (brevet de maîtrise). L'accès aux bacs pro est aussi possible.

Au programme : cours théoriques, travaux pratiques et travaux en atelier, en laboratoire ou sur un chantier selon la spécialité. En CAP, les enseignements généraux, techniques et professionnels s'équilibrent. Précisons qu'une période de formation en entreprise de 12 à 16 semaines réparties au cours des deux années est prévue au sein du cursus.

LES SECTEURS QUE COUVRENT LES CAP

Les CAP se répartissent en différents secteurs : agriculture et environnement, BTP et construction, art et artisanat, maintenance, sanitaire et social, hôtellerie et restauration, commerce et vente, esthétique, industrie, transport et logistique, services.

QUELQUES CHIFFRES

À la rentrée scolaire 2019, 113 669 élèves préparaient un CAP au sein des lycées de la métropole et des DOM. Les filles constituaient 37,6 % des effectifs accueillis en

CAP (ou autre diplôme de niveau 3), mais 60,8 % des élèves de CAP inscrits dans une spécialité des services sont des filles.

Les domaines de spécialités pour les CAP les plus convoités à la rentrée 2019

Spécialités services	**Effectifs**
Commerce, vente	18 602
Accueil, hôtellerie, tourisme	10 950
Coiffure, esthétique, autres services aux personnes	7 819
Spécialités production	**Effectifs**
Agroalimentaire, alimentation, cuisine	14 755
Électricité, électronique	6 845

Source : *Repères et références statistiques*, ministère de l'Éducation nationale, de l'Enseignement supérieur et de la Recherche, édition 2019.

4 – OÙ PRÉPARER SON CAP ?

EN LYCÉE PROFESSIONNEL OU EN LYCÉE PROFESSIONNEL AGRICOLE

La plupart des CAP se déroulent de la manière suivante :

- la première année : 28 à 30 semaines de cours et 6 à 8 semaines de stage en entreprise ;
- la seconde année : 25 à 27 semaines de cours et un stage en entreprise de 6 à 8 semaines également.

Au programme : français, histoire-géographie (3 h 30 à 4 h par semaine selon les spécialités) ; mathématiques, sciences (3 h 30 à 4 h par semaine selon les spécialités) ; langue vivante (2 h hebdomadaires) ; arts appliqués et cultures artistiques (2 h hebdomadaires) ; éducation physique et sportive (2 h 30 hebdomadaires) ; prévention, santé, environnement (1 h par semaine) ; enseignements technologique et professionnel (17 à 18 h par semaine) ; enseignement moral et civique (30 mn hebdo) ; aide individualisée (1 heure par semaine).

L'avantage du lycée professionnel est la proximité professeurs/élèves *via* l'aide individualisée et le travail en petits groupes. La parole, la discussion et le débat réconcilient celles et ceux qui éprouvaient quelques difficultés au collège. De plus, en lycée professionnel, vous êtes directement confronté à la réalité à travers des projets concrets qui font appel à votre imagination et à votre esprit de création (notamment lors de travaux pratiques, de stages ou d'ateliers).

LE CHEF-D'ŒUVRE ET LA CO-INTERVENTION

À la rentrée 2019, les étudiants en CAP ont découvert deux nouveautés : la réalisation d'un projet pluridisciplinaire destiné à témoigner de l'acquisition des gestes professionnels (qui porte le nom de « chef-d'œuvre ») et des enseignements de spécialité professionnelle en co-intervention. Concrètement, des professeurs d'enseignement général (mathématiques, français) peuvent désormais recevoir des professeurs d'enseignement professionnel dans leur classe afin de faire le lien entre théorie et pratique.

L'APPRENTISSAGE : UN CHOIX GAGNANT

Opter pour l'apprentissage, c'est choisir de partager son temps entre l'entreprise et l'école, c'est mener une double vie, avec un double objectif : décrocher son diplôme et acquérir une première expérience en entreprise.

Les règles de l'apprentissage

L'apprentissage est régi par la loi de 1971.
Le contrat d'apprentissage est la signature d'un contrat de travail en CDD (durée déterminée) de deux ans, cosigné par l'entreprise, le CFA et le jeune. La visite médicale d'embauche est obligatoire à la signature du contrat avec l'entreprise. Les cours au CFA sont obligatoires (l'employeur peut ne pas payer l'élève lorsque celui-ci est absent aux cours). L'apprenti doit travailler 35 heures par semaine. Il passe une visite médicale du travail tous les six mois.
Si des problèmes surviennent avec une entreprise, il peut y avoir rupture de contrat. L'équipe du CFA peut alors proposer un nouveau contrat avec une autre entreprise.

Chaque année, plus de 452 650 jeunes choisissent de se former en apprentissage. Pour ceux d'entre vous qui aiment savoir pourquoi il leur faut apprendre telle ou telle chose, c'est donc une bonne solution : d'une semaine sur l'autre, on met en pratique ce que l'on a appris et de nouvelles questions surgissent à propos de la pratique du métier. La théorie et la pratique se nourrissent l'une l'autre.
Signer ce type de contrat représente une occasion inespérée d'acquérir une solide expérience sur le terrain tout en suivant une formation qualifiante ou diplômante. Une formule à tester au plus vite !

Le contrat d'apprentissage a pour objectif de permettre à un jeune d'obtenir une qualification professionnelle sanctionnée par un diplôme d'État professionnel ou technologique. Le contrat peut durer entre un et trois ans (avec une prolongation possible en cas d'échec). La durée de la formation est au minimum de 400 heures, mais, en général, les CFA prévoient 800 heures pour un CAP. Ce qui fait de l'apprentissage une formation dense laissant peu de temps libre. Les entreprises intéressées par l'apprentissage sont souvent celles rattachées au secteur industriel, tant au niveau commercial, agricole que technique.

Les avantages de l'apprentissage

Entrer rapidement dans la vie active

L'alternance offre une réelle opportunité d'insertion. En effet, conçue sur le partage de votre temps de travail entre le centre de formation et l'entreprise, l'alternance permet à tout étudiant de 16 à moins de 30 ans (des dérogations existent pour les étudiants âgés de 15 ans) d'acquérir une expérience professionnelle significative. Dans le cadre d'une formation classique, les stages de fin d'année ne permettent pas de se consacrer à d'aussi longues missions, ni d'acquérir une culture d'entreprise aussi solide. C'est pourquoi vous serez en mesure de présenter de sérieux atouts, comparé à un jeune diplômé issu d'une formation classique. En contrat d'apprentissage, vous serez considéré comme un salarié à part entière au sein de l'entreprise et vous préparerez en même temps votre diplôme. Accrochez-vous, votre motivation va être mise à rude épreuve !

Gratuité

L'atout maître est, bien entendu, la prise en charge du coût de votre formation par l'État. Une astuce pour choisir une formation de qualité sans faire un job à mi-temps ! Les aides de l'État permettent à votre employeur de bénéficier d'avantages financiers tels que la prime à l'embauche, l'exonération des cotisations patronales ainsi que le remboursement d'heures de formation. Quant à vous, dispensé des frais de scolarité, vous pourrez prétendre à une rémunération. Elle correspond à une fraction du Smic, variable selon votre âge et la durée de votre contrat (par exemple, un apprenti âgé de 18 à 20 ans touche 661,95 euros mensuels minimum la première année et 1 031,41 euros par mois la troisième année). Primes, treizième mois, mutuelle, tickets restaurant... seront également des avantages auxquels vous aurez accès, si ces pratiques sont courantes dans votre entreprise.

Choisir une formation

Ne foncez pas tête baissée sous le simple prétexte que la formation est gratuite ! L'alternance doit correspondre avant tout à votre projet professionnel. Il sera beaucoup plus difficile pour vous de changer d'avis en cours de contrat, puisque vous vous engagez sur une longue durée. Ne vous trompez pas d'orientation ni d'entreprise, optimisez dès maintenant votre avenir. Sans entamer une psychanalyse, analysez vos compétences relationnelles et professionnelles afin de déterminer pour quel métier ou quel secteur vous êtes fait.

Les domaines du tourisme et de l'hôtellerie, de l'agriculture et de l'alimentation, de l'automobile, de la banque, du commerce et de la distribution, de l'informatique et du multimédia, du secrétariat, etc., sont autant de secteurs d'activité à la recherche d'apprentis.
Ensuite, choisissez le diplôme d'État ou le titre homologué adapté, que vous préparerez au sein d'un CFA privé ou public. Pour choisir votre CFA, soyez vigilant, et ne vous laissez pas allécher par des publicités un peu trop flatteuses : votre formation est un sujet sérieux, alors prenez le temps de vous renseigner sur votre futur centre d'accueil. Demandez à rencontrer des élèves, procurez-vous la liste des professeurs, visitez les lieux et renseignez-vous sur les résultats obtenus à l'examen par cet établissement (sur le site internet du ministère de l'Éducation nationale).
Après avoir sélectionné une liste d'écoles susceptibles de vous convenir, ce sera à l'école de vous faire passer une sélection. Dans la plupart des établissements, vous passerez des épreuves de culture générale, de langue, et plus selon votre niveau d'études et la formation visée.

L'ENTRETIEN DE MOTIVATION

C'est surtout lors de l'entretien de motivation que se fait la différence. Vous aurez nécessairement droit à la question : « *Pourquoi suivre votre formation en alternance ?* » Évitez de répondre que l'aspect gratuit du système est votre seule motivation et que vous n'avez rien trouvé d'autre... La franchise a du bon, mais pas toujours ! Expliquez plutôt votre envie de découvrir le monde de l'entreprise et la nécessité d'obtenir un diplôme, l'expérience professionnelle ne suffisant pas pour espérer une bonne évolution de carrière. À ce sujet, pensez à préciser vos projets d'avenir, lancez quelques pistes, à défaut de présenter un projet parfaitement défini... « *Lors de cet entretien, j'évalue la motivation, le CV et je demande au jeune de se renseigner sur l'entreprise, de se déplacer, ne pas hésiter à relancer ses contacts... Bref, de faire preuve d'initiative !* », précise Mme D'Onofrio, responsable du pôle alternance pour CTM formation. Les responsables pédagogiques essaient, durant cet entretien, de cerner au mieux votre personnalité afin de vérifier que vous ayez suffisamment de maturité pour vous adapter à la formule de l'alternance.

Motivation et rigueur

Cette seconde étape passée, vous allez devoir trouver votre **entreprise d'accueil**, celle qui acceptera de vous former en parallèle de vos cours. Attention : c'est avec cette entreprise que vous signerez une convention fixant les modalités d'organisation des enseignements, précisant le diplôme préparé et l'identité de votre tuteur.

La plupart des centres de formation aident leurs apprentis à trouver l'entreprise qui va les accueillir : beaucoup d'entre eux entretiennent des relations très suivies avec les professionnels, qui n'hésitent pas à s'adresser à eux pour recruter des apprentis. Cependant, il vaut mieux commencer à chercher une entreprise avant de choisir son CFA, et ce dès les mois de mars/avril précédant votre rentrée scolaire. N'hésitez pas à vous rendre aux journées portes ouvertes organisées par les CFA, qui se tiennent à cette époque, pour glaner des informations et des contacts.

Choisissez avec soin votre futur poste : il devra correspondre à vos objectifs professionnels avant tout ! Votre charge de travail sera importante, puisque vous assumerez 35 à 39 heures de travail en entreprise – et autant d'heures de cours pendant les semaines de formation, sans oublier les devoirs et rapports à présenter. Et lorsque l'organisme de formation ferme ses portes pour les vacances, l'entreprise prend le relais ! « *L'alternance requiert une réelle motivation et une soif de réussite, la difficulté étant accrue par rapport à une formation classique* », met en garde Mariano Lopez, en deuxième année à l'ESA. Assumer un suivi à l'école tout en endossant des responsabilités en entreprise n'est, en effet, pas une mince affaire. L'adaptation sera votre maître mot. Malgré tout, un apprenti sur quatre renouvelle l'expérience et signe un nouveau contrat. L'alternance a donc désormais fait ses preuves et nous ne saurions que vous recommander de choisir cette voie !

ANTHONY, ÉLECTRICIEN DANS UN BUREAU D'ÉTUDES

Anthony nous fait part de son parcours du CFA au monde du travail. « *Jusqu'en troisième, j'étais bon à l'école, mais j'ai décroché en seconde et j'ai redoublé : je crois que c'est parce qu'il fallait bosser un peu plus et que je n'en avais plus envie. J'en avais assez des études.* »

Anthony entre alors dans un centre de formation des apprentis, à Paris. Là, il retrouve le sourire. Classé premier de la promotion à Paris à l'issue de son examen du BEP, Anthony continue ses études en bac professionnel équipements et installations électriques (désormais bac pro métiers de l'électricité et de ses environnements connectés) : « *L'apprentissage, c'est le bon plan ! Quand on en a marre des études, ça permet de changer. Une semaine sur les chantiers et une semaine en cours, pas le temps de se lasser ! Ni trop de théorie ni trop de pratique : pour moi, c'était idéal.* »

Autre avantage de l'apprentissage : la rémunération. « *Quand on est apprenti, on est rémunéré, au pourcentage du Smic et en fonction de l'âge : c'est motivant. Et puis les jeunes voient vraiment ce qu'est le métier : en lycée professionnel, on n'étudie que la théorie en faisant un peu d'atelier, alors qu'en CFA, on voit la théorie, et ensuite la pratique sur le terrain.* »

5 – QUEL CAP CHOISIR ?

Étant donné le grand nombre de CAP existants, nous avons choisi ici de ne développer que certaines de ces formations. Vous en trouverez la liste complète dans les annexes du présent ouvrage.

Petit récapitulatif des termes à connaître :
- CAPA : CAP agricole ;
- CAPM : CAP maritime.

Les spécialités des diplômes professionnels (CAP, bacs professionnels) les plus prisées

Notez que le pourcentage entre parenthèses correspond au taux de réussite.

Spécialités	CAP	Bac pro
Spécialités de la production		
Électricité, électronique	5 041 (79,9 %)	20 155 (79,4 %)
Moteurs et mécanique auto	15 760 (87,3 %)	7 919 (75,4 %)
Travail du bois et de l'ameublement	7 373 (82,7 %)	3 043 (76,4 %)
Structures métalliques	9 854 (84,2 %)	4 009 (76,4 %)
Agroalimentaire, alimentation, cuisine	34 810 (82,1 %)	7 312 (87,5 %)
Bâtiment : finitions	8 485 (79,6 %)	1 073 (75,2 %)
Énergie, génie climatique	3 241 (83,8 %)	2 874 (74,3 %)
Aménagement paysager, parcs, jardins, espaces verts, terrains de sport	2 062 (94,3 %)	2 824 (81,7 %)
Bâtiment : construction et couverture	4 896 (78,5 %)	1 196 (76,3 %)
Spécialités des services		
Commerce, vente	14 392 (86 %)	33 525 (83,1 %)
Spécialités plurivalentes sanitaires et sociales	3 216 (97,4 %)	27 572 (88,9 %)
Accueil, hôtellerie, tourisme	8 444 (83,2 %)	3 568 (84,7 %)
Coiffure, esthétique, autres services aux personnes	19 183 (82 %)	3 016 (89,5 %)
Transport, manutention, magasinage	4 795 (88 %)	4 230 (80,5 %)
Sécurité des biens et des personnes, police, surveillance	3 649 (90 %)	1 303 (92,6 %)
Travail social	28 234 (79,5 %)	-

Source : *Repères et références statistiques*, ministère de l'Éducation nationale, édition 2018.

AGRICULTURE, MER, AGROALIMENTAIRE ET ALIMENTATION

Les métiers de l'agriculture

CAP agricole métiers de l'agriculture

Plusieurs spécialités sont disponibles :
- production animale ;
- production végétale : arboriculture, horticulture ;
- production végétale : grandes cultures ;
- production végétale : vigne et vin.

Débouchés
Le **CAP agricole métiers de l'agriculture** forme des ouvriers qualifiés polyvalents susceptibles de travailler dans différents types d'exploitation agricole, selon leur spécialité. Ils sont responsables de l'exécution de travaux nécessitant l'implantation, l'entretien et la récolte de productions végétales (spécialité production végétale grandes cultures), l'alimentation et les soins du troupeau (spécialité production animale), la taille, le palissage des vergers (spécialité production végétale arboriculture, horticulture) ou la prise en charge de la cave, de la vinification, le nettoyage du matériel (spécialité production végétale vigne et vin).

Formation
Entreprise et vie professionnelle (fonctionnement d'une exploitation agricole, notions de contrat de travail, de statut, de protection sociale...), physique-chimie, biologie (végétale, humaine et animale), écologie et agronomie, techniques et pratiques professionnelles associées au type d'élevage (alimentation, reproduction, pesées, fertilisation des récoltes...).

Poursuite d'études
Certificat de spécialisation arboriste-élagueur ; BP responsable d'entreprise agricole ; bac professionnel agroéquipement ; conduite et gestion de l'entreprise vitivinicole ; conduite de productions horticoles (arbres, arbustes, fruits, fleurs, légumes) ; technicien conseil-vente de produits de jardin.

▸ CAP agricole palefrenier soigneur

Débouchés

Le titulaire de ce CAP agricole est un passionné du cheval. Il soigne les animaux, entretient les écuries et le matériel ; chargé de chevaux d'élevage ou de sport, il connaît le comportement de chacun et surveille leur état de santé.

Il travaillera essentiellement dans la filière élevage, dans les centres d'entraînement des chevaux de course, les haras publics ou privés, les centres de tourisme équestre…

Attention : ce métier demande une résistance physique importante, le soigneur ayant de longues journées, et travaillant par tout temps dans des écuries non chauffées ou à l'extérieur.

Formation

Zootechnie, hippologie, équitation constituent une partie de la formation couplée avec les enseignements généraux.

Poursuite d'études

Ce CAP agricole aboutit généralement à la professionnalisation, mais il est néanmoins possible de poursuivre ses études en bac pro conduite et gestion de l'entreprise hippique, par exemple.

Les métiers de la mer

▸ CAP maritime (CAPM)

Débouchés

Le diplômé de ce CAP participe à tous les aspects de la vie d'un navire de pêche : mise à l'eau, récupération et entretien des engins de pêche, tri et conditionnement des poissons, vie du bord, conduite du navire… Les matelots expérimentés se voient confier des responsabilités plus importantes : le chef d'équipe, par exemple, joue un rôle essentiel dans l'organisation du travail sur le pont.

Formation

Description du navire, navigation, technique de pêche, matelotage, océanographie.

Poursuite d'études

Bac pro conduite et gestion des entreprises maritimes (option commerce ou pêche) ; cultures marines ; électromécanicien marine.

CAP réparation entretien des embarcations de plaisance

Débouchés
Le titulaire de ce diplôme est un ouvrier chargé de l'entretien courant, du diagnostic et de la réparation des pannes de bateaux de plaisance, embarcations semi-rigides, voiliers et embarcations nautiques à moteur comme les scooters des mers. Il sait aussi bien démâter que changer un joint de moteur ou réparer une coque plastique. Dans le cadre de son activité, il utilise des appareils de contrôle, de diagnostic et de mesures électroniques. Par ailleurs, il doit savoir entretenir de bonnes relations avec les clients.

Poursuite d'études
Bac pro maintenance nautique.

Les métiers de l'agroalimentaire

CAP agricole opérateur en industries agroalimentaires option transformation de produits alimentaires

Débouchés
Ce CAP forme des ouvriers qualifiés qui exercent dans les entreprises laitières, les industries des viandes, les industries céréalières, de fabrication de produits alimentaires élaborés, de fabrication d'huiles, les industries sucrières, la fabrication de boissons…
L'ouvrier participe à une ou plusieurs étapes de production (abattage des animaux vivants, travail et conditionnement des produits) et/ou conduit des machines. Il est capable d'occuper plusieurs postes de travail et surveille les conditions d'atmosphère, d'hygiène et de sécurité, vérifie la qualité des produits. Il entretient les équipements et matériels : réglage, nettoyage, désinfection…

Formation
Connaissances scientifiques et techniques nécessaires pour la préparation, la fabrication et la conservation des produits ; modes opératoires et gestes liés à la réception des animaux vivants, à l'abattage ; conditionnement et étiquetage.

Poursuite d'études
Brevet professionnel industries alimentaires ; bac pro bio-industries de transformation.

Les métiers de l'alimentation

CAP boulanger

Débouchés

Le titulaire de ce CAP fabrique différents types de pains ordinaires et spéciaux, ainsi que des viennoiseries. Il peut également assurer une activité de traiteur en proposant par exemple des sandwiches, des pizzas, des quiches... Il pétrit les pâtes aussi bien à la main qu'à la machine. Le boulanger évolue dans un commerce artisanal, une boulangerie industrielle ou une grande surface.

Formation

Technologie (connaissance des matières premières, des différents produits et des matériels, étapes de la panification, méthodes de fermentation...), sciences appliquées à l'alimentation et à l'hygiène, connaissance du monde de l'entreprise, pétrissage, pesage, façonnage, enfournement.

Poursuite d'études

Mention complémentaire boulangerie spécialisée ou pâtisserie boulangère ou employé-traiteur ; bac pro boulanger-pâtissier ; brevet professionnel boulanger.

CAP charcutier-traiteur

Débouchés

Le titulaire de ce CAP effectue tous les traitements de la viande de porc : découpage et préparation de la viande en vue de la vente, confection de produits crus ou cuits... Il peut aussi préparer des pâtes brisées, des pâtes feuilletées pour confectionner des quiches, des pizzas... Dans son activité de traiteur, il peut proposer tous les plats qui composent un repas et travailler alors d'autres matières premières : volailles, poissons, légumes...

Formation

Technologie (connaissance des matières premières et des matériels, prévention des accidents, stockage des produits, approvisionnement du magasin...), sciences appliquées aux équipements, à l'alimentation et à l'hygiène, connaissance de l'entreprise et de l'environnement économique, juridique et social.

Poursuite d'études

Mention complémentaire employé-traiteur ; brevet professionnel charcutier-traiteur ou boucher ou bac pro boucher charcutier traiteur.

CAP poissonnier écailler

Débouchés

Le titulaire de ce CAP a une connaissance approfondie des poissons et crustacés d'eau douce et d'eau de mer. Il sait les préparer et les cuisiner et a été formé à tout ce qui a trait aux règles d'hygiène et de conservation. Il se charge aussi bien de l'étalage de la marchandise que de l'accueil de sa clientèle. Étêter, écailler, vider et trancher sont ses maîtres mots !

Formation

Apprentissage de la vente de poissons, de l'accueil et du conseil de la clientèle, reconnaissance des différents poissons et crustacés, préparations culinaires et utilisation du matériel adapté, découverte du fonctionnement des différents appareils de refroidissement.

Poursuite d'études

Mention complémentaire employé-traiteur ; bac pro poissonnier écailler traiteur.

CAP boucher

Débouchés

Ce CAP est le diplôme de base pour devenir boucher. Son titulaire assure la transformation de la viande pour la mise en vente : coupe et découpe en morceaux, désossage, séparation, dégraissage, ficelage, présentation et décoration…

Formation

Les élèves étudient les techniques utilisées dans chaque spécialité, l'anatomie des animaux et la destination culinaire des morceaux. Ils apprennent à respecter les règles d'hygiène.

Poursuite d'études

Mention complémentaire employé-traiteur ; bac pro boucher charcutier traiteur ; brevet professionnel boucher ; brevet professionnel charcutier-traiteur.

INDUSTRIE

Les métiers de la production industrielle

CAP conducteur d'installation de production

Débouchés

Le titulaire de ce CAP est chargé d'assurer la conduite en production d'une installation industrielle automatisée : préparation du poste de travail, réglage de l'installation, approvisionnement en matière d'œuvre, lancement et surveillance de la ligne en production, contrôle qualité du produit fini. Il évolue dans différents secteurs industriels : l'agroalimentaire, la pharmacie, la cosmétique, la transformation des pâtes papiers et cartons, l'électronique, la production et transformation des métaux, l'automobile, l'industrie textile, l'aéronautique, etc.

Formation

Enseignement technologique et professionnel, prévention, santé et environnement, histoire-géographie…

Poursuite d'études

MC conducteur de machines de verrerie ; bac pro maintenance des équipements industriels (qui deviendra le bac pro maintenance des systèmes de production connectés à la rentrée 2021) ; bac pro pilote de ligne de production.

Les métiers de la plasturgie et de la métallurgie

CAP composites, plastiques chaudronnés

Débouchés

Le titulaire de ce CAP est capable d'assurer l'installation et la conduite (manuelle ou automatisée) de matériels dans la transformation des matières plastiques. Au cours de sa formation, il exécute toutes les opérations de chaudronnerie des plastiques : le traçage, la découpe, le formage à chaud et à froid, le positionnement, l'assemblage, l'usinage et la finition. Dans le domaine des composites, il a appris le moulage au contact, le moulage sous vide, la projection simultanée, le frettage et les techniques de finition. Il a également été initié à la réparation et sensibilisé aux impératifs de qualité et de productivité.

Formation

Enseignement général (français, maths, sciences physiques, EPS...) auquel s'ajoutent 3 heures hebdomadaires de dessin technique et 15 heures d'atelier.

Poursuite d'études

Bac pro plastiques et composites.

Les métiers de la mécanique, de l'automobile et de l'aéronautique

▸ CAP réparation des carrosseries

Débouchés

Le titulaire de ce CAP est chargé de réparer la carrosserie d'un véhicule accidenté ou d'en changer la partie endommagée. Pour réaliser cette réparation, il peut être amené à démonter et remonter certains éléments mécaniques ou électriques.

Formation

Différentes techniques du travail de la tôle (pliage, roulage, emboutissage...), techniques de réparation et de remise en forme des carrosseries, initiation à la connaissance des plastiques et à la peinture.

Poursuite d'études

CAP peinture en carrosserie ; bac pro construction des carrosseries ; bac pro réparation des carrosseries.

▸ CAP peinture en carrosserie

Débouchés

Le titulaire de ce CAP intervient après le carrossier. Il protège et peint les carrosseries défraîchies pour leur redonner leur couleur d'origine. Il maîtrise les techniques de préparation (lavage, ponçage, masticage), de protection (traitement anticorrosion) et d'application de la peinture au pistolet.

Formation

Différentes techniques de protection des carrosseries et d'application de la peinture ; étude des produits utilisés (peintures, enduits, mastics...), étude de la conception et de l'assemblage des carrosseries et la colorimétrie.

Poursuite d'études

Bac pro construction des carrosseries ; bac pro réparation des carrosseries.

CAP aéronautique option avionique

Débouchés

Le titulaire d'un CAP aéronautique option avionique intervient dans des domaines de haute technicité liés à la fiabilité et à la disponibilité des commandes de vol. Il dispose de connaissances scientifiques et techniques et de savoir-faire qui lui permettent d'effectuer les inspections et les contrôles des équipements. Les interventions concernent principalement les équipements et les liaisons électriques, électroniques et optiques.

Formation

Mathématiques, physique, histoire-géographie, langue vivante, documentation technique, opérations de montage ou démontage, opérations de production.

Poursuite d'études

Bac pro aéronautique option avionique. Bac pro aviation générale.

CAP aéronautique option structure

Débouchés

Ce CAP forme des mécaniciens de chaîne de montage ou d'atelier de maintenance de structures d'aéronefs (avions, hélicoptères, engins spatiaux…). Ces ouvriers qualifiés travaillent dans les entreprises d'exploitation ou de construction du secteur aéronautique. Ils sont capables d'intervenir sur les principaux systèmes d'équipement, en fabrication ou en réparation, et d'assurer le montage, le réglage et le démontage des accessoires hydrauliques, électriques et mécaniques. Ils sont également à même de repérer et d'identifier certaines anomalies (corrosion, chocs, usure).

Formation

Technologie des aéronefs, réglementation aéronautique, environnement industriel, pratique professionnelle, français et histoire-géographie, mathématiques et sciences…

Poursuite d'études

Bac pro aéronautique option structure. Bac pro aviation générale.

Les métiers de la chimie et de la physique

▸ CAP employé technique de laboratoire

Débouchés

L'employé technique de laboratoire est un employé qualifié capable, en suivant des consignes données, de réaliser un certain nombre d'observations et de manipulations simples utilisées dans les laboratoires scientifiques et industriels. Les diplômés évoluent dans des laboratoires de chimie, de biochimie, de biologie ou d'agroalimentaire.

Formation

Enseignements généraux (français, histoire-géo, mathématiques) et biologie, biochimie, chimie, physique, technique de mesures, règles de sécurité.

Poursuite d'études

Bac pro bio-industries de transformation ; procédés de la chimie, de l'eau et des papiers-cartons ; laboratoire contrôle qualité ; hygiène, propreté, stérilisation.

▸ CAP industries chimiques

Débouchés

Ce CAP forme le personnel de fabrication chimique travaillant dans les unités de production. Son titulaire sait utiliser les appareils à distiller ou à broyer, connaît les techniques de mélange et de chauffage, peut réaliser des analyses simples pour contrôler le bon déroulement de la fabrication. Ce CAP se prépare en alternance dans un seul établissement (lycée professionnel Nicolas-Louis Vauquelin à Paris).

Formation

Chimie, biochimie, physique, technique de production, automatisme, règles de sécurité.

Poursuite d'études

Bac pro procédés de la chimie, de l'eau et des papiers-cartons ; bac pro bio-industries de transformation ; pilote de ligne de production ; brevet professionnel conducteur d'appareils des industries chimiques.

Les métiers de l'électrotechnique et de l'électronique

▸ CAP électricien

Débouchés

Le titulaire de ce CAP intervient en tant qu'électricien dans les secteurs du transport, de la distribution, des équipements et installations électriques. Il installe, met en service, entretient et répare des ouvrages électriques, principalement en basse tension. Il intervient, sous la responsabilité d'un chargé de travaux, sur les installations de logements individuels ou collectifs, de bâtiments industriels, d'immeubles de bureaux, de réseaux de distribution…

Poursuite d'études

CAP monteur en installations thermiques ; MC maintenance des systèmes embarqués de l'automobile ; MC maintenance en équipement thermique individuel ; MC réalisation de circuits oléohydrauliques et pneumatiques ; MC sécurité civile et d'entreprise ; bac pro métiers de l'électricité et de ses environnements connectés ; bac pro technicien de maintenance des systèmes énergétiques et climatiques ; bac pro technicien en installation des systèmes énergétiques et climatiques ; BP électricien ; BP métiers de la piscine ; BP installateur, dépanneur en froid et conditionnement d'air ; BP monteur en installations du génie climatique et sanitaire.

▸ CAP installateur en froid et conditionnement d'air

Débouchés

Ce diplôme prépare à l'installation d'équipements frigorifiques et de climatisation, ainsi qu'à leur maintenance. Plusieurs activités possibles : préparation du chantier (lecture de plans, choix des outillages et des méthodes d'intervention), montage, mise en place des équipements (compresseurs, générateurs, évaporateurs, matériels de régulation…), pose des réseaux hydrauliques, frigorifiques et électriques ; fixation des accessoires (robinetterie, clapets, filtres, électrovannes…), raccordement des circuits aux différents appareils, entretien courant (nettoyage, graissage, contrôles…), réparation ou changement de pièces défectueuses (pompe, réducteur…)…

Formation

Physique appliquée, technologie d'installations frigorifiques, montage, dépannage, exploitation de schémas et de circuits d'automatisme, techniques de soudures, dessin industriel.

Poursuite d'études
Bac pro technicien de maintenance des systèmes énergétiques et climatiques ; technicien en installation des systèmes énergétiques et climatiques ; BP métiers de la piscine ; installateur, dépanneur en froid et conditionnement d'air ; monteur en installations du génie climatique et sanitaire ; MC vendeur-conseil en produits techniques pour l'habitat.

Les métiers du bâtiment et des travaux publics

CAP couvreur

Débouchés
Le couvreur s'occupe de la toiture de constructions neuves ou anciennes. Il réalise, entretient et répare la toiture, calcule sa surface. Il est également responsable de la mise en place des échafaudages, du traçage des matériaux, de la découpe et de la pause. Les conduits d'eau de pluie (chéneaux, gouttières) ou les éléments intégrés (fenêtres sur les toits) sont aussi à sa charge.

Formation
Calcul et dessin, techniques de couverture, apprentissage des matériaux, outillages, santé et sécurité au travail.

Poursuite d'études
MC zinguerie ; BP couvreur ; bac pro interventions sur le patrimoine bâti option couverture.

CAP maçon

Débouchés
Murs, cloisons, dalles sont les éléments essentiels à la fondation d'un bâtiment dont le maçon a la charge, que ce soit pour construire une maison ou un immeuble. Pour ce faire, il utilise des techniques traditionnelles (utilisation de la brique, de la pierre… et d'outils manuels) ou modernes (utilisation de béton armé et d'engins mécaniques).

Formation
Lecture d'un plan, acquisition d'une méthode de travail (organiser les tâches, choisir les matériaux…), apprentissage d'un savoir-faire (connaître les étapes de la réalisation et de la pose, monter et démonter un échafaudage, fabriquer un coffrage…), apprentissage des techniques de construction et de pose, connaissance

des matériaux, connaissance des différents ouvrages de maçonnerie, santé et sécurité au travail.

Poursuite d'études

Mention complémentaire plaquiste ; bac pro travaux publics ; bac pro technicien du bâtiment : organisation et réalisation du gros œuvre ; bac pro interventions sur le patrimoine bâti option maçonnerie ; BP maçon, BP métiers de la piscine ou BP métiers du plâtre et de l'isolation.

CAP carreleur mosaïste

Débouchés

Le carreleur mosaïste intervient après le plâtrier et le maçon pour réaliser le revêtement des sols et des murs. Il travaille dans des cuisines, des salles de bains mais également sur des façades extérieures, des terrasses, des balcons... Il commence par préparer le support sur lequel sera appliqué le revêtement et peut réaliser un habillage de baignoire, monter une cloison de douche...

Formation

Techniques de coupe et de pose, étude des matériaux, apprentissage de la lecture d'un plan, expression graphique, étude des motifs décoratifs, harmonisation des couleurs, sécurité.

Poursuite d'études

Bac pro aménagement et finition du bâtiment ; bac pro technicien du bâtiment : organisation et réalisation du gros œuvre ; bac pro technicien d'études du bâtiment : études et économie ; BP carreleur mosaïque, BP maçon, BP métiers de la piscine, BP peintre applicateur de revêtements ou BP métiers du plâtre et de l'isolation.

Les métiers du bois et de l'ameublement

CAP ébéniste

Débouchés

Véritable artiste, l'ébéniste fabrique des meubles de tout style. Il peut également faire des copies de meubles déjà existants et effectuer des travaux de restauration.

Formation
Interprétation d'un document technique, histoire des arts du meuble, apprentissage des outils manuels et des machines à bois, connaissance des matériaux, techniques d'assemblage, mise en œuvre des placages...

Poursuite d'études
Brevet des métiers d'art (BMA) ébéniste.

▶ CAP menuisier fabricant de menuiserie, mobilier et agencement

Débouchés
Fenêtres, portes, placards, escaliers, lambris : tels sont les agencements que réalise le titulaire de ce CAP. Parmi les matériaux qu'il utilise en dehors du bois : plastique, aluminium...

Formation
Connaissance des différents types de bois et de matériaux composites à base de résine, dessin industriel et lecture de plan, étude et préparation du plan de travail, fabrication des éléments à l'aide de machines perfectionnées.

Poursuite d'études
CAP arts du bois (options tourneur ou sculpteur ornemaniste ou marqueteur) ; CAP ébéniste (en 1 an) ; CAP menuisier en sièges ; MC plaquiste ; MC parqueteur ; bac pro technicien constructeur bois ; bac pro technicien de fabrication bois et matériaux associés ; bac pro technicien menuisier-agenceur ; BP menuisier ou menuisier aluminium-verre.

Les métiers de l'imprimerie, de l'édition et de l'art graphique

▶ CAP sérigraphie industrielle

Débouchés
La sérigraphie est utilisée pour imprimer une image sur une multitude de supports : papier, matières plastiques, verre, métal, textile. À partir du texte, du dessin ou de la photo à imprimer, le titulaire de ce CAP élabore la forme imprimante (une sorte de pochoir). Il fabrique des écrans à travers lesquels l'encre est pressée pour être déposée sur le support. Il cale cette forme sur une presse, prépare, réalise et contrôle le tirage.

Formation
Connaissance des matériaux, connaissance des processus d'exécution, réalisation de maquettes, maintenance préventive des matériels, physique-chimie, mécanique.

Poursuite d'études
Bac pro réalisation de produits imprimés et plurimédia option productions imprimées.

▶ CAP métiers de la gravure option gravure d'ornementation

Débouchés
Le titulaire de ce CAP est capable de réaliser l'ornementation de surfaces planes de métaux cuivreux, d'exécuter une forme imprimante en taille-douce ainsi que son épreuve ou de fabriquer des outils gravés propres à la reproduction en série. Le graveur d'ornementation grave à la main, d'après un dessin, une ornementation sur une pièce de bijouterie ou d'orfèvrerie. Il réalise également des incrustations de nacre, d'écaille… Il maîtrise la technique du damasquinage qui consiste à incruster dans une surface métallique un filet d'or, d'argent ou de cuivre pour former un motif décoratif.

Formation
Histoire de l'art, expression plastique, enseignements technologiques et professionnels comprenant la connaissance des matériaux, des outils et matériels (étau-limeur, fraiseuse, tour…), les techniques de préparation et de réalisation (usinage des métaux, utilisation des acides, photogravure…), le contrôle de la qualité.

Poursuite d'études
Le titulaire de ce CAP peut préparer un diplôme de fin d'études secondaires des métiers d'art à l'École Boulle pour devenir bronzier ou orfèvre (DFESMA).
Autres orientations possibles : BMA bijou (options bijouterie joaillerie ; bijouterie sertissage ; polissage finition) ou BMA ferronnier d'art.

TERTIAIRE

Les métiers de l'artisanat d'art et de l'art du spectacle

▶ CAP arts du bois option marqueteur

Débouchés
Le marqueteur prépare et applique sur des panneaux de bois les motifs ornementaux découpés dans différents matériaux : bois précieux, écaille, corne, nacre…

La marqueterie s'applique au mobilier mais aussi aux instruments de musique, tableaux, panneaux décoratifs.

Formation

Les élèves apprennent à adapter un élément de décor donné à une surface ou à rechercher un élément de décor simple. Ils développent leurs connaissances du bois et font du dessin d'art appliqué. Ils étudient les méthodes de traçage, l'évolution des techniques et des styles en relation avec l'histoire des arts et des civilisations.

Poursuite d'études

CAP arts du bois option sculpteur ornemaniste ; CAP ébéniste ; bac pro technicien constructeur bois ; bac pro technicien menuisier-agenceur ; bac pro technicien de fabrication bois et matériaux associés ; brevet des métiers d'art ébéniste.

CAP tailleur de pierre

Débouchés

Le tailleur de pierre est un ouvrier professionnel qui réalise des travaux de restauration de pierre et de pose d'œuvres et d'ouvrages préparés en atelier.

Formation

Lecture de plans, expression graphique, techniques de la construction, histoire de l'architecture, connaissance des matériaux, technique de taille, règles de sécurité.

Poursuite d'études

CAP marbrier du bâtiment et de la décoration ; bac pro métiers et arts de la pierre ; brevet professionnel métiers de la pierre ; brevet professionnel tailleur de pierre des monuments historiques.

Les métiers du textile et de l'habillement

CAP arts de la broderie

Débouchés

Le titulaire de ce CAP réalise à la main sur machines guidées ou sur machines automatisées des broderies à partir de fiches techniques de fabrication. Trois dominantes sont proposées : broderie à la main, broderie automatisée et broderie sur machine guidée.

Formation
Techniques de broderie propres à chaque dominante (broderie de Lunéville, broderie à l'aiguille, broderie d'or, point de chaînette…), réglage des machines, utilisation de l'informatique.

Poursuite d'études
BMA broderie ; bac pro métiers de la mode-vêtements.

CAP métiers de la mode-chapelier modiste

Débouchés
Le titulaire de ce CAP réalise des chapeaux de qualité. Il façonne les matériaux constitutifs du chapeau (tissés, non-tissés, tissus de soutien, pailles, feutres, fourrures et synthétiques), effectue les travaux de doublage, d'assemblage par bâti et de repiquage, réalise les fronces, les plissés, les drapés, l'entoilage, les renforts et les matelassages, procède au lissage, au repassage et au glaçage et il pose les garnitures sur les chapeaux : rubans, voilettes, ganses, plumes, fleurs, strass, paillettes, perles ou bijoux. Il sait utiliser différents types de machines à coudre ainsi que les matériels de coupe, de traçage et de repassage…

Formation
Techniques d'apprêtage et de moulage ; maîtrise des matières, des couleurs et des décors utilisés pour la réalisation de chapeaux ; règles de base des aplombs, des proportions et des volumes ; connaissances en esthétique ; apprentissage des traitements spécifiques des peaux, des procédés de teinture, d'impression et d'ennoblissement…

Poursuite d'études
CAP plumassière ; MC essayage-retouche-vente ; bac pro métiers de la mode – vêtements ; bac pro métiers du cuir (option chaussures ou option maroquinerie) ; diplôme de technicien (DT) métiers du spectacle option techniques de l'habillage ; BP vêtement sur mesure (option tailleur dame, tailleur homme ou couture floue).

CAP tapissier d'ameublement en décor

Débouchés
Le titulaire de ce CAP intervient dans l'aménagement intérieur en réalisant des rideaux, des draperies et décors drapés de fenêtre, de lit, des coussins, des tentures murales… Cet ouvrier connaît les matériaux (tissus, passementeries…),

les machines à coudre, la coupe et la couture. Il sait faire des relevés de mesures chez le client.

Formation

Apprentissage du dessin et connaissance des styles en ameublement et décoration, connaissance des matériaux, acquisition des techniques de confection et de couture ainsi que des techniques de collage, d'incrustation et d'assemblage, évaluation de mesures de surface et de coupe.

Poursuite d'études

CAP tapissier d'ameublement en siège ; bac professionnel artisanat et métiers d'art option tapisserie d'ameublement ; BP ameublement, tapisserie, décoration.

CAP métiers du pressing

Débouchés

Le titulaire de ce CAP traite les textiles ou d'autres matériaux (cuirs et peaux...). Il maîtrise les techniques professionnelles (détachage, brossage, nettoyage à sec et au mouillé, petits travaux de couture, amidonnage) et l'utilisation des matériels et produits nécessaires au nettoyage et à la remise en forme des articles qui lui sont confiés. Il peut exercer son activité dans des entreprises de dimensions variées (pressing de quartier, pressing annexé à une entreprise de confection...). Ouvrier qualifié, il peut évoluer vers les fonctions de coresponsable ou de chef d'entreprise.

Poursuite d'études

Ce CAP est conçu pour une entrée directe dans la vie active. Cependant, les entreprises industrielles cherchent du personnel d'encadrement. Il peut donc être intéressant d'envisager une poursuite d'études, en particulier vers un bac pro métiers du pressing et de la blanchisserie ou un BP maintenance des articles textiles option pressing.

Les métiers de la vente et du commerce

CAP employé de vente spécialisé option produits alimentaires

Débouchés

Le titulaire de ce CAP accueille le client et vend des produits alimentaires. Il informe, conseille la clientèle sur la fabrication, la conservation des produits et contribue à sa fidélisation. Il participe à la réception, la préparation, la mise en valeur des produits et, le cas échéant, à leur expédition.

Formation
Nutrition, hygiène et prévention, qualité alimentaire et maintien lors de la commercialisation, étiquetage de produits, réception, mise en stock et expédition, suivi d'assortiments, vente, accompagnement à la vente.

Poursuite d'études
Bac pro métiers du commerce et de la vente option animation et gestion de l'espace commercial ; bac pro technicien conseil vente en alimentation option produits alimentaires ; brevet professionnel charcutier-traiteur ; MC vendeur spécialisé en alimentation.

CAP fleuriste

Débouchés
Ce CAP est le diplôme indispensable pour être employé chez un fleuriste. Connaissances techniques, sens artistique et goût du contact sont les bases du métier. Ce professionnel confectionne des compositions florales et des arrangements de plantes vertes et doit être capable de conseiller le client dans son choix et de lui proposer un produit personnalisé.

Formation
Connaissance des diverses fleurs, des différents outils et matériaux nécessaires, notions de botanique, d'esthétique, commercialisation, transformation du produit, réglementation du métier, techniques de vente, attentes de la clientèle.

Poursuite d'études
Pour s'installer à leur compte, les titulaires du CAP fleuriste peuvent préparer le BP fleuriste en deux ans.

CAP employé de commerce multispécialités

Débouchés
Le titulaire de ce CAP travaille soit dans les commerces de détail, soit dans les rayons spécialisés des grandes surfaces. Placé sous la responsabilité d'un chef de rayon ou d'un responsable de point de vente, il participe à la réception et au stockage des marchandises en réserve. Il approvisionne les rayons et veille à leur attractivité, il accueille le client, identifie ses besoins et met en avant les qualités des produits.

Formation
Tenue de caisse et information client, activité du point de vente, environnement économique, juridique et social.

Poursuite d'études
Bac pro métiers de l'accueil ; métiers du commerce et de la vente option animation et gestion de l'espace commercial ; métiers du commerce et de la vente option prospection clientèle et valorisation de l'offre commerciale.

Les métiers de la restauration et de l'hôtellerie

▸ CAP agent polyvalent de restauration

Débouchés
L'agent de restauration sait préparer, mettre en portion, emballer, conserver et servir des plats cuisinés simples. Il nettoie les locaux, le matériel et la vaisselle. Il travaille dans la restauration collective, la restauration rapide, la restauration en libre-service ou la fabrication de plateaux-repas.

Formation
Microbiologie appliquée à l'alimentation, règles d'hygiène, caractéristiques des produits alimentaires, connaissance du secteur de la restauration, organisation de la production, communication, gestion.

Poursuite d'études
Le titulaire de ce CAP peut poursuivre ses études en mention complémentaire (employé barman ; sommellerie ; cuisinier en desserts de restaurant) ou en bac pro commercialisation et services en restauration.

▸ CAP cuisine

Débouchés
Le titulaire de ce CAP débute comme commis de cuisine dans le secteur de la restauration traditionnelle, commerciale ou collective. Il organise l'approvisionnement et le stockage des matières premières. Il réalise les préparations culinaires, les cuissons, les sauces et les pâtisseries. Il assure la distribution des repas. Il entretient son poste de travail et est attentif aux règles d'hygiène ainsi qu'à la sécurité.

Formation
Technologie culinaire, réalisation de différents plats, connaissance de l'entreprise et de son environnement économique, juridique et social, règles d'hygiène et de sécurité.

Poursuite d'études
Le titulaire de ce CAP peut poursuivre ses études par une mention complémentaire employé traiteur ou cuisinier en desserts de restaurant ; un bac pro commercialisation et services en restauration ou un bac pro cuisine.

CAP commercialisation et services en hôtel-café-restaurant

Débouchés
Le titulaire de ce CAP est chargé de l'accueil, de la vente et du service dans la salle de restaurant. Avant l'ouverture du restaurant, il prépare la salle et dresse les tables. Il prévoit les besoins en linge ou en boissons et participe au nettoyage de la salle. Au moment du service, il conseille le client, prend les commandes puis sert les plats et les boissons. Il peut être amené à réaliser des opérations telles que le découpage ou le flambage et à préparer des boissons (apéritifs, cocktails ou boissons chaudes). Il doit rester disponible et attentif aux demandes des clients tout au long du service.

Formation
Réception des livraisons et contrôle des stocks ; prestations (réservations) ; procédures de stockage, de tri et de consignation ; relation client, accueil et communication ; fonctionnement des équipements ; codes professionnels de l'entreprise…

Poursuite d'études
MC employé barman, MC sommellerie ; bac pro commercialisation et services en restauration ; BP barman, BP arts du service et commercialisation en restauration, BP sommelier.

Les métiers de la coiffure et de l'esthétique

CAP métiers de la coiffure (ex-CAP coiffure)

Débouchés
Le titulaire de ce CAP est un professionnel qualifié maîtrisant les techniques de coupe, de soins, de mise en forme des cheveux. Il est sensibilisé à l'accueil du public

et à la vente de produits capillaires. Il doit également être capable de conseiller le client dans le choix d'une coupe.

Formation

Techniques liées à la coiffure, biologie (systèmes musculaire et nerveux, structure de la peau...), technologie des matériels (étude des séchoirs, appareils à permanente...), communication, vente, gestion.

Poursuite d'études

Bac pro perruquier-posticheur ; bac pro métiers de la coiffure ; MC coiffure coupe couleur ; BP coiffure qui leur permettra d'ouvrir leur propre salon.

CAP esthétique, cosmétique, parfumerie

Débouchés

Le titulaire du CAP esthétique cosmétique parfumerie est un spécialiste des soins de beauté du visage et du corps. Il assure différents types de soins corporels. Il applique des produits de beauté sur la peau, réalise des maquillages, des épilations et des soins des mains. Il conseille la clientèle dans le choix et l'utilisation des produits de beauté et les vend. Il participe à la gestion des stocks, à la réalisation d'étalages...

Formation

Techniques des soins esthétiques, connaissance des produits, biologie (texture de la peau...), enseignement artistique, maquillage, conseil, vente, organisation et gestion, hygiène et sécurité.

Poursuite d'études

Brevet professionnel esthétique-cosmétique-parfumerie ; bac pro esthétique-cosmétique-parfumerie ; bac pro métiers du commerce et de la vente option animation et gestion de l'espace commercial.

Les métiers de la propreté et de l'environnement

CAP propreté de l'environnement urbain-collecte et recyclage

Débouchés

Le titulaire de ce diplôme exerce ses activités dans une entreprise ou un organisme spécialisé dans le tri des déchets ou dans la récupération de matériaux en vue de leur transformation en matières premières pour l'industrie.

À la réception des matériaux, il accomplit des tâches d'identification, de contrôle, de tri et de surveillance du déchargement sur le site, participe au conditionnement et au stockage (traitement avant conditionnement, surveillance des opérations de conditionnement...) et assure la maintenance des machines et matériels utilisés.

Poursuite d'études

Bac pro gestion des pollutions et protection de l'environnement ; bac pro logistique.

▸ CAP agent de propreté et d'hygiène

Débouchés

Le titulaire de ce CAP travaille en tant qu'agent de nettoyage ou en tant que conducteur d'engins dans une entreprise de propreté, au sein du service d'entretien d'une entreprise industrielle (agroalimentaire, pharmaceutique...) ou au sein d'une collectivité (établissement de soins, crèche...). L'entretien, la remise en état et la rénovation des locaux constituent ses principales activités. Il doit également contrôler les prestations réalisées afin d'améliorer la qualité du service.

Poursuite d'études

MC sécurité civile et d'entreprise ; bac pro hygiène, propreté, stérilisation.

▸ CAP agent d'assainissement et de collecte des déchets liquides spéciaux

Débouchés

Le titulaire de ce CAP intervient dans le traitement des déchets industriels liquides : hydrocarbures, produits explosifs, mélanges dangereux, produits toxiques, etc. Cette mission d'assainissement comprend l'identification des produits et des ouvrages de récupération, la vérification des réseaux, le curage, le pompage, le nettoyage des cuves, le transport des déchets. Le diplômé connaît les véhicules d'assainissement, les pompes, le matériel d'inspection et de curage.

Formation

Risques des déchets, sécurité, mesures de protection du public et de l'environnement.
À noter : le permis de conduire B est obligatoire.

Poursuite d'études

Bac pro gestion des pollutions et protection de l'environnement.

CAP orthoprothésiste

Débouchés

L'orthoprothésiste réalise des appareillages pour les personnes handicapées (appareils de soutien ou de remplacement d'un membre) d'après un tracé et une feuille de mesures. Il sait mettre en forme et découper les différents matériaux utilisés (matières plastiques, cuir, métaux...), en assure l'assemblage par collage, couture ou rivetage, effectue le montage des différents éléments, fabrique et pose les sangles et les courroies avant de réaliser les finitions. Enfin, il assure l'entretien de l'outillage et des machines. Technicien minutieux, l'orthoprothésiste est également, pour son patient, un soutien psychologique important au moment de l'appareillage. Si le goût du travail manuel est indispensable, le tact et l'ingéniosité comptent autant pour obtenir le meilleur résultat possible. Enfin, un moral d'acier est souvent nécessaire pour travailler en relation avec des personnes handicapées ou en situation de souffrance morale.

Formation

Anatomie, cinésiologie (étude du mouvement), pathologie ortho-prothétique (approche des maladies qui nécessitent le port d'appareillage), technologie de l'outillage, des matériaux (bois, cuir, acier et de plus en plus résine, fibre de verre ou de carbone...), technologie prothétique (différentes prothèses : tibiale, fémorale...), technologie orthétique (moulages, corsets, orthèses postopératoires...), étude des techniques d'ajustage, de mise en forme...

Poursuite d'études

Les titulaires de ce diplôme peuvent passer le bac pro technicien en appareillage orthopédique puis le BTS prothésiste-orthésiste (qui fabrique des orthèses, destinées à corriger une déficience du genou, de la hanche, de la main... et des prothèses, qui remplacent partiellement ou totalement un membre absent).

CAP accompagnant éducatif petite enfance (AEPE)

Débouchés

Ce CAP forme des personnes qualifiées pour l'accueil, la garde et l'éducation des enfants de moins de 6 ans. Ce personnel travaille en relation avec les parents, les éducateurs, les partenaires institutionnels.

Formation

Prévention, santé, environnement ; français ; histoire-géographie ; enseignement moral et civique ; mathématiques et sciences physiques et chimiques ; accompagnement du jeune enfant ; accueil collectif ; accueil individuel.

Poursuite d'études

Ce CAP permet de se présenter aux concours d'aide-soignant ou d'auxiliaire puéricultrice pour préparer le diplôme d'État. Un bac pro accompagnement, soins et services à la personne (options à domicile ou en structure) ou un bac pro services aux personnes et aux territoires est également envisageable.

▶ CAP assistant technique en milieux familial et collectif

Débouchés

Les tâches d'entretien (linge et locaux, préparation et service de repas) attachées au maintien du cadre de vie de personnes affaiblies par la maladie, l'âge ou des difficultés passagères entrent dans le champ d'action de l'assistant technique en milieu familial et collectif. Il peut exercer dans les services techniques de structures collectives publiques ou privées (maison de retraite...), chez les particuliers ou par l'intermédiaire d'un organisme prestataire. Il contribue au bien-être des personnes dans le respect des règles du savoir-vivre.

Formation

Hygiène professionnelle, sciences de l'alimentation, organisation du travail, communication professionnelle, qualité des services, connaissance des milieux d'activités, technologies du logement, technologies des locaux en structures collectives.

Poursuite d'études

MC aide à domicile.

Les métiers de la sécurité

▶ CAP agent de sécurité

Débouchés

Ce CAP permet d'évoluer dans les entreprises du secteur public ou privé qui ont leur propre service de sécurité, mais aussi dans des entreprises prestataires de services de prévention et de sécurité, dans des sociétés de gardiennage et dans le domaine de la surveillance ou télésurveillance.

Formation
Institutions publiques, droit, techniques de prévention, communication, procédure d'intervention, techniques de secours aux personnes.

Poursuite d'études
Bac pro métiers de la sécurité ; brevet professionnel agent technique de prévention et de sécurité ou agent technique de sécurité dans les transports ; mention complémentaire sécurité civile et d'entreprise ou sûreté des espaces ouverts au public.

Les métiers du transport et de la logistique

▶ CAP agent d'accueil et de conduite routière, transport de voyageurs

Débouchés
Le conducteur ou la conductrice de bus, de cars assurent le transport de voyageurs sur des lignes régulières (transport urbain, interurbain, scolaire...) ou les déplacements de touristes en France ou à l'étranger. Ils définissent l'itinéraire, vérifient l'état du véhicule. Ils accueillent et installent les voyageurs et leurs bagages dans les meilleures conditions de sécurité et de confort et gèrent les aléas du voyage. Ils vendent et contrôlent les titres de transport.

Formation
Techniques du transport de voyageurs, relations commerciales, qualité de service, connaissance de l'entreprise, communication, hygiène et sécurité, législation et économie appliquées, environnement urbain, passage du permis D, maintenance, vie sociale et professionnelle, certificat de sauveteur secouriste du travail.

Poursuite d'études
Les titulaires de ce CAP peuvent poursuivre leurs études en bac pro organisation de transport de marchandises (ex-bac pro transport) ou en bac pro logistique.

▶ CAP opérateur de service – relation client et livraison

Débouchés
Les titulaires de ce CAP réceptionnent, stockent et expédient des marchandises (contrôle des documents de transport, entreposage, préparation de commandes, étiquetage des colis). Ils travaillent dans les entreprises de grande distribution, de transport et logistique, dans l'hôtellerie-restauration, etc. Certains se dirigent aussi vers le métier de facteur.

Formation
Connaissance des produits et services de la poste, organisation du système du courrier, réglementation, communication, utilisation des outils informatiques de la logistique (lecteurs de codes-barres, tablettes).

Poursuite d'études
Comme pour tous les CAP, l'entrée dans la vie active est la suite logique, mais il est également possible d'intégrer directement la classe de première en bac pro conducteur transport routier marchandises ; logistique ; métiers du commerce et de la vente option prospection clientèle et valorisation de l'offre commerciale.

6 – QUE FAIRE APRÈS UN CAP ?

POURSUIVRE SES ÉTUDES

Moins d'un quart des élèves de CAP choisissent de poursuivre leurs études après l'obtention de leur diplôme.

La grande majorité des titulaires d'un CAP entrent donc massivement dans la vie active. Cependant, il leur est possible de se spécialiser en préparant, en un an après le CAP, une mention complémentaire (MC) ou une formation complémentaire d'initiative locale (FCIL). Avec de bons résultats scolaires, aussi bien dans les matières professionnelles que générales, ils peuvent continuer leurs études : brevet professionnel (BP), brevet technique des métiers (BTM), brevet des métiers d'art (BMA)… Ces diplômes se préparent en apprentissage, sauf le BMA préparé surtout en lycée professionnel. Malgré la réforme de la voie professionnelle, les titulaires d'un CAP préparant un bac pro ne sont pas majoritaires. Seuls les très bons dossiers scolaires sont retenus. Pourtant, ceux qui continuent en bac pro bénéficient d'un avantage en entrant directement en classe de première.

La mention complémentaire (MC)

D'une durée d'un an, la mention complémentaire est un diplôme qui permet de se spécialiser dans son domaine de prédilection initial. Il existe de nombreuses spécialités de mentions complémentaires dans divers secteurs : art, audiovisuel, commerce, environnement, restauration…
Toutes se préparent en lycée professionnel ou par la voie de l'apprentissage. Une part importante de la formation (huit à dix semaines) se déroule en entreprise.

La formation complémentaire d'initiative locale (FCIL)

La formation complémentaire d'initiative locale se déroule sur une période de trois à douze mois après l'acquisition d'un CAP. Elle complète la formation de base pour s'adapter aux besoins des entreprises de votre région. Elle s'effectue en alternance (une partie au lycée professionnel ou au centre de formation d'apprentis et l'autre en entreprise) et n'est pas sanctionnée par un diplôme mais par une attestation de formation. Pour en savoir plus sur les FCIL de votre région, informez-vous auprès du lycée ou du centre d'information et d'orientation (CIO).

Le brevet professionnel (BP)

Si vous souhaitez atteindre un niveau de qualification plus élevé vous permettant, entre autres, de vous installer à votre compte, le brevet professionnel qui se déroule en apprentissage ou en formation continue répondra à vos attentes. Il existe 50 spécialités de BP, notamment dans le domaine de l'artisanat. D'une durée de deux ans (400 heures de cours par année), il a pour objectif d'approfondir des techniques professionnelles supplémentaires et de proposer une formation appuyée sur les techniques de gestion.

Le brevet de maîtrise (BM)

Après trois années d'expérience professionnelle et l'acquisition d'un CAP, il est possible de suivre en deux ans un brevet de maîtrise. Ce niveau de qualification vous permettra de vous installer à votre compte. En formation continue, ce diplôme de la chambre des métiers approfondit les techniques professionnelles et vous propose un apprentissage complet des techniques de gestion.

Le brevet de technicien (BT)

En voie de disparition car remplacé par le bac professionnel, il offre une formation de deux ans très spécifique (voir le chapitre qui leur est consacré dans la partie III de la section I).

Le brevet technique des métiers (BTM)

Le brevet technique des métiers apporte une haute qualification professionnelle dans votre spécialité initiale, en deux ans et sous la forme d'un apprentissage ou en formation continue. Ce diplôme de la chambre des métiers ne comporte toutefois que quelques spécialités (glacier fabricant, fleuriste, photographe, prothésiste dentaire, cordonnier…).

Le brevet des métiers d'art (BMA)

Le brevet des métiers d'art se prépare en deux après un CAP, il permet de développer son savoir-faire et de le transmettre. En lycée ou en apprentissage, il donne la possibilité de poursuivre ses études en préparant un diplôme national des métiers d'art et du design (DN MADE).

ENTRER DANS LA VIE ACTIVE

Pour les titulaires d'un CAP, l'entrée dans la vie active est la priorité. Ce diplôme ouvre l'accès à un emploi dans de nombreux secteurs : bâtiment, alimentation, hôtellerie-restauration, métiers d'art, surveillance et sécurité, services et aide aux personnes... Sachez tout de même que certaines spécialités peuvent imposer une mobilité géographique.

Selon une publication de l'Insee, les diplômes améliorent à moyen et long termes les conditions d'emploi et le statut professionnel.
En 2019, le taux de chômage des jeunes sans diplôme était de 15,5 %, celui des titulaires d'un CAP ou d'un baccalauréat était de 9,1 %. Les diplômés d'un bac + 2 et plus ne sont plus que 5,1 % à être au chômage. Le taux de chômage pour l'ensemble des personnes actives est quant à lui de 8,4 %.
Les diplômés des CAP ont davantage d'emplois qualifiés que les moins diplômés et sont donc moins touchés par le chômage. Les anciens apprentis occupent davantage de postes qualifiés d'ouvriers et sont moins touchés par le chômage que les anciens lycéens pourvus des mêmes diplômes.
Cependant, le risque de chômage est d'autant plus important que le niveau d'études atteint est peu élevé.

PARTIE II

LE BAC PROFESSIONNEL

Le bac professionnel a comme objectif de permettre aux lycéens professionnels de poursuivre leurs études dans l'enseignement supérieur. En pratique, ils sont également aptes à l'entrée directe dans le monde du travail à l'issue de leur formation. Dans cette partie, vous allez pouvoir faire connaissance avec cette formation, découvrir ses atouts et ses spécificités, prendre connaissance des modalités d'inscription, du contenu des examens... Bref, tout ce que vous devez savoir avant de décider si ce diplôme est celui qu'il vous faut ou non.

1 – QU'EST-CE QU'UN BAC PROFESSIONNEL ?

Le bac pro est un diplôme professionnel : il prépare les jeunes à intégrer la vie active immédiatement après son obtention ou à poursuivre leurs études dans l'enseignement supérieur. Le bac pro est un diplôme de niveau 4 (voir encadré ci-dessous).
Le bac pro forme des ouvriers, des agents techniques et des employés hautement qualifiés. Il a été créé pour offrir aux titulaires de CAP l'opportunité de décrocher un diplôme d'un niveau supérieur. Il permet d'élargir les connaissances acquises dans ces formations et offre surtout des évolutions de carrière plus faciles : par exemple, le titulaire d'un bac pro peut, dès l'embauche, encadrer des titulaires d'un CAP, et prétendre à un salaire supérieur.

La préparation du baccalauréat professionnel est accessible directement après la troisième. La seconde, première et terminale professionnelles constituent le parcours conduisant au bac pro. Notez que des passerelles ont été mises en place et que désormais, après une seconde professionnelle, vous pouvez, sous certaines conditions, rejoindre une seconde année de CAP/CAPA.

Lors de votre inscription en seconde professionnelle, vous aborderez un champ professionnel (assez large) ou une filière (plus spécialisée). Ainsi, vous vous préparerez à un bac pro précis que vous choisirez dès la fin de la 3e.

Spécialités de baccalauréats professionnels par secteur d'activité

Il existe une centaine de spécialités de bacs professionnels (options comprises).

Secteur d'activité	Spécialités
Aéronautique et espace	- Aéronautique options systèmes ou structures ou avionique - Aviation générale
BTP	- Aménagement et finition du bâtiment - Ouvrage du bâtiment – métallerie - Technicien du bâtiment : organisation et réalisation du gros œuvre - Technicien d'études du bâtiment options études et économie ou assistant en architecture - Travaux publics - Menuiserie, aluminium, verre - Étude et réalisation d'agencement - Technicien menuisier agenceur - Interventions sur le patrimoine bâti (options maçonnerie ou charpente ou couverture)

Artisanat et métiers d'art	- Artisanat et métiers d'arts options communication visuelle pluri-média, marchandisage visuel, tapissier d'ameublement, verrerie scientifique et technique, métiers de l'enseigne et de la signalétique, facteur d'orgues options organier ou tuyautier - Métiers arts de la pierre - Photographie
Agroalimentaire, industries alimentaires, agriculture, élevage	- Cultures marines - Maintenance des matériels options matériels agricoles ou matériels de construction et de manutention ou matériels d'espaces verts - Technicien outilleur - Conduite et gestion de l'entreprise agricole - Conduite et gestion de l'entreprise vitivinicole - Conduite et gestion de l'entreprise hippique - Agroéquipement - Productions aquacoles - Production horticoles - Conduite et gestion d'une entreprise du secteur canin et félin - Conduite de productions horticoles - Aménagements paysagers - Technicien conseil-vente de produits de jardin ; en animalerie ; en alimentation - Technicien en expérimentation animale - Forêt - Laboratoire contrôle qualité
Sécurité	- Métiers de la sécurité
Commerce, gestion, vente, distribution	- Boulanger-pâtissier - Boucher-charcutier-traiteur - Commerce (dernière session en 2021) - Métiers du commerce et de la vente option animation et gestion de l'espace commercial (première session 2022) - Métiers du commerce et de la vente option prospection clientèle et valorisation de l'offre commerciale (première session 2022) - Gestion administration - Poissonnier, écailler, traiteur - Vente (prospection-négociation-suivi de clientèle) (dernière session en 2021)

Énergie, électricité, électronique	- Métiers de l'électricité et de ses environnements connectés - Systèmes numériques (options sûreté et sécurité des infrastructures, de l'habitat et du tertiaire ou audiovisuels, réseau et équipement domestiques ou réseaux informatiques et systèmes communicants - Technicien gaz - Technicien du froid et du conditionnement de l'air - Technicien en installation des systèmes énergétiques et climatiques - Technicien de maintenance de systèmes énergétiques et climatiques
Environnement	- Gestion des pollutions et protection de l'environnement - Techniques d'intervention sur installations nucléaires - Hygiène, propreté et stérilisation - Technicien géomètre topographe - Gestion des milieux naturels et de la faune
Esthétique	- Esthétique cosmétique parfumerie
Hôtellerie, restauration	- Commercialisation et services en restauration - Cuisine
Industrie	- Bio-industries de transformation - Étude et définition de produits industriels - Fonderie - Maintenance des équipements industriels - Maintenance nautique - Microtechniques - Pilote de ligne de production - Plastiques et composites - Procédés de la chimie, de l'eau et des papiers-cartons - Productique mécanique option décolletage - Technicien constructeur bois - Technicien de fabrication bois et matériaux associés - Technicien de scierie - Technicien d'usinage - Technicien en chaudronnerie industrielle - Traitements des matériaux - Technicien modeleur
Industries graphiques	- Façonnage de produits imprimés, routage - Réalisation de produits imprimés et plurimédia options productions graphiques ou productions imprimées

Automobile	- Construction des carrosseries - Maintenance des véhicules automobiles options voitures particulières ou véhicules de transport routier ou motocycles - Réparation des carrosseries
Paramédical	- Optique, lunetterie - Prothèse dentaire - Technicien en appareillage orthopédique
Mode, textile	- Métiers de la mode – vêtements - Métiers du cuir, options chaussures ou maroquinerie ou sellerie-garnissage - Métiers du pressing et de la blanchisserie - Perruquier, posticheur - Métiers de la coiffure
Services à la personne	- Accompagnement, soins et services à la personne options en structure ou à domicile - Services de proximité et vie locale - Services aux personnes et aux territoires
Logistique, transport	- Conducteur, transport routier, marchandises - Logistique - Transport - Transport fluvial
Secrétariat, accueil	- Accueil, relation client et usagers (dernière session en 2021) - Métiers de l'accueil (première session en 2022)

Sources : http://eduscol.education.fr et www.chlorofil.fr

LES NIVEAUX DE DIPLÔME

L'échelle des niveaux de diplôme va du niveau 3 au niveau 8.

- Le niveau 3 désigne les CAP (certificat d'aptitudes professionnelles) ainsi que les BEP (brevet d'études professionnelles) pour ceux ayant obtenu ce diplôme lorsqu'il existait encore en tant que tel.
- Le niveau 4 désigne le niveau bac, toutes filières confondues.
- Le niveau 5 désigne les diplômes de niveau bac + 2 : BTS (brevet de technicien supérieur), DUT.
- Les niveaux 6, 7 et 8 désignent les diplômes de l'enseignement supérieur long (licence, master, grandes écoles, doctorat, etc.).

QUELQUES CHIFFRES

En 2019, 665 900 candidats ont obtenu leur baccalauréat général, technologique ou/et professionnel en France métropolitaine, soit 88,1 % de jeunes heureux et soulagés à l'issue de l'examen ! Le taux de réussite est en baisse par rapport à 2018 (- 0,2 %).
Aujourd'hui, 79,7 % des jeunes d'une génération atteignent le niveau bac (contre 32,6 % il y a 25 ans) : 42,5 % de bacheliers obtiennent un bac général ; 16,4 % un bac technologique et 20,8 % un bac pro.
À la session 2019, on comptait ainsi 172 500 bacheliers professionnels.

DES BACS PRO POUR TOUS LES GOÛTS

Il existe aujourd'hui une centaine de spécialités de bacs pro. Ceux-ci touchent à tous les secteurs d'activités professionnelles, de l'agroalimentaire au tertiaire, en passant par l'industrie. Mais si tous les milieux professionnels ont leur bac pro, c'est cependant dans le secteur de l'industrie que le choix reste le plus large – ce qui est tout à fait logique puisque l'industrie est très demandeuse de main-d'œuvre qualifiée.

PETIT HISTORIQUE ET PHILOSOPHIE DU BAC PROFESSIONNEL

1985 : c'est l'année qui a vu naître le baccalauréat professionnel. À l'époque, le ministère de l'Éducation nationale voulait créer un diplôme qui puisse répondre précisément à la demande des entreprises. En effet, celles-ci, notamment dans le secteur de l'industrie, souhaitaient pouvoir recruter plus de personnels qualifiés, à un niveau intermédiaire entre les ouvriers qualifiés (CAP) et les techniciens supérieurs (BTS, DUT).
Dès son origine, le bac professionnel a donc été conçu comme un moyen d'élargir les compétences des titulaires de CAP (et de BEP), avec la possibilité pour eux, dans le cadre de la formation continue, d'acquérir une qualification supérieure synonyme de promotion et d'augmentation de salaire.

2009 : la voie professionnelle est rénovée afin d'élever le niveau de qualification des jeunes, leur insertion professionnelle, leur poursuite d'études dans l'enseignement supérieur et de réduire le nombre de sortants sans diplôme. L'accès au bac pro se fait directement après la troisième et les études se déroulent sur trois ans. Les BEP ont été intégrés dans cette rénovation professionnelle, devenant une certification intermédiaire sanctionnant la fin de la deuxième année de préparation au bac professionnel.

L'ENSEIGNEMENT EN BAC PROFESSIONNEL

Matières générales et professionnelles

Tous les bacs professionnels ont une organisation commune autour de matières générales. Si, pour certains d'entre vous, la principale motivation à préparer un diplôme professionnel est d'apprendre un métier, et non pas de continuer de travailler sur des matières que vous jugez inutiles comme les maths ou le français, vous allez au-devant de grosses déceptions ! En effet, la valeur du bac professionnel repose justement sur le fait qu'il garantit un niveau minimum de culture générale. N'oubliez pas que ce diplôme a été créé pour permettre une évolution de carrière plus facile qu'en BEP ou CAP. Alors pour vous motiver, dites-vous que dans tous les métiers, on a besoin de savoir faire des calculs simples, d'écrire et de s'exprimer correctement, et qu'à l'heure de la mondialisation, la maîtrise des bases d'une langue étrangère est indispensable (cela est d'autant plus vrai si vous envisagez de travailler dans le secteur du commerce, par exemple, ou si vous souhaitez partir à l'étranger).

Les études en bac professionnel s'articulent autour de deux pôles : des enseignements généraux identiques pour tous les bacs pro quelle que soit la spécialité d'une part, des enseignements professionnels et généraux liés à la spécialité du bac pro d'autre part. En tout, cela représente un maximum de 35 heures de cours par semaine. À ces 35 heures de cours hebdomadaires s'ajoutent 18 à 22 semaines de périodes de formation en milieu professionnel dont 4 à 6 semaines en seconde professionnelle.

Le programme comprend également un accompagnement personnalisé qui peut prendre la forme d'une aide individualisée, d'un tutorat, d'un soutien, de modules de consolidation… selon vos besoins et vos projets personnels.

Enseignements et horaires en bac pro, spécialités du secteur des services

Enseignements professionnels et généraux liés à la spécialité	Horaires hebdomadaires moyens*
Enseignements professionnels	13 h 45 environ
Prévention, santé, environnement	1 h
Français et/ou maths et/ou langue vivante et/ou arts appliqués	1 h 45 environ
Enseignements généraux	
Français, histoire-géographie	4 h
Enseignement moral et civique	30 mn
Mathématiques	2 h environ
Langues vivantes (1 et 2)	4 h environ
Arts appliqués-cultures artistiques	1 h
Éducation physique et sportive	2 h (en seconde) et 3 h (en première et terminale)
Accompagnement personnalisé	**2 h 30**
Total heures hebdomadaires	**32 h 30/33 h 30**

* Ces horaires répartis sur trois ans peuvent varier d'un établissement à l'autre et d'une année sur l'autre.

À noter : cette grille s'applique aux spécialités suivantes : métier de l'accueil ; métiers du commerce et de la vente ; gestion-administration ; logistique ; métiers de la sécurité ; services de proximité et vie locale.

Enseignements et horaires en bac pro, spécialités du secteur de la production et spécialités proches

Enseignements professionnels et généraux liés à la spécialité	Horaires hebdomadaires moyens*
Enseignements professionnels	13 h 45 environ
Économie-gestion	1 h
Prévention, santé, environnement	1 h
Français et/ou maths et/ou langue vivante et/ou sciences physiques et chimiques et/ou arts appliqués	1 h 45 environ
Enseignements généraux	
Français, histoire-géographie	4 h
Enseignement moral et civique	30 mn
Mathématiques, sciences physiques et chimiques	4 h environ
Langue vivante	2 h environ
Arts appliqués-cultures artistiques	1 h
Éducation physique et sportive	2 h (en seconde) et 3 h (en première et terminale)
Accompagnement personnalisé	**2 h 30**
Total heures hebdomadaires	33 h 30 à 34 h 30

* Ces horaires répartis sur trois ans peuvent varier d'un établissement à l'autre et d'une année sur l'autre.

À noter : ces enseignements et horaires concernent tous les bacs pro sauf ceux du secteur des services indiqués ci-dessus.

LES BACS PRO DU SECTEUR AGRICOLE

Comme les autres baccalauréats professionnels, ils comprennent des enseignements généraux : français, histoire-géographie, sciences économiques, langue vivante, biologie, maths, physique-chimie, informatique, éducation socioculturelle, EPS, et des enseignements professionnels spécifiques.
Un stage collectif pour l'éducation à la santé et au développement durable d'une semaine en seconde, des travaux pratiques renforcés (appelés « chantier école ») et des stages professionnels d'une durée de 18 à 22 semaines (dont 4 à 6 semaines en seconde) sont également au programme.

Le contenu et l'objectif des cours

Le contenu des cours et leur volume horaire varient suivant les bacs professionnels. Cependant, il existe un programme de base commun à tous les élèves de lycées professionnels, qui vous est décrit ci-dessous dans ses grandes lignes.

Arts appliqués et cultures artistiques

Cet enseignement s'inscrit dans l'exigence de culture générale de la voie professionnelle. Le programme comprend trois champs interdépendants : appréhender son espace de vie (design d'espace, design de produits et design graphique), construire son identité culturelle (grands repères historiques de la culture artistique, dialogue entre les cultures, « ma culture », une ouverture sur le monde) et élargir sa culture artistique (approfondissement artistique et culturel : arts du son, arts visuels, patrimoines, spectacle vivant et convergences entre le design et les autres domaines artistiques). Notez que chacun de ces champs offre des supports d'étude à l'enseignement de l'histoire des arts.

L'éducation physique et sportive (EPS)

« *Un esprit sain dans un corps sain* », la devise est toujours d'actualité ! Au programme, 2 h d'activités sportives en seconde et 3 h en première et terminale à choisir parmi les disciplines suivantes : course de demi-fond, course de haies, course de relais-vitesse, lancer de disque, lancer de javelot, saut en hauteur, pentabond, natation de vitesse, natation de distance, escalade, course d'orientation, natation sauvetage, acrosport, aérobic, cirque, danse, gymnastique saut de cheval, gymnastique au sol, gymnastique rythmique, basket-ball, football, handball, rugby, volley-ball, badminton, tennis de table, boxe française, judo, course en durée, musculation, natation en durée, relaxation, step.

L'économie et la gestion

Cet enseignement comporte une triple dimension : approfondir les concepts fondamentaux et les notions économiques et juridiques ; découvrir et maîtriser les bases de la gestion et de la communication ; aider le futur bachelier dans l'élaboration et la définition de ses projets professionnels et personnels. Les connaissances sont réparties autour de cinq axes : le contexte professionnel (diversité des organisations, environnement économique, juridique et institutionnel...), l'insertion dans l'organisation (recherche d'emploi, règles de vie au sein de l'entreprise...), l'organisation de l'activité (activité commerciale, gestion des ressources humaines...), la vie de l'organisation (relations avec les partenaires extérieurs, création et reprise d'entreprise...), les mutations et leurs incidences (mutations de l'environnement, de l'organisation, incidences sur le personnel).

Le français

En bac pro, l'enseignement du français est à la fois pratique et culturel, c'est-à-dire qu'il est enseigné à la fois comme outil de communication et comme culture. Quatre compétences sont visées : entrer dans l'échange oral : écouter, réagir, s'exprimer ; entrer dans l'échange écrit : lire, analyser, écrire ; devenir un lecteur compétent et critique ; confronter des savoirs et des valeurs pour construire son identité culturelle.

L'histoire et la géographie

Le programme d'histoire a pour objectif d'aider les élèves à mieux connaître et mieux comprendre la diversité des sociétés et la richesse des cultures. Le XVIe siècle, étudié en classe de seconde, laisse place à l'étude de l'histoire de France aux XIXe et XXe siècles en première. En terminale, le XXe siècle est étudié de façon thématique à travers, par exemple, le rôle des États-Unis ou la géopolitique des pays du Sud. Le programme de géographie vise à faire mieux comprendre le monde à travers l'étude des territoires.

L'enseignement moral et civique

Il a pour finalité la préparation à l'exercice raisonné de la citoyenneté, qu'elle soit politique, économique, sociale ou culturelle. Parmi les thèmes abordés : « droits et devoirs des citoyens », « citoyen français, citoyen européen », « le citoyen et la justice » en première, et « droits de l'Homme et action internationale », en terminale.

La langue vivante

L'objectif est d'arriver à comprendre les autres et à se faire comprendre dans des situations simples. Mais aussi de prendre connaissance des spécificités géographiques, politiques, économiques, artistiques et sociales du pays dont on étudie la langue (le plus souvent il s'agit de l'anglais). Le programme se compose de cinq modules d'enseignement correspondant à cinq activités langagières : compréhension de l'oral, expression orale en continu, expression orale en interaction, compréhension de l'écrit, expression écrite.

Les mathématiques, sciences physiques et chimiques

En mathématiques, l'ensemble du programme des trois années concerne trois domaines des mathématiques : statistique et probabilités, algèbre-analyse et géométrie. Par année de formation, l'enseignant choisit au moins deux thématiques dans des sujets différents parmi : développement durable ; prévention, santé et sécurité ; évolution des sciences et techniques ; vie sociale et loisirs ; vie économique et professionnelle.

En sciences physiques et chimiques, le programme est organisé autour de quatre thèmes : transports ; confort dans la maison et l'entreprise ; hygiène et santé ; son et lumière. Chaque thème est décliné en modules sous forme de questions favorisant une démarche d'investigation. Ce programme est composé d'un tronc commun pour les classes de seconde professionnelle et d'un tronc commun et de modules spécifiques pour les classes de première et terminale.

Les sciences physiques

Une matière qui marie la théorie et la pratique au moyen d'activités expérimentales en laboratoire. Il s'agit d'apprendre les bases de physique nécessaires à la compréhension du fonctionnement des outils et des machines que vous serez amené à utiliser. Cet enseignement doit également permettre de mieux comprendre les évolutions technologiques et techniques.

Prévention, santé, environnement

Cet enseignement vise à former des acteurs de prévention individuelle et collective, il est organisé en modules de formation définis autour de problématiques : en seconde professionnelle, cinq modules abordent les domaines de la santé et de l'environnement économique, en première, trois modules sont axés sur le développement durable et la prévention des risques professionnels, en terminale, quatre modules développent le cadre juridique de l'entreprise et les démarches de prévention dans le monde professionnel.

LA RÉFORME DU LYCÉE PROFESSIONNEL

À l'instar des voies générale et technologique, la voie professionnelle est en cours de transformation. Outre la création de campus d'excellence et le développement de formations tournées vers les métiers d'avenir, les enseignements restent divisés en enseignements généraux et professionnels, complétés par une formation en milieu professionnel (ou en apprentissage), avec une meilleure interaction entre les professeurs (par la co-intervention des professeurs dans un même cours, par exemple).

Pour permettre aux élèves de choisir progressivement leur métier en classe de seconde, plusieurs spécialités de baccalauréat seront organisées sous forme de familles de métiers.

À la rentrée 2020, dix familles de métiers sont disponibles :
- métiers de la construction durable, du bâtiment et des travaux publics ;
- métiers de la gestion administrative, du transport et de la logistique ;
- métiers de la relation client ;
- métiers de la mer ;

- métiers des industries graphiques et de la communication ;
- métiers des études et de la modélisation numérique du bâtiment ;
- métiers de l'alimentation ;
- métiers de la beauté et du bien-être ;
- métiers de l'aéronautique ;
- métiers de l'hôtellerie-restauration.

Dans l'enseignement agricole, quatre familles de métiers sont également disponibles : métiers de l'alimentation bio-industrie-laboratoire ; métiers du conseil-vente, métiers de la nature-jardin-paysage-forêt et métiers des productions.

Une famille de métiers regroupe des spécialités de baccalauréat qui ont des compétences professionnelles communes pouvant s'acquérir dès la classe de seconde. Par exemple, dans la famille des métiers de la construction durable, du bâtiment et des travaux publics, vous apprendrez en seconde à mettre en place un échafaudage, car c'est une compétence professionnelle nécessaire dans toutes les spécialités de la famille (travaux publics ; technicien du bâtiment ; intervention sur le patrimoine bâti ; menuiserie aluminium-verre ; aménagement et finitions du bâtiment ; ouvrages du bâtiment – métallerie). Le principe de la famille de métiers ne concerne que la classe de seconde. Dès la classe de première, vous suivrez la spécialité du bac pour laquelle vous avez opté en fin de seconde.

Autre nouveauté : un chef-d'œuvre à réaliser et à présenter au baccalauréat. Il s'agit d'un travail, (individuel ou collectif), qui montre les compétences acquises durant la scolarité en bac pro.

Plus de 100 heures sont également désormais consacrées à l'élaboration du projet d'orientation, les parcours mixtes entre apprentissage et statut scolaire sont favorisés et des passerelles entre l'apprentissage et la voie scolaire sont progressivement mises en place dans tous les lycées professionnels afin de permettre des cursus personnalisés.

À noter : si la spécialité de baccalauréat envisagée fait partie d'une des dix familles de métiers mises en place, il convient de faire un vœu pour la famille de métiers qui lui correspond à la fin de la classe de troisième. En revanche, si la spécialité de baccalauréat ne fait pas partie des dix familles de métiers, il faut faire un vœu sur cette spécialité de baccalauréat dès la classe de seconde.

Renseignements :
http://eduscol.education.fr/cid133260/transformer-lycee-professionnel.html

LA FORMATION EN ENTREPRISE

La formation en entreprise dure au minimum 18 semaines (22 semaines en tout), réparties sur trois années. Pour l'élève de bac professionnel, c'est une période de formation à part entière qui lui permet de mettre en pratique ce qu'il a appris au lycée professionnel.
Cette formation en entreprise représente LA spécificité du bac professionnel : c'est elle qui permet au bachelier d'être immédiatement opérationnel à la fin de ses études, et c'est ce qui fait la valeur de ce diplôme. L'établissement de formation où vous serez inscrit vous aidera à trouver votre entreprise d'accueil.

À noter : la nouvelle organisation du bac professionnel prévoit également une offre d'apprentissage dans tous les lycées.

LE GRAND JOUR : L'EXAMEN DU BAC PROFESSIONNEL

L'examen du baccalauréat professionnel est constitué de sept épreuves obligatoires. Une épreuve est composée d'une ou plusieurs unités. Les candidats peuvent présenter deux épreuves facultatives au maximum parmi langue vivante, EPS et mobilité.
L'organisation de l'examen diffère selon l'origine des candidats :
- une combinaison entre épreuves « ponctuelles » (les connaissances sont évaluées le jour de l'examen) et épreuves évaluées par contrôle en cours de formation pour les candidats scolarisés en formation initiale dans les établissements publics et privés sous contrat, les candidats de la formation professionnelle continue scolarisés dans un établissement public, les candidats ayant préparé l'examen par la voie de l'apprentissage dans un centre de formation d'apprentis ou une section d'apprentissage habilités ;
- des épreuves uniquement ponctuelles pour tous les autres candidats dont, notamment, les élèves de l'enseignement à distance.

Deux formes d'examen possibles selon l'origine des candidats :
- les candidats ayant préparé le baccalauréat par la voie scolaire ou la voie de l'apprentissage présentent obligatoirement l'examen sous sa forme globale : ils subissent l'ensemble des épreuves au cours d'une même session, en fin de formation. Le diplôme leur est délivré s'ils ont obtenu une moyenne générale égale ou supérieure à 10 sur 20 ;

• les candidats issus de la formation professionnelle continue, de l'enseignement à distance et ceux qui se présentent au titre de leur expérience professionnelle ont le choix entre deux possibilités :
- passer l'examen sous la forme globale ;
- ou choisir la forme progressive de l'examen. Dans ce dernier cas, ils ne présentent, lors d'une même session, que certaines unités constitutives du diplôme.

Sans surprise, le diplôme du bac professionnel est délivré aux candidats qui obtiennent une moyenne égale ou supérieure à 10 sur 20 à l'ensemble des épreuves. Les points obtenus dans les matières facultatives sont pris en compte en vue de l'obtention du diplôme ou d'une mention.
Lot de consolation : les élèves ayant obtenu une moyenne comprise entre 8 et 10 se verront délivrer un certificat de fin d'études professionnelles secondaires (**CFEPS**).
Pour les élèves qui ont choisi de passer leur bac sous forme progressive (c'est-à-dire en plusieurs sessions), les notes obtenues dans certaines épreuves et égales ou supérieures à 10 sur 20 peuvent être conservées pendant cinq ans. Ces mêmes candidats peuvent également être dispensés de passer certaines épreuves sous réserve de validation de leurs acquis professionnels.

À noter : les candidats peuvent présenter une unité facultative de mobilité. Elle permet d'effectuer une partie (7 semaines maximum) de la formation en milieu professionnel, dans une entreprise étrangère (dans un pays membre de l'Union européenne (UE), de l'Espace économique européen (EEE) ou de l'Association européenne de libre-échange (AELE). Cette mobilité peut être réalisée dans le cadre d'une des unités obligatoires du diplôme et/ou d'une unité facultative dite « de mobilité ».

Bon à savoir : à titre indicatif, le taux de réussite à l'examen du bac professionnel en 2019 était de 82,3 %.

2 – CHOISIR SON BAC PROFESSIONNEL

Comment choisir son bac pro ? À cette question répond une autre question : où en êtes-vous de votre parcours scolaire ? C'est le moment de faire le point, pour faire le « tri » entre vos désirs et vos compétences, vos envies et vos aptitudes. C'est le seul moyen d'éviter une orientation subie et forcée dans tel ou tel bac pro. L'idéal étant, dès la troisième ou la quatrième, d'avoir une idée du secteur dans lequel vous souhaitez travailler plus tard. Si vous vous « réveillez » en troisième, au moment du conseil de classe, il est plus que temps que ce soit vous qui choisissiez votre filière professionnelle, et non pas des professeurs, certes pleins de bonne volonté, mais qui ne vous connaissent pas bien.

LES CONDITIONS D'INSCRIPTION

Le choix d'une orientation en bac pro intervient en fin de troisième. Cependant, sont également admis à s'inscrire en bac professionnel, sous certaines conditions, les candidats titulaires d'un BEP, BEPA, CAP ou CAPA relevant du même secteur d'activité que le bac professionnel envisagé.

Pour tous les autres candidats, l'inscription est soumise à autorisation du recteur d'académie et après avis de l'équipe pédagogique. Ce mode d'accès au bac pro concerne :

- les titulaires d'un BEP ou d'un BEPA avant rénovation, d'un CAP, d'un CAPA d'un autre secteur d'activité ;
- les élèves de première qui ont effectué leur année scolaire en entier ;
- les élèves ayant obtenu un diplôme à l'étranger ;
- les candidats ayant accompli trois ans d'activités professionnelles dans un emploi de niveau au moins égal à celui d'un ouvrier ou employé qualifié et dans un domaine professionnel en rapport avec la finalité du diplôme postulé.

Dans ces derniers cas, partez gagnant : votre motivation pour suivre une formation au bac professionnel peut faire beaucoup pour obtenir l'autorisation nécessaire à votre inscription, et vous n'avez rien à perdre !

Pour ceux qui entrent dans le cadre de la formation continue et qui justifient donc déjà d'une expérience professionnelle, il n'y a aucune condition de titre ou de diplôme. Sont concernés, par exemple, les jeunes sortis du système scolaire sans aucune qualification et sans diplôme, et qui, forts de quelques années dans le monde du travail, souhaitent acquérir un diplôme.

L'ENSEIGNEMENT PROFESSIONNEL EN 2021

Ce sera :
• des campus d'excellence partout en France ;
• l'apprentissage dans tous les lycées professionnels ;
• la transformation progressive des filières ;
• un CAP en un, deux ou trois ans selon les besoins des élèves ;
• une seconde professionnelle organisée par familles de métiers ;
• des enseignements généraux contextualisés et articulés avec les enseignements professionnels grâce à de la co-intervention de professeurs ;
• en classe de terminale, le choix entre un module d'insertion professionnelle et un module de poursuite d'étude ;
• la réalisation d'un chef-d'œuvre présenté au baccalauréat professionnel.

Source : www.education.gouv.fr/cid2573/la-voie-professionnelle-au-lycee.html

QUELS SONT LES BACS PROFESSIONNELS LES PLUS RECHERCHÉS ?

Pour vous aider à choisir votre bac professionnel, il peut être intéressant de savoir quels sont les secteurs qui recrutent le plus, tout en gardant à l'esprit que cela ne doit pas être votre unique critère de choix puisque le marché du travail peut changer rapidement…
Parce que les bacs pro couvrent à peu près tout le champ des secteurs d'activité, leur cote auprès des recruteurs et des entreprises suit de près la cote plus générale des métiers. S'il est assez difficile de vous dire précisément quels bacs pro sont les plus recherchés, on peut cependant dessiner quelques grandes lignes.

Le marché du travail est assez favorable aux métiers du secteur industriel, tels que ceux de l'électricité et l'électronique, l'informatique, la mécanique et le travail des métaux, ainsi que dans le BTP, toutes qualifications confondues, avec une demande particulièrement forte de maçons et de plâtriers.
Dans le secteur tertiaire, le recrutement s'est intensifié dans le tourisme, les transports et les métiers du commerce. Enfin, depuis plusieurs années, les secteurs de l'hôtellerie, de la restauration et des commerces de bouche sont très demandeurs de jeunes qualifiés, dans toutes les régions françaises et même à l'étranger.

ÊTRE CURIEUX ET SE PRENDRE EN MAIN

Raphaël Jore est psychologue, spécialisé en orientation scolaire. Pour lui, faire un choix d'orientation revient à faire le choix de sa vie. C'est pourquoi il convient de se poser quelques questions simples mais essentielles : « *Quand je reçois des jeunes en entretien*, explique-t-il, *je leur demande ce qui les intéresse, ce qu'ils aiment faire dans la vie, ce qui les fait palpiter, ce qu'ils ont fait de leur journée quand, le soir, ils ont l'impression d'avoir passé une bonne journée. Ensuite, on essaie ensemble de mettre toutes ces réponses en perspective.* »
Pour Raphaël, la question à se poser, ce n'est pas : « *Qu'est-ce que je peux faire ?* » mais : « *Qu'est-ce que je veux faire ?* » Car, selon lui, « *ce ne sont pas des études qu'il faut choisir, c'est une vie, un métier, un objectif : on ne fait pas des études pour faire des études, le premier critère n'est donc pas le niveau qu'on a dans telle ou telle matière* ».
Ce spécialiste de l'orientation regrette la mauvaise image dont souffrent les filières professionnelles. « *Certaines personnes considèrent qu'un bac pro, c'est un bac poubelle* [...], *mais c'est complètement idiot !* [...] *Aujourd'hui, les entreprises cherchent des gens opérationnels tout de suite : d'où l'avantage des bacs pro, encore plus quand ils ont été préparés par l'apprentissage. L'apprentissage, c'est le choix le plus intéressant puisqu'il y a un contact rapide avec l'entreprise.* »
Pour Raphaël, il ne faut pas considérer le bac pro comme un morceau de papier, mais comme une première étape pour construire sa vie. « *Et puis*, ajoute-t-il, *il ne faut pas oublier que le bac pro, c'est déjà un diplôme, c'est déjà une première pierre. Le niveau de diplôme n'est pas tout dans la vie, la preuve : en France, nous avons deux grands patrons qui sont tous les deux à la tête d'entreprises d'envergure internationale : François Pinault et Bernard Arnault. Eh bien l'un a fait Polytechnique, l'autre a seulement... son permis de conduire !* »

GARÇON OU FILLE, MÊME COMBAT !

Dans votre choix de bac pro, essayez d'aller au-delà des clivages et des clichés : aux garçons les métiers de l'industrie, aux filles ceux du commerce, de la gestion et de la comptabilité. Les métiers n'ont pas de sexe et cette maxime est valable dans les deux sens : une fille peut devenir mécanicien si elle le souhaite et un garçon peut être employé comme secrétaire.
Contrairement à une idée très répandue, il n'y a pas beaucoup plus de garçons que de filles dans l'enseignement professionnel. L'équilibre des sexes est d'ailleurs plus une réalité dans l'enseignement professionnel ou technologique que dans l'enseignement général. À la rentrée 2019, 216 426 filles étaient inscrites dans la filière bac pro-BMA, ce qui représente 41,4 % des étudiants de ces filières.
Par ailleurs, sur l'ensemble des bacs professionnels, le taux de réussite des filles (85,5 % en 2019) dépasse celui des garçons (80,2 % en 2019).

Source : *Repères et références statistiques*, ministère de l'Éducation nationale, édition 2019.

MARYLINE, ÉLECTRICIENNE... ET FIÈRE DE L'ÊTRE !

C'est à Tahiti, où elle a passé une partie de son adolescence, que la blonde et longiligne Maryline a découvert les métiers de bâtiment : « *Je traînais sur les chantiers, il y avait vraiment une bonne ambiance, et ça m'a donné envie de travailler dans le secteur du BTP.* » C'est décidé, elle sera électricienne ! Aujourd'hui, plus de chantiers pour elle, puisqu'elle travaille en bureau d'études, mais Maryline garde un bon souvenir de son expérience du terrain : « *Je n'ai jamais eu aucun problème avec les gars sur les chantiers. C'est sûr, il y a des machos, mais comme dans tous les métiers ! Je ne pense pas que ce soit pire qu'ailleurs. Au CFA, il y avait plusieurs filles avec moi dans les cours et c'est tant mieux : nous avons notre place dans ces métiers autant que les garçons.* »

3 – OÙ ET COMMENT PRÉPARER UN BAC PROFESSIONNEL ?

Le bac pro se prépare dans différents établissements, en fonction de la formule d'études retenue : soit dans un lycée professionnel (privé ou public) pour la voie scolaire classique, soit en CFA (centre de formation des apprentis) pour ceux qui choisissent la voie de l'apprentissage.
Sachez que le bac pro peut également se préparer dans le cadre de la formation continue, ou bien encore par le biais de l'enseignement à distance (pour certains d'entre eux).

LE BAC PROFESSIONNEL EN ALTERNANCE

Tout comme les CAP, le bac professionnel peut être préparé en alternance. Les élèves partagent alors leur temps entre les cours (au CFA) et l'expérience professionnelle (en entreprise).
Pour plus de détails sur l'alternance, reportez-vous au paragraphe intitulé « L'apprentissage : un choix gagnant ».

LE BAC PROFESSIONNEL À DISTANCE

L'enseignement à distance présente de nombreux avantages, comme la possibilité d'organiser son emploi du temps à sa convenance, ou de suivre une formation qui n'est pas disponible dans sa région d'origine. Cela constitue également une bonne solution pour ceux qui souhaitent reprendre leurs études après avoir commencé à travailler.
En contrepartie, ce mode d'enseignement demande une très grande motivation, de la rigueur, le sens de l'organisation et bien évidemment beaucoup d'autonomie. Élèves non motivés s'abstenir !

Le **Cned** (Centre national d'enseignement à distance) est un organisme qui dépend du ministère de l'Éducation nationale et possède le statut d'établissement public d'enseignement. Les diplômes délivrés par le Cned ont donc la même valeur et la même reconnaissance que les diplômes délivrés par le système classique, le contenu des cours et les examens étant rigoureusement identiques.
Les préparations aux bacs professionnels du Cned s'adressent aussi bien au public scolaire qu'à des candidats individuels (dans ce dernier cas, il n'y a alors pas de limite d'âge).

Les bacs professionnels actuellement disponibles au Cned sont les suivants :
- bac pro gestion administration ;
- bac pro métiers de la relation aux clients et aux usagers ;
- bac pro commerce (en cours de restructuration pour devenir « métiers du commerce et de la vente ») ;
- bac pro accompagnement, soins et service à la personne.

Les supports d'enseignement sont multiples : cédéroms, CD et, bien sûr, documentation papier. Le prix de ces formations varie suivant le diplôme préparé. Au tarif d'inscription s'ajoute l'équipement de « l'apprenant à distance », qui, en plus des fournitures de base, comprend idéalement un ordinateur avec une connexion internet.

▶ **Contact :** Cned. BP 60200, 86980 Futuroscope-Chasseneuil cedex. Tél. : 05 49 49 94 94. Internet : www.cned.fr. E-mail : accueil@cned.fr

4 – QUEL BAC PROFESSIONNEL CHOISIR ?

Dans ce chapitre, nous vous présentons quelques bacs professionnels regroupés par familles de métiers. Pour chacun d'entre eux, vous trouverez un descriptif des débouchés, un aperçu des grandes lignes de la formation, ainsi que les conditions d'inscription.

Avant de vous laisser à votre lecture, un conseil : n'hésitez pas à musarder d'un secteur professionnel à l'autre, au gré des pages. Car, année après année, la plupart des élèves continuent de se diriger vers les mêmes diplômes : deux tiers des effectifs sont concentrés dans une dizaine de spécialités. Les plus importantes en nombre restent, dans le domaine des services, le commerce (qui attire plus du tiers des inscrits tous secteurs confondus !) et, dans le domaine de la production, les bacs pro équipements et installations électriques et maintenance des équipements industriels. Et pourtant, le bac pro comporte près de 100 spécialités.

Alors prenez votre temps et soyez réaliste, mais imaginatif : un choix d'orientation est trop important pour se contenter de suivre le chemin de la facilité, en optant pour le bac pro le plus connu ou celui qu'on imagine être le plus facile !

Les dix bacs professionnels les plus convoités selon le groupe de spécialités à la rentrée 2019

Groupes de spécialités	Effectifs	Part de filles (en %)
Spécialités production		
Électricité, électronique	68 705	1,8
Spécialités pluritechnologiques en mécanique-électricité	22 506	2,8
Moteurs et mécanique auto	24 071	3,6
Travail du bois et de l'ameublement	12 251	11,6
Habillement	9 815	90,1
Agroalimentaire, alimentation, cuisine	19 115	35,6
Structures métalliques	11 999	3,3

Spécialités services		
Commerce, vente	114 455	51,8
Spécialités plurivalentes des services	71 396	64,3
Spécialités plurivalentes sanitaires et sociales	65 168	90

Source : *Repères et références statistiques*, ministère de l'Éducation nationale, édition 2019.

À noter : depuis la rentrée 2019, les bacs pro sont organisés en familles de métiers : métiers de la construction durable, du bâtiment et des travaux publics ; métiers de la gestion administrative, du transport et de la logistique ; métiers de la relation client ; métiers de la mer (nouveauté 2020) ; métiers des industries graphiques et de la communication ; métiers des études et de la modélisation numérique du bâtiment ; métiers de l'alimentation ; métiers de la beauté et du bien-être ; métiers de l'aéronautique ; métiers de l'hôtellerie-restauration. Les spécialités restent les mêmes à l'intérieur de ces familles, mais le choix d'une spécialité interviendra lors de la classe de première.

AGRICULTURE ET AGROALIMENTAIRE : PRODUIRE, RÉCOLTER, NOURRIR

Les métiers de l'agriculture et de l'aquaculture

Sont regroupés sous cette appellation les métiers de l'univers agricole et aquacole : des métiers difficiles, exigeants, souvent transmis de père en fils et de mère en fille. Des métiers qui, chose rare, offrent la possibilité d'être son propre patron ; mais que de sacrifices ! En effet, pour gérer une exploitation agricole ou aquacole, il vaut mieux avoir la foi. Amoureux des vacances et du confort s'abstenir !

Bac pro conduite et gestion de l'entreprise agricole

Débouchés

C'est le bac pro des agriculteurs, des cultivateurs et des éleveurs. Il comprend deux spécialités : grandes cultures et polyculture élevage, à choisir en fonction de votre projet professionnel. Ce diplôme est le minimum requis pour bénéficier des aides que l'État accorde aux jeunes qui souhaitent s'installer sur leur propre exploitation. Avec ce diplôme, vous pourrez aussi travailler comme ouvrier agricole dans une grande exploitation ou comme employé hautement qualifié. Les bons élèves peuvent également poursuivre en BTSA. Le métier demande une grande disponibilité. Le chef d'exploitation ne dispose pas forcément de ses week-ends ou de ses jours fériés. Selon la taille de son exploitation, il peut employer un ou des salarié(s). C'est aussi un gestionnaire qui doit prendre toutes les décisions concernant la conduite de son entreprise. Il doit choisir son mode de production, ses fournisseurs, décider des investissements... Il doit être capable de négocier ses achats et ses ventes. Il doit également suivre la comptabilité, établir des prévisions et réfléchir aux orientations à donner à son exploitation.

Admission

Ce bac pro se prépare après la classe de troisième et une seconde pro agricole productions. Les titulaires d'un CAP métiers de l'agriculture ou CAP agricultures des régions chaudes peuvent également postuler.

Formation

La formation est très large puisqu'elle doit couvrir tout le champ des activités d'un exploitant, depuis la connaissance de ce qu'il produit (du bétail, du lait, des céréales, etc.) à la maîtrise des outils de gestion et de comptabilité indispensables au bon fonctionnement d'une exploitation.

Six modules professionnels sont spécifiques au bac pro CGEA :

- pilotage de l'entreprise agricole ;
- entreprise agricole, marchés et territoires ;
- gestion de l'entreprise agricole ;
- gestion durable des ressources et agroécosystème ;
- conduite d'un processus de production ;
- choix, mise en œuvre et maintenance des agroéquipements dans un processus de production.

Les **enseignements communs** sont : langue française, langages, éléments d'une culture humaniste et compréhension du monde ; langue et culture étrangères ; motricité, santé et socialisation par la pratique des activités physiques, sportives, artistiques et d'entretien de soi ; culture scientifique et technologique.

Une **période de formation en milieu professionnel** de 14 à 16 semaines est également répartie sur les trois années.

Poursuite d'études

Par exemple : BTSA agronomie : productions végétales ; BTSA analyse, conduite et stratégie de l'entreprise agricole ; BTSA productions animales.

Bac pro conduite et gestion des entreprises hippiques

Descriptif

Passionné par le monde du cheval, vous êtes bon cavalier et vous aimeriez exercer un métier à responsabilités : ce bac pro est pour vous ! Ce diplôme forme des responsables d'entreprise dans les secteurs des courses hippiques, des activités de loisirs et de compétition. Vous pourrez être responsable d'établissement équestre, entraîneur d'écurie de trot ou galop, le plus souvent dans un cadre indépendant. Vous travaillerez une majeure partie de votre temps à l'extérieur, en toute saison, monterez à cheval quotidiennement, organiserez le travail d'écurie (les soins aux animaux, la maintenance des bâtiments, des installations et des matériels sont des tâches quotidiennes). C'est un métier où on ne compte pas les heures de travail ! Vous travaillerez tôt le matin et terminerez parfois tard le soir sans vous soucier de la météo, du froid, du gel...

Attention : les futurs managers doivent attester un niveau confirmé en équitation équivalent au Galop 5, ce qui correspond à une pratique régulière depuis plusieurs années.

Débouchés

À l'issue de ce bac pro, vous pouvez devenir chef d'exploitation agricole et diriger un élevage de chevaux, un centre équestre, un poney club, une activité d'équitourisme ou d'organisation de randonnées accompagnées, une écurie de dressage, une écurie d'entraînement. Quotidiennement, votre tâche consistera à vous occuper des animaux, observer leur état sanitaire, réaliser des soins, nourrir les chevaux en respectant les apports recommandés, mettre en place des cultures fourragères, conduire la reproduction. Il peut également s'agir d'assurer l'éducation des poulains, de mettre en place un programme d'entraînement... Et n'oubliez pas également que si vous dirigez un élevage, vous devrez être des gestionnaires, suivre la comptabilité de votre exploitation, décider des investissements à effectuer...

Admission

Sont prioritaires les élèves issus des classes de troisième et les élèves issus de l'enseignement agricole (seconde pro agricole productions). Par ailleurs, il est conseillé de contacter directement l'établissement avant de présenter votre candidature.

Formation

Sept modules professionnels sont spécifiques au bac pro conduite et gestion des entreprises hippiques :

- Pilotage de l'entreprise hippique ;
- La filière équine ;

- Gestion de l'entreprise hippique ;
- Zootechnie hippologie ;
- Gestion d'une cavalerie et des prairies associées ;
- Travail du cheval ;
- Choix et utilisation des équipements, bâtiments et installations associées à l'entreprise hippique.

Les **enseignements généraux** sont : langue française, langages, éléments d'une culture humaniste et compréhension du monde ; langue et culture étrangères ; motricité, santé et socialisation par la pratique des activités physiques, sportives, artistiques et d'entretien de soi ; culture scientifique et technologique.
Une **période de formation en milieu professionnel** de 14 à 16 semaines est également répartie sur les trois années.

Poursuite d'études
BTSA analyse, conduite et stratégie de l'entreprise agricole ou BTSA productions animales ; CS éducation et travail des jeunes équidés.

Bac pro agroéquipement

Descriptif
Pour conduire une moissonneuse-batteuse, un tracteur ou une ensileuse... il ne suffit pas de savoir tenir un volant. Il faut aussi pouvoir choisir un matériel en fonction du travail à réaliser, ou régler une charrue pour définir la profondeur des labours, par exemple... Le titulaire de ce bac pro sera capable de conduire, d'entretenir et de réparer un matériel agricole de plus en plus perfectionné. Il doit avoir non seulement des connaissances mécaniques mais aussi une bonne connaissance des sols et des techniques de culture.

Débouchés
Ce bac pro forme un conducteur de chantier qui pourra travailler en exploitation agricole, dans les entreprises de travaux forestiers ou paysagers, dans des coopératives, dans des collectivités locales, etc. Il sera capable de conduire, d'entretenir et de réparer les matériels agricoles : tracteurs, moissonneuses-batteuses, épandeurs d'engrais, etc. Il y a des périodes de pointe, au moment des récoltes. Le professionnel se déplace alors fréquemment et peut terminer tard le soir. Et en cas de panne sur le chantier, pas question d'arrêter le travail trop longtemps. Il faut savoir « bricoler » pour réparer rapidement le matériel avec parfois peu d'outillages.
Le diplômé peut également travailler dans les entreprises de distribution d'agroéquipements et de fournitures pour l'agriculture et les entreprises publiques.

Ce diplôme permet aussi de créer son exploitation agricole, puisqu'il ouvre droit aux aides à l'installation d'une exploitation agricole.

Admission

Sont prioritaires à l'accès de ce bac pro les élèves sortant de troisième. Les titulaires du CAP maintenance des matériels option « matériels d'espaces verts » ou maintenance des matériels option « matériels agricoles » peuvent, sous certaines conditions, accéder au bac pro à partir de la classe de première.

Formation

Les matières étudiées sont très variées : de la connaissance des systèmes vivants à la gestion technique d'un parc d'équipements, en passant par la gestion ou encore l'énergétique appliquée à la chimie du vivant !
La formation propose cinq modules d'enseignement professionnel :

- Le secteur des agroéquipements ;
- Caractéristiques de fonctionnement de différents matériels, outils et équipements ;
- Chantier d'opérations culturales ;
- Maintenance des matériels outils et équipements ;
- Gestion du parc d'agroéquipements.

Les **enseignements généraux** sont : langue française, langages, éléments d'une culture humaniste et compréhension du monde ; langue et culture étrangères ; motricité, santé et socialisation par la pratique des activités physiques, sportives, artistiques et d'entretien de soi ; culture scientifique et technologique.
Une **période de formation en milieu professionnel** de 14 à 16 semaines est également répartie sur les trois années.

Poursuite d'études

BTSA génie des équipements agricoles ou BTS techniques et services en matériels agricoles.

Pour en savoir plus, il existe un site internet entièrement dédié aux formations du monde agricole : www.educagri.fr

▸ Bac pro cultures marines

Descriptif

Un agriculteur les pieds dans l'eau ou un marin les pieds sur terre ? Histoire d'eau pour ce diplôme qui forme aux cultures marines. Ce technicien des produits de la mer connaît les différentes espèces marines, leurs particularités, les techniques d'élevage. Il a les compétences pour mettre en place un projet d'installation. Il sait prendre des décisions techniques, financières, stratégiques... Il gère les moyens de production et organise leur maintenance. En bac pro, il approfondit les techniques piscicoles et se forme aux techniques de gestion et de commercialisation.

Débouchés

Le terme « cultures marines » regroupe de nombreuses activités, qui visent toutes à la production de produits alimentaires issus de la mer : huîtres, moules, coquillages divers, mais aussi élevage intensif en parcs de saumons, truites, turbos et même algues ! Eh oui, on élève des algues, très demandées par l'industrie agroalimentaire et dans la cosmétologie...

Le titulaire de ce bac pro est un technicien d'exploitation qui peut donc travailler dans toutes les exploitations qui produisent ce type de produits alimentaires. Il peut gérer une entreprise et vendre ses produits de la mer classés en produits conchylicoles (huîtres, moules) et en espèces marines (truites de mer, bars, daurades).

Il est capable d'analyser et de mettre en place un projet d'exploitation. Le technicien d'exploitation participe à l'implantation des cultures marines. Il organise la maintenance des matériels et des équipements. Dans le domaine commercial, il détermine l'acheminement des produits vers les points de vente et les circuits de distribution.

Le bac pro cultures marines donne la capacité professionnelle exigée pour obtenir une autorisation d'exploitation. Il permet aussi d'obtenir les aides financières pour s'installer comme exploitant. À l'issue de la formation, le diplômé a le plus souvent un emploi de salarié dans les entreprises d'aquaculture traditionnelle (ostréiculture, mytiliculture) ou nouvelle (aquaculture de poissons marins, d'algues marines). Suivant la taille de l'entreprise, il est responsable technique d'une unité de production, contremaître ou responsable de la logistique. Après plusieurs années d'expérience, il pourra avoir des activités de responsable dans les domaines de la production ou de la commercialisation.

Admission

Sont prioritaires à l'accès de ce bac pro les élèves issus de troisième et les titulaires d'un CAP maritime conchyliculture.

Formation

La formation a pour objet l'acquisition de connaissances relatives à la production aquacole, l'exploitation des cultures marines, les techniques commerciales.

Les modules professionnels sont les suivants :

• Biologie (espèces des cultures marines, étude des milieux de vie, de leur nutrition, des cycles de développement et de reproduction) ;

• Écologie (écosystèmes, topographie, facteurs météorologiques, eaux salées, pollutions) ;
• Production (critères, normes, cahier des charges, organisation, contrôle) ;
• Moyens de production (choisir, utiliser en toute sécurité et gérer les équipements et les moyens de transport nécessaires à l'activité) ;
• Gestion économique et financière (achats, opérations liées à la vente, budget) ;
• Économie et commercialisation (démarche stratégique, mercatique, fournisseurs, clients, organismes financiers) ;
• Sécurité ;
• Développement durable.

22 semaines de stages et des enseignements généraux sont également au programme : français, histoire-géo, mathématiques, enseignement moral et civique, sciences physiques et chimiques, langue vivante et cultures artistiques.

Poursuite d'études
BTSA aquaculture.

Bac pro productions aquacoles

Descriptif
Le titulaire de ce bac pro est comme un petit poisson dans l'eau. Il élève les saumons, poissons d'eau de mer et d'eau douce, coquillages… puis les prépare pour la vente. Il organise la reproduction des espèces selon un plan de sélection. Il apprécie le comportement, l'état sanitaire de ses poissons ou coquillages, ainsi que l'écosystème aquatique dans lequel ils évoluent. Il choisit des équipements adaptés notamment en matière d'approvisionnement et de traitement de l'eau. Il adapte leur alimentation selon leur catégorie. Il maîtrise les techniques de prélèvements des sujets prêts à être commercialisés. Il les trie, les conditionne et les stocke. L'éleveur aquacole peut faire de la vente directe dans des locaux aménagés. Avec de l'expérience, l'éleveur salarié devient responsable technique d'unité de production, adjoint de chef d'exploitation ou lui-même responsable d'exploitation aquacole. Petit poisson deviendra grand !

Débouchés
Le diplômé devient capable de s'installer à son compte ou de travailler comme technicien dans de grandes entreprises. Avec ce bac pro, le technicien peut donc gérer une entreprise et vendre ses produits. Il tient compte des contraintes techniques, économiques et financières. Il prend les décisions nécessaires au

fonctionnement de l'exploitation. Il calcule les coûts et les marges tout au long de la production et de la commercialisation et réalise le bilan d'activité de l'exploitation. Il organise et planifie les activités d'une équipe de travail à tous les stades de la production, de la transformation à la commercialisation. Il participe à l'alimentation, la reproduction des animaux. Il surveille l'état sanitaire des espèces et la qualité du milieu aquatique. Il s'occupe de la récolte, du stockage et de la préparation des espèces pour la commercialisation selon la législation et les normes sanitaires en vigueur. Il choisit un processus de transformation en fonction de la matière première disponible (abattage, éviscération, fumage).
Avec de l'expérience, le technicien occupe des postes de salarié ou de responsable technique d'unité de production, d'adjoint de chef d'exploitation ou devient lui-même responsable d'exploitation aquacole.

Admission
Sont prioritaires à l'accès de ce bac pro les élèves issus de troisième et les élèves de seconde professionnelle agricole productions.

Formation
Les enseignements professionnels mettent l'accent sur :
- le pilotage de l'entreprise aquacole ;
- la filière aquacole ;
- la gestion de l'entreprise aquacole ;
- l'approche physico-chimique, biologique et écologique des pratiques aquacoles ;
- l'aquaculture générale et comparée ;
- les conduites de productions ;
- la mise en œuvre des équipements aquacoles.

Les **enseignements généraux** sont : langue française, langages, éléments d'une culture humaniste et compréhension du monde ; langue et culture étrangères ; motricité, santé et socialisation par la pratique des activités physiques, sportives, artistiques et d'entretien de soi ; culture scientifique et technologique.

Une **période de formation en milieu professionnel** de 14 à 16 semaines est également répartie sur les trois années.

Poursuite d'études
BTSA aquaculture.

Bac pro conduite et gestion d'une entreprise du secteur canin et félin

Descriptif

Le titulaire de ce bac pro est capable de conduire un élevage de chiens ou de chats. Chef d'entreprise ou responsable d'élevage, il établit un plan de sélection des animaux et contrôle leur reproduction, apprécie leur état de santé et leur comportement, choisit et prépare les aliments, sait adapter les rations... Il entretient les équipements et les bâtiments d'élevage. En outre, il organise l'achat et la vente des animaux, en conformité avec la réglementation en vigueur. Enfin, il peut proposer des services annexes (dressage, pension...).

Débouchés

Si vous aimez les chiens ou les chats, si vous êtes attiré par l'élevage et êtes enthousiaste à l'idée de développer une entreprise, ce bac pro vous est destiné ! Vous pourrez devenir éleveur de chiens ou de chats, salarié dans un élevage, éducateur canin, maître-chien, agent cynophile, toiletteur canin...

Admission

Ce bac pro est ouvert aux lycéens après la classe de troisième.

Formation

L'enseignement est axé sur l'économie et la gestion (pilotage de l'entreprise, contexte socioéconomique de l'élevage, commercialisation, gestion de l'entreprise agricole) ainsi que sur la zootechnie canine et féline, la conduite des activités d'élevage et de pension, la conduite des opérations de socialisation et d'éducation, le choix, l'utilisation et la maintenance des bâtiments et des équipements.

Poursuite d'études

Ce bac pro est destiné à l'insertion immédiate sur le marché du travail.

Les métiers de l'horticulture et du paysage

Des métiers au grand air, pour des jeunes intéressés par l'univers des plantes.

▸ Bac pro conduite de productions horticoles (arbres, arbustes, fruits, fleurs, légumes)

Descriptif

Le titulaire de ce bac pro peut encadrer les exécutants et avoir la responsabilité d'une exploitation. Il organise le travail depuis la préparation des terrains destinés à recevoir les plantations jusqu'à la récolte. Il connaît toutes les techniques liées à la culture des plantes : préparation du terrain, semis, boutures, soins, greffe, palissage. Il est même en mesure de participer à la construction de serres.

Débouchés

Le professionnel peut travailler dans des pépinières de grande taille, ou dans des pépinières plus petites et spécialisées, qui produisent des végétaux plus délicats à produire pour un marché plus limité. Avec de l'expérience, il peut devenir responsable d'une exploitation horticole, car il maîtrise les différentes techniques de production et est capable d'encadrer une équipe et de préparer le chantier pour lequel il prévoit les besoins en matériel. Il est également capable de planifier les tâches des salariés et veille à la bonne exécution des travaux.
L'horticulteur est parfois employé comme vendeur en jardinerie. Dans ce cas, il s'occupe de l'approvisionnement des stocks, calcule les prix de vente, s'assure de la qualité des plantes vendues et s'occupe de leur entretien : arrosage, fertilisation, protection contre le vent et le soleil.

Admission

Sont prioritaires à l'accès de ce bac pro les élèves issus de troisième. Les titulaires d'un CAP agricole métiers de l'agriculture peuvent également le préparer.

Formation

Le jeune va apprendre à organiser un chantier horticole, à animer une équipe de travail et acquérir tous les savoirs nécessaires à la conduite de processus de productions horticoles. Un module de ressources naturelles communes et choix techniques complète les enseignements professionnels. Les **enseignements généraux** sont : langue française, langages, éléments d'une culture humaniste et compréhension du monde ; langue et culture étrangères ; motricité, santé et socialisation par la pratique des activités physiques, sportives, artistiques et d'entretien de soi ; culture scientifique et technologique.

Une **période de formation en milieu professionnel** de 14 à 16 semaines est également répartie sur les trois années.

Poursuite d'études

BTSA production horticole, par exemple.

Bac pro aménagements paysagers

Descriptif

Préparer le sol, tondre une pelouse, planter un massif de fleurs ou tailler une haie... Mieux vaut avoir la main verte ! Il faut être également un peu maçon, un peu plombier, un peu électricien. Le titulaire de ce bac pro aménage et entretient les espaces verts. Il plante fleurs, arbres et arbustes, les taille, les élague, il réalise des murets, des escaliers, installe des systèmes d'irrigation, d'éclairage ou des mobiliers de jardin.

Débouchés

C'est un travailleur qui a les « pouces verts », puisque c'est grâce à lui que les villes sont un peu moins grises ! Spécialiste des fleurs, des arbustes et des arbres d'ornement, il sait préparer le terrain et planter, entretenir, tailler, et soigner les plantes. Le titulaire de ce bac pro transforme le paysage. C'est lui qui aménage et entretient les parcs, les jardins et les espaces verts. Son niveau de formation lui permet en plus de participer à la conduite du chantier et de guider le personnel qui l'assiste. Son travail commence par la préparation du chantier avec son supérieur hiérarchique. Il prend connaissance des instructions ou du cahier des charges, évalue les besoins en matériels et matériaux et prévoit les approvisionnements du chantier. Il réalise ensuite l'espace paysager. Il entretient également les espaces déjà aménagés. Il taille les végétaux et les arbres fruitiers, il entretient les haies, les pelouses, les réseaux d'irrigation. Il ramasse les feuilles, regarnit les massifs de fleurs. Il doit encore entretenir les voies de circulation, enlever les mousses, traiter les fissures des constructions, nettoyer les canalisations...

Il peut travailler dans une entreprise paysagiste ou au service des espaces verts d'une mairie ou d'une société. Il peut participer à la création d'un nouveau parc ou à la mise en végétation d'un rond-point, ou encore travailler à l'entretien d'espaces verts.

Le métier demande d'aimer le contact avec la nature et d'avoir un certain goût de l'esthétique. Le professionnel travaille au grand air et doit parfois supporter le mauvais temps.

Admission
Sont prioritaires à l'accès de ce bac pro les élèves issus de troisième et les titulaires d'un CAP agricole jardinier paysagiste.

Formation
Au programme de la formation : dimensions écologiques, économiques et culturelles des aménagements paysagers ; dimensions organisationnelles et économiques des chantiers d'aménagement paysager ; mise en place et entretien de la végétation des aménagements paysagers ; mise en place et entretien des infrastructures et des constructions des aménagements paysagers ; choix, préparation à la mise en œuvre et maintenance des équipements utilisés pour les aménagements paysagers.
Les modules d'enseignement général sont : langue française, langages, éléments d'une culture humaniste et compréhension du monde ; langue et culture étrangères ; motricité, santé et socialisation par la pratique des activités physiques, sportives, artistiques et d'entretien de soi ; culture scientifique et technologique.

Une **période de formation en milieu professionnel** de 14 à 16 semaines est également répartie sur les trois années.
À noter : une semaine de stage collectif « éducation à la santé et au développement durable » est également prévue.

Poursuite d'études
Après votre bac pro aménagements paysagers, vous pourrez suivre un BTSA du même nom, un BTSA production horticole, un certificat de spécialisation (CS) constructions paysagères, un CS arrosage intégré ou arboriste élagueur...

▶ Bac pro maintenance des matériels

• Option matériels agricoles
Descriptif
Le titulaire de ce bac pro exerce ses activités dans la maintenance, le développement et la distribution de matériels agricoles. Il formule le diagnostic, estime le coût de l'intervention. Il prévoit les moyens matériels nécessaires, désigne le ou les intervenants. Il planifie les opérations, du démontage aux essais de remise en service. Il est capable d'exécuter l'intervention. Il contrôle, fait respecter les règles liées à la sécurité et à l'environnement. En plus de ses fonctions techniques, il a un rôle de conseil auprès de la clientèle et des utilisateurs. Apte à argumenter sur les avantages d'un produit ou d'un service, il participe aux opérations commerciales.
La formation met l'accent sur la connaissance et la maintenance des matériels agricoles, sur les techniques de gestion, l'accueil du client et le conseil.

Débouchés

Le technicien exerce ses activités dans la maintenance et la distribution de matériels agricoles : tracteurs, matériel de labour, semoirs et planteuses, moissonneuses, matériel d'étable, d'irrigation. Il intervient à la fois dans le domaine technique, dans le domaine de la gestion et dans celui du conseil. Il est capable d'accueillir le client et de prendre en charge du matériel pour y effectuer des modifications. Il peut s'agir d'une réparation, de l'installation d'un nouvel équipement ou encore d'une mise en conformité pour répondre aux nouvelles normes de sécurité. Face à la demande du client, le technicien recueille des données et constitue une documentation technique. Il formule le diagnostic, estime le coût de l'intervention. Il prévoit les moyens matériels nécessaires, désigne le ou les intervenants. Il planifie les opérations allant du démontage aux essais de remise en service et peut aussi exécuter l'intervention. Il contrôle, fait respecter les règles liées à la sécurité et à l'environnement et doit rendre compte de son activité par écrit et oral.
Au-delà de la maintenance, il participe à l'achat des pièces et des équipements, à la gestion des stocks. Il collabore avec les autres services de l'entreprise, notamment administratifs pour la facturation, les commandes, les devis. Il peut contribuer à des actions publicitaires dans le cadre d'une promotion commerciale.
Le professionnel travaille dans les entreprises de vente, de distribution et de location de matériels, dans celles de maintenance, ou encore dans les entreprises ou collectivités utilisatrices de matériels.

Poursuite d'études

BTSA génie des équipements agricoles ; BTS techniques et services en matériels agricoles.

• Option matériels de construction et de manutention

Descriptif

Le titulaire de ce bac pro répare et participe à la commercialisation des matériels de travaux publics et de manutention. Après un diagnostic, il estime le coût de l'intervention. Il prévoit les moyens matériels nécessaires. Il planifie les opérations, du démontage aux essais de remise en service. Il peut exécuter l'intervention. Il contrôle et fait respecter les règles de sécurité et de protection de l'environnement. Il a un rôle de conseil auprès de la clientèle et des utilisateurs. Il participe aux opérations commerciales. La formation met l'accent sur la connaissance et la maintenance des matériels de travaux publics et de manutention, sur les techniques de gestion, l'accueil du client et le conseil.

Débouchés

Le technicien travaille dans la maintenance et la distribution de matériels de travaux publics et de manutention : pelles, niveleuses, concasseurs, malaxeurs, élévateurs. Il intervient à la fois dans le domaine technique, dans le domaine de la gestion et dans celui du conseil.

Il est capable d'accueillir le client et de prendre en charge du matériel pour y effectuer des modifications. Il peut s'agir d'une réparation, de l'installation d'un nouvel équipement ou encore d'une mise en conformité pour répondre aux nouvelles normes de sécurité.

Le technicien recueille des données et constitue une documentation technique. Il formule le diagnostic, estime le coût de l'intervention. Il prévoit les moyens matériels nécessaires, désigne le ou les intervenants. Il planifie les opérations, du démontage aux essais de remise en service, et peut aussi intervenir lui-même. Il contrôle, fait respecter les règles de sécurité et de protection de l'environnement et doit rendre compte de son activité par écrit et oral.

Le technicien conseille aussi les utilisateurs en matière de sécurité, d'entretien, d'utilisation, d'achat de matériels et de modification d'équipements.

Il participe à l'achat des pièces et des équipements, à la gestion des stocks. Il collabore avec les services administratifs de l'entreprise pour la facturation, les commandes, les devis. Il peut contribuer à des actions publicitaires dans le cadre d'une promotion commerciale.

Le professionnel travaille dans les entreprises de vente, de distribution et de location de matériels, dans celles de maintenance, ou encore dans les entreprises ou collectivités utilisatrices de matériels.

Poursuite d'études

BTSA génie des équipements agricoles ; BTS maintenance des matériels de construction et de manutention.

• Option matériels d'espaces verts

Descriptif

Le titulaire de ce bac pro répare et participe à la commercialisation des matériels d'espaces verts. Après un diagnostic, il estime le coût de l'intervention. Il prévoit les moyens matériels nécessaires, désigne le ou les intervenants. Il planifie les opérations, du démontage aux essais de remise en service. Il peut exécuter l'intervention. Il contrôle, fait respecter les règles de sécurité et de protection de l'environnement. Il a un rôle de conseil auprès de la clientèle et des utilisateurs. Il participe aux opérations commerciales. La formation met l'accent sur la connaissance et la maintenance des matériels de parcs et jardins, sur les techniques de gestion, l'accueil du client et le conseil.

Débouchés

Le technicien travaille dans la maintenance et la distribution de matériels d'espaces verts : tracteurs, motoculteurs, tondeuses, semoirs et planteuses, taille-haies, épandeurs d'engrais. Il intervient à la fois dans le domaine technique, dans le domaine de la gestion et dans celui du conseil.

Il est capable d'accueillir le client et de prendre en charge du matériel pour y effectuer des modifications. Il peut s'agir d'une réparation, de l'installation d'un nouvel équipement ou encore d'une mise en conformité pour répondre aux nouvelles normes de sécurité.

Le technicien recueille des données et constitue une documentation technique. Il formule le diagnostic, estime le coût de l'intervention. Il prévoit les moyens matériels nécessaires, désigne le ou les intervenants. Il planifie les opérations, du démontage aux essais de remise en service, et peut aussi intervenir lui-même. Il contrôle, fait respecter les règles liées à la sécurité et à l'environnement et fait le compte rendu de son activité par écrit et oral.

Le professionnel travaille dans les entreprises de vente, de distribution et de location de matériels, dans celles de maintenance, ou encore dans les entreprises ou collectivités utilisatrices de matériels.

Admission

Sont prioritaires à l'accès de ce bac pro les élèves issus de troisième et, sous certaines conditions, les titulaires des diplômes suivants : CAP conducteur d'engins : travaux publics et carrières ; CAP maintenance des matériels.

Formation

Au programme : mathématiques ; sciences physiques et chimie ; analyse préparatoire à une intervention ; réalisation d'interventions sur un matériel ; communication technique (diagnostic sur matériel en dysfonctionnement) ; activité de maintenance en milieu professionnel ; économie-gestion, langue vivante ; prévention-santé-environnement ; français ; histoire-géographie, enseignement moral et civique ; EPS ; arts appliqués et cultures artistiques.

La durée du stage de formation en milieu professionnel est de 22 semaines, réparties sur les trois années de formation.

Poursuite d'études

BTSA génie des équipements agricoles ; BTS maintenance des véhicules option véhicules de transport routier ; BTS maintenance des matériels de construction et de manutention.

Bac pro technicien conseil vente univers jardinerie (ex-technicien conseil vente de produits de jardin)

Descriptif

À l'issue de cette formation, vous pourrez être embauché comme responsable de rayon, technicien conseil, vendeur qualifié en produits horticoles et de jardinage.
Le titulaire de ce bac pro saura :

- gérer techniquement le rayon dont il a la charge ;
- prendre en charge les produits horticoles et de jardinage ;
- préparer, effectuer et contrôler la vente des produits de son rayon ;
- assurer le lien entre les clients et les différents services de l'entreprise ;
- s'intégrer dans une organisation.

Admission

La formation est accessible en priorité aux élèves issus de la classe de troisième.

Formation

Au programme, outre des enseignements généraux (langue française, langages, éléments d'une culture humaniste et compréhension du monde ; langue et culture étrangères ; motricité, santé et socialisation par la pratique des activités physiques, sportives artistiques et d'entretien de soi ; culture scientifique et technologique), vous suivrez des modules professionnels agricoles (bases scientifiques et technologiques nécessaires à la commercialisation des produits de jardin, végétaux d'intérieur et de jardin, équipements et fournitures de jardin...) et des modules spécifiques de techniques de vente, mercatique, gestion commerciale d'un espace de vente.

Poursuite d'études

BTSA technico-commercial spécialité agrofournitures ou jardins et végétaux d'ornement.

Bac pro forêt

Descriptif

Le titulaire du bac pro forêt pourra devenir ouvrier forestier ou chef d'équipe dans une entreprise de travaux forestiers, une scierie, une coopérative, pour le compte d'un expert ou d'un propriétaire forestier privé ou public. Il réalise des opérations d'entretien du patrimoine forestier ou des travaux d'abattage et de façonnage et peut participer à la gestion d'un chantier : devis, préparation et organisation des travaux dans le respect des règles et des techniques de sécurité...

Admission
Ce bac est ouvert aux élèves de troisième et sous condition aux titulaires du CAP agricole travaux forestiers.

Formation
L'enseignement comprend, outre les modules de base communs, des modules d'enseignements spécifiques : le chantier forestier dans son contexte ; dimensions socio-économiques, juridiques, environnementales et techniques des pratiques forestières ; organisation d'un chantier forestier ; travaux de sylviculture ; travaux d'exploitation forestière ; maintenance des équipements forestiers. Le stage (14 semaines minimum) consiste à participer à un ou plusieurs chantiers en acquérant un savoir-faire pratique dans les activités de conduite de travaux sylvicoles, de travaux de bûcheronnage et de débardage. Les organisations adaptées sont principalement les entreprises de travaux forestiers, les coopératives, les propriétaires forestiers, les entreprises d'exploitation forestière.

Poursuite d'études
BTSA gestion forestière ou CS arboriste élagueur.

INDUSTRIE

Conception et entretien des mécanismes et des automatismes pour l'industrie

Ces bacs pro préparent à l'exercice de métiers du secteur industriel. Leurs titulaires travailleront pour la plupart en usine ou dans des ateliers de production. Rouages essentiels de l'industrie, ils suivent une formation qui leur permet rapidement d'encadrer de petites équipes.

▸ Bac pro pilote de ligne de production

Descriptif
Ce diplôme est centré sur la conduite des installations automatisées de différents secteurs industriels : sidérurgie, métallurgie, automobile, textile, matériaux de construction, parachimie, pharmacie… Le titulaire de ce diplôme a généralement la responsabilité d'une ligne de fabrication regroupant plusieurs postes de travail coordonnés entre eux. Il doit assurer la continuité de la production et le respect de la qualité. Ses activités sont :

• la préparation de la production : l'exploitation des documents de fabrication, la configuration des machines, les contrôles de sécurité, la vérification des appareils de mesure, les essais et réglages de l'installation automatisée ;
• la mise en route de l'installation ;
• la conduite : ajustement des paramètres de fabrication, traitement des informations relatives à la gestion de production, à la maintenance, à la qualité ;
• la conduite en mode dégradé : choix d'un mode de marche approprié, rétablissement progressif du fonctionnement normal ;
• l'arrêt des installations et la maintenance de premier niveau.

En liaison avec les autres services, il contribue également à l'amélioration de la qualité des produits et à la fiabilité des équipements, veille à la sécurité, organise le travail de son équipe.

Débouchés

Ce diplôme prépare à la conduite et à la gestion de systèmes de production industriels très automatisés. Son titulaire est responsable de la continuité du fonctionnement des automates dont il a la charge. Cette activité peut s'exercer dans de nombreux secteurs d'activité : métallurgie, sidérurgie, automobile, textile, pharmacie, cosmétique, etc.

Admission

Sont prioritaires à l'accès de ce bac pro les élèves issus de troisième et les titulaires d'un CAP conducteur d'installations de production, sous certaines conditions.

Formation

Les compétences professionnelles acquises sont : analyse fonctionnelle et structurelle des systèmes de production ; analyse des systèmes mécaniques, étude de leurs comportements ; informatique industrielle et automatique ; organisation et gestion de production ; qualité et contrôle dans le système de production ; management de l'accompagnement des personnels de production ; maintenance des équipements ; gestion du risque ; savoirs propres aux secteurs professionnels, relatifs à la relation produit, matériau, procédé, processus.

Poursuite d'études

BTS maintenance des systèmes (options systèmes de production ; systèmes énergétiques et fluidiques ; systèmes éoliens) ; BTS conception et réalisation de systèmes automatiques ; BTS contrôle industriel et régulation automatique ; BTS métiers de la mode-vêtements ; BTS pilotage de procédés.

Bac pro étude et définition de produits industriels

Descriptif

Machines automatisées, boîtes de vitesses, pompes hydrauliques, turbines... Le dessinateur en construction mécanique peut travailler sur des produits variés. À l'aide de logiciels de CAO-DAO, il réalise des plans et des images en trois dimensions qui vont décrire très précisément les pièces à fabriquer.

Débouchés

Définir un produit industriel signifie qu'il faut créer les documents techniques qui permettront de le fabriquer et de le modifier. Ces documents peuvent avoir la forme de fichiers informatiques, de plans, de schémas. Pour ce faire, le technicien titulaire de ce bac pro (le technicien DPI) utilise les outils informatiques comme la CAO (conception assistée par ordinateur) et le DAO (dessin assisté par ordinateur). Après avoir mis en forme son objet en 3D et avoir vérifié sa cohérence par rapport aux autres pièces de l'objet fabriqué, le technicien exécutera une sortie en 2D sur papier des plans de la pièce fabriquée.
Le titulaire de ce bac pro peut devenir dessinateur en construction mécanique. Il produit les plans ou les images 3D qui vont servir à la fabrication de pièces, d'outillages, d'installations du secteur de la mécanique : machines automatisées, boîtes de vitesses, pompes hydrauliques... Il peut participer à l'étude d'un produit nouveau ou améliorer un produit existant.
Pour exercer ce métier, il vaut mieux avoir une bonne perception spatiale, être précis et rigoureux. Il faut aussi aimer travailler sur ordinateur car le dessinateur utilise maintenant davantage la CAO que la planche à dessin. Le professionnel peut travailler dans les entreprises de fabrication de pièces pour l'industrie qui relèvent de la mécanique, de la chaudronnerie, de la construction métallique, de l'automobile...

Admission

Sont prioritaires à l'accès de ce bac pro les élèves issus de troisième et, sous certaines conditions, les titulaires d'un CAP du secteur industriel.

Formation

La formation à l'utilisation des outils informatiques constitue une partie importante de ce diplôme. S'y ajoutent, entre autres, les différentes techniques de représentation des produits : croquis, schémas, conception assistée par ordinateur... Les élèves reçoivent également un enseignement en mécanique. Ils s'intéressent aussi à l'analyse d'un produit ou à la compétitivité des produits industriels...

Poursuite d'études
BTS assistance technique d'ingénieur ; BTS conception de produits industriels ; BTS conception et industrialisation en microtechniques.

▶ Bac pro technicien modeleur

Descriptif
Le titulaire de ce bac pro maîtrise l'ensemble des moyens nécessaires à la définition, à la réalisation, à la mise au point et au contrôle des outillages de modelage.
Ses activités comprennent l'analyse de documents techniques spécifiant les caractéristiques fonctionnelles de l'outillage à réaliser ; la définition des éléments constituant ses différentes parties ; l'élaboration d'une méthode de fabrication avec le choix des matériaux et des moyens de production, des étapes de fabrication, en fonction du cahier des charges et des équipements disponibles dans l'atelier. Il réalise les éléments et leur assemblage ainsi que la finition, contrôle l'outillage, le met au point et renseigne les documents relatifs au contrôle qualité et à la gestion de la production.
Une culture générale et technique lui permet d'utiliser de nouvelles techniques de définition, de réalisation, de contrôle et de mise au point des outillages (CAO, CFAO, machines à commande numérique, logiciels spécialisés, etc.), de situer son activité dans le cadre global de l'entreprise en fonction des choix de techniques et des modes d'organisation ; de travailler en équipe et de participer à un groupe de projet ainsi que de conseiller et de rendre compte de manière pertinente.

Débouchés
Le technicien modeleur maîtrise l'ensemble des moyens nécessaires à la fabrication et à la remise en état des outillages de mise en forme des matériaux, il est en mesure de participer à la conception de l'outillage en fonction d'un cahier des charges et à l'optimisation de ses procédés de réalisation, de faire de l'assemblage, du montage et de la finition de modèles, de réaliser des moules en matériaux composites et mettre en œuvre les techniques de moulage (pâtes à stratifier par exemple), d'utiliser les nouvelles techniques de définition des produits (prototypage rapide), etc.
Il exerce ses compétences le plus souvent dans de petites entreprises très spécialisées qui travaillent en sous-traitance pour l'automobile, l'aéronautique mais aussi pour toute l'industrie des biens d'équipement.

Admission
Sont prioritaires à l'accès de ce bac pro les élèves issus de troisième et, sous certaines conditions, les titulaires d'un CAP des secteurs de la mécanique et de l'outillage.

Formation

Analyse des besoins, production des données nécessaires à la fabrication des outillages, mise en forme des matériaux (moulage, procédés spécifiques...), systèmes et techniques de fabrication, usinage, préparation de la fabrication, hygiène, sécurité, prévention des risques, qualité et contrôle...

Poursuite d'études

BTS conception des processus de réalisation de produits (option production unitaire ou option production sérielle) ; BTS fonderie.

Bac pro technicien d'usinage et bac pro productique mécanique option décolletage

Descriptif

Ces deux bacs pro forment des régleurs, des techniciens d'atelier, de futurs chefs d'équipe, voire de futurs dirigeants d'entreprise. Contrairement à l'usineur dont l'activité principale est en production, le gros du travail du décolleteur se situe en amont de celle-ci. Avec le décolletage, on est dans le domaine de la production en grande série de petites pièces de précision, vis, axes... Le cœur du métier, c'est la préparation de la fabrication, le montage des outils puis le réglage et la programmation des tours à décolleter. Débouchés assurés pour un technicien très recherché...

Débouchés

Ces bacs préparent des techniciens d'atelier qui ont la responsabilité des machines mécaniques servant à la production. Ils ont la charge de les programmer pour la production (quand ce sont des machines à commande numérique), et ils suivent leur fonctionnement pendant la production, en ajustant au besoin les réglages en fonction de la qualité désirée. Ces techniciens sont aussi en mesure d'assurer la maintenance et l'entretien courant de ces machines. Ils sont amenés à travailler dans l'industrie mécanique, dans l'automobile, dans l'aéronautique et dans la construction électrique.

Pas de problème pour trouver un emploi pour les bacheliers décolleteurs et usineurs. Les entreprises sont à l'affût de leurs multiples compétences.

Débutant comme opérateur, le bachelier peut très vite évoluer et devenir chef d'équipe, responsable de la maintenance des matériels ou chargé de la planification. Certains, particulièrement motivés, peuvent intégrer un bureau d'études, après avoir suivi une formation dans le cadre de leur emploi.

Admission
Sont prioritaires à l'accès de ces bacs professionnels les élèves issus de troisième et, sous certaines conditions, les titulaires du CAP outillages en outils à découper et à emboutir ou du CAP décolletage : opérateur régleur en décolletage.

Formation
L'usinage permet de fabriquer des pièces à partir d'un bloc de matière. Le décolletage est une variante de l'usinage, et permet de fabriquer des pièces comme les vis, par exemple. La formation consiste en l'apprentissage du fonctionnement des machines réalisant des opérations de décolletage ou d'usinage. Elle comprend également des modules de communication, de sécurité, d'ergonomie, de gestion de la production... Les futurs bacheliers ne passent pas tout leur temps devant des machines. Ils suivent aussi des cours en salle de classe : en mécanique, ils étudient les forces, les effets de la traction, le cisaillement, la résistance des matériaux... Pas mal de dessin technique au programme, mais aussi des maths, des sciences physiques, de l'économie, de l'histoire-géographie, de l'anglais et du français. Le futur technicien va travailler au sein d'une équipe : il faut savoir écouter et comprendre, et aussi s'exprimer clairement, que ce soit à l'oral ou par écrit.

Poursuite d'études
BTS conception des processus de réalisation de produits (option production sérielle ou option production unitaire) ; BTS conception et industrialisation en microtechniques ; BTS conception et réalisation de systèmes automatiques ou MC technicien en soudage ou en tuyauterie.

Le travail des matériaux et des matières

Sont regroupés sous cette appellation tous les métiers qui interviennent sur des matières diverses et variées pour les transformer. Des métiers qui s'exercent en usine. Et là encore, la formation de ces bacheliers leur permet rapidement de gérer de petites équipes, contrairement aux titulaires de CAP des mêmes spécialités.

▶ Bac pro bio-industries de transformation

Descriptif
Cet opérateur de production sur des installations automatisées exerce ses responsabilités dans les secteurs de la préparation, de la fabrication ou du conditionnement. Il est appelé à exercer des fonctions d'animation ou d'encadrement. Il applique un planning de fabrication. Il contrôle les installations. Il met en service

le matériel et veille à son bon fonctionnement. Il surveille la fabrication du produit. Il maîtrise les opérations prescrites dans le cadre d'un système d'assurance qualité. Il participe à l'optimisation de la production.

Débouchés

Ce baccalauréat forme des techniciens qui pourront travailler dans les industries agroalimentaires, pharmaceutiques et cosmétiques. Ils auront pour mission d'assurer le bon fonctionnement des machines et, le cas échéant, d'intervenir en cas de dysfonctionnement, de conduire une ligne de production ou d'assumer la responsabilité d'une partie de la chaîne de production et de veiller à la qualité du produit.

Admission

L'accès à cette formation est ouvert en priorité aux élèves issus de troisième.

Formation

Au programme : génie industriel ; technologie des bio-industries ; conduite d'une fabrication ; contrôle et connaissance des produits ; mathématiques et sciences physiques ; langue vivante ; français... Les lycéens apprendront à pratiquer des tests de qualité, à se familiariser avec les opérations de contrôle en laboratoire.

Poursuite d'études

Plusieurs BTS ou BTSA peuvent intéresser les titulaires de ce bac pro dont le BTSA analyses agricoles, biologiques et biotechnologiques, le BTS bioqualité (ex-BTS qualité dans les industries alimentaires et les bio-industries) et le BTS biotechnologies. Le CS transformation des produits carnés et le CS technicien spécialisé en transformation laitière entre autres, sont également envisageables.

Bac pro plastiques et composites

Descriptif

Emballages, carrosseries, boîtiers de téléphone, planches à voile... les produits que fabrique le technicien en plasturgie sont très variés. Il maîtrise les différentes techniques de transformation des plastiques. Appelé régleur sur presse, il fait fonctionner les machines automatisées. Il effectue les réglages nécessaires et contrôle la production. En bac pro, il apprend les caractéristiques des matières. Il dessine les plans des produits à réaliser, sur table ou avec des logiciels de dessin assisté par ordinateur (DAO).

Débouchés

Le plastique est partout, dans tous les objets de la vie quotidienne, depuis la télévision jusqu'à la brosse à dents, en passant par la voiture. Le titulaire de ce bac pro pourra donc travailler dans tous les secteurs de la production industrielle (automobile, produits manufacturés...). Spécialiste du plastique et de ses déclinaisons, ce technicien sera chargé d'assurer la production de cette matière.

L'industrie du plastique est en pleine expansion, les débouchés sont importants. Les matières, les produits, les techniques évoluent sans cesse. Les techniciens apprécient de participer à ces évolutions. Le plastique est un matériau utilisé dans l'emballage, le bâtiment, l'automobile, l'électricité, l'électronique, le médical... Il sert à fabriquer des fenêtres, des canalisations, des carrosseries, des appareils électroménagers, des téléphones, des sacs à main, des meubles.

Le technicien est embauché comme régleur sur presse. C'est la personne qui fait fonctionner les machines automatisées. Il supervise en général six à sept machines. Il peut travailler chez les producteurs de matières de base : granulés, poudres, résines... ou chez les transformateurs : automobile, aéronautique, construction navale, armement, électroménager, articles de sport, emballages... Il doit être méthodique, organisé et minutieux. Les produits doivent être sans défauts et réalisés avec précision.

Admission

L'accès à cette formation est ouvert en priorité aux élèves issus de troisième et aux titulaires d'un CAP composites, plastiques chaudronnés ou d'un CAP plasturgie.

Formation

Une formation très complète sur les plastiques, résines et autres matériaux composites accompagnée de modules de pilotage d'une zone de production ; participation à l'amélioration de la production et de la qualité (suivi de fabrication, maintenance des équipements) ; santé et sécurité au travail et respect de l'environnement ; animation de l'équipe de production ; communication (rapports, dessins et schémas techniques, outil informatique, anglais technique)...

Poursuite d'études

BTS Europlastics et composites option conception outillage ou option pilotage et optimisation de la production.

Bac pro technicien en chaudronnerie industrielle

Débouchés

Technicien d'atelier, ce bachelier professionnel est capable de passer d'un travail de production à la responsabilité d'une équipe et d'assurer, dans une entreprise industrielle, la liaison entre le bureau d'études et l'atelier. Dans une entreprise artisanale, il peut prendre en charge l'ensemble des tâches de la conception à la réalisation et la pose. De nombreux secteurs accueillent les diplômés : construction navale, aéronautique, ferroviaire, industrie agroalimentaire, BTP, énergie... Le profil de cette formation permet à son titulaire d'être assez autonome et d'évoluer, suivant les besoins de l'entreprise, d'un poste de production à la gestion d'une équipe industrielle. Dans une petite société, il pourra être en charge de la pose du matériel fabriqué.

Admission

Sont prioritaires à l'accès de ce bac pro les élèves issus de troisième et, sous certaines conditions, les titulaires d'un CAP ferronnier d'art, d'un CAP outillage en outils à découper et à emboutir ou d'un CAP serrurier métallier.

Formation

L'enseignement porte sur l'ensemble des techniques de la chaudronnerie, la construction métallique, la chaudronnerie plastique, la tuyauterie... Les enseignements professionnels mettent l'accent sur l'analyse et l'exploitation de données techniques, l'élaboration d'un processus de fabrication, le suivi d'une production en entreprise, le lancement et la conduite d'une production, la réalisation, la fabrication et l'assemblage, la réhabilitation. Avec aussi une formation approfondie en mathématiques, sciences physique, prévention santé environnement et économie-gestion.

Poursuite d'études

BP menuisier aluminium-verre ; BTS conception et réalisation en chaudronnerie industrielle ; BTS architectures en métal : conception et réalisation ; BTS conception et industrialisation en construction navale ; MC technicien en chaudronnerie aéronautique et spatiale.

Bac pro procédés de la chimie, de l'eau et des papiers-cartons

Débouchés

Le titulaire de ce bac pro peut travailler dans l'industrie chimique (entreprises de raffinage, par exemple), mais aussi dans toutes les entreprises utilisant des procédés chimiques de transformation pour produire ou pour retraiter : pharmacie, matériaux de construction, industrie papetière, industrie nucléaire, etc. Ce technicien sera capable de conduire la production, de contrôler la qualité du produit fini et d'intervenir dans le fonctionnement des machines pour améliorer le processus de fabrication.

Admission

Sont prioritaires à l'accès en première année de ce bac pro les élèves issus de troisième.

Formation

La formation est évidemment très poussée en chimie, mais les élèves suivront aussi des cours sur le contrôle de la qualité, la sécurité, les risques professionnels et l'environnement. Ce bac apprend à conduire les procédés de fabrication : automatismes, circulation des fluides, filtration, distillation... Il insiste sur le contrôle des produits avant, pendant et après la fabrication. Au programme également, des matières générales, dominées par les maths et la physique. Le titulaire peut trouver un emploi non seulement dans les industries chimiques, mais aussi dans toutes celles qui utilisent les mêmes procédés : agroalimentaire, nucléaire, production d'énergie...

Poursuite d'études

BTS métiers de la chimie ; BTS contrôle industriel et régulation automatique ; BTS métiers de l'eau ; BTS pilotage de procédés.

Bac pro fonderie

Descriptif

Le titulaire de ce diplôme est un technicien d'atelier chargé de préparer, de fondre des alliages et d'assurer la fabrication de produits moulés, à l'unité ou en série. Il travaille dans les entreprises fabriquant des produits de fonderie finis ou semi-finis. Il peut participer à la fabrication d'ailettes de réacteur, de fixations de ski ou encore de cylindres de frein du TGV... Le technicien d'atelier a un rôle d'organisation et de gestion d'une cellule de production. Il collabore aux achats, à la gestion des stocks de matières et de produits finis. Il réceptionne et emmagasine les outillages, contrôle la qualité des matériaux et des alliages et participe à la maintenance.

Débouchés

Le titulaire de ce bac pro est capable d'organiser et d'améliorer la production, le contrôle, la maintenance, la sécurité. Avec de l'expérience, il peut animer une équipe dans des entreprises de fonderie produisant des pièces pour l'aéronautique, l'automobile, l'industrie spatiale et navale...

Admission
Sont prioritaires à l'accès de ce bac pro les élèves issus de troisième.

Formation
Ce bac pro offre une formation scientifique solide, en mathématiques (géométrie, calcul vectoriel, probabilités) et en physique-chimie (chimie minérale, chimie organique, mécanique des fluides, électricité).

Poursuite d'études
BTS fonderie.

▸ Bac pro métiers de la mode – vêtements

Descriptif
Du dossier technique à l'étiquetage, le titulaire de ce bac pro traite les produits sous toutes les coutures. Il réalise les prototypes de vêtements ou de bagages, il grade les patrons, organise le travail de l'équipe, règle les machines ou encore s'occupe du suivi de production.

Débouchés
Le baccalauréat professionnel métiers de la mode-vêtements donne accès aux premiers niveaux d'activités en ateliers, bureaux d'études/méthodes. Après le bac pro et un peu d'expérience, le technicien sera responsable d'une équipe dans un atelier de fabrication. Il organisera le travail et répartira les tâches au sein de l'équipe. Il sera également capable d'intervenir sur n'importe quel poste de travail. Le professionnel intervient à différents moments de la production. Il prépare la fabrication d'un produit. C'est lui qui réalise le prototype d'un vêtement ou d'un bagage par exemple, c'est-à-dire le premier exemplaire du produit qui servira de modèle pour la construction en série. Il grade le patron ou effectue le placement : il dispose le patron en vue de la découpe d'une pièce. Il peut aussi élaborer le dossier technique du produit ou calculer le temps de fabrication, les besoins en matières et en fournitures. En phase d'industrialisation, il élabore les différentes tailles du vêtement à partir d'un logiciel de PAO et procède à la coupe après avoir préparé les fournitures, choisi les matériels, les règles… Il participe, par ailleurs, à l'amélioration des processus de production. Il peut s'occuper de la mise en fabrication. Dans ce cas, le diplômé organise aussi le travail à l'atelier. Il peut ensuite conditionner les produits et préparer les commandes en vue de leur expédition. S'il gère la fabrication ou le suivi de la production, il assure la fluidité de la fabrication et contrôle la qualité des produits finis.

Les emplois se trouvent plutôt en entreprises industrielles, dans les ateliers de confection. Et les domaines d'activité sont variés. Le technicien peut travailler dans les industries textiles à la production des fils et tissus, dans les entreprises de transformation : habillement, voilerie, linge de maison, maroquinerie, vêtements de cuir et fourrure, chaussures...

Admission

Sont prioritaires à l'accès de ce bac pro les élèves issus de troisième et, sous certaines conditions, les titulaires d'un des diplômes suivants :

- CAP arts de la broderie ;
- CAP métiers de la mode – vêtements tailleur ;
- CAP métiers de la mode – vêtements flou ;
- CAP métiers de la mode – vêtements chapelier-modiste.

Formation

Cuirs et peaux, fibres textiles, tissus enduits, plastiques : les élèves étudient les différents matériaux qu'ils auront à utiliser. Ils connaissent leur origine, leur mode de fabrication, les traitements de finition ou encore leurs caractéristiques en fonction de leur utilisation (la résistance du coloris à l'eau de mer pour les maillots de bain par exemple).

Ils abordent également la résistance des matériaux au frottement, à la lumière ou aux produits chimiques. Ils s'intéressent au comportement des fournitures au cours de la fabrication (gondolage du tissu, de la peau) pour pouvoir régler convenablement les matériels de découpage, montage ou thermocollage en fonction des matériaux.

Au programme de la formation également, les techniques de fabrication et le suivi de la production (méthodes manuelles, mais aussi informatisées : SFAO, suivi de fabrication assisté par ordinateur ; ou GPAO, gestion de production assistée par ordinateur). Les élèves savent estimer le coût d'une production, calculer les charges, planifier la production ou encore assurer sa bonne organisation.

Outre les disciplines d'enseignement général (français, mathématiques, langue vivante) qui contribuent à développer votre ouverture d'esprit et votre culture personnelle, vous suivrez un enseignement professionnel dont les disciplines ont pour finalité l'acquisition des savoir-faire au moyen d'activités pratiques. Elles permettent de valoriser les aptitudes manuelles et le souci de la qualité. Elles prennent appui sur la connaissance des matières textiles et des matériels de fabrication ainsi que la conception informatique des produits. Ainsi, vous suivrez les enseignements suivants : conception construction DAO (dessin assisté par ordinateur) ; technologie textiles, matériels ; réalisation fabrication ; arts appliqués et culture artistique. Le stage en entreprise, d'une durée de 18 à 22 semaines réparties sur le cycle de trois ans, vous permettra d'appréhender le monde de l'entreprise dans son fonctionnement, ses structures et ses contraintes.

Poursuite d'études
BTS métiers de la mode – vêtements ; BTS innovation textile (option structures ou option traitements) ; BTS métiers de la mode chaussure et maroquinerie.

Les métiers de la maintenance

Ces bacs pro préparent, pour la majorité d'entre eux, à exercer dans des usines ou des ateliers. Mais certains, comme le bac pro systèmes numériques, peuvent conduire à travailler dans un service après-vente ou dans une société de dépannage pour les particuliers.

◗ Bac pro systèmes numériques

Débouchés
Quelle que soit l'option choisie (option A sûreté et sécurité des infrastructures, de l'habitat et du tertiaire ; option B audiovisuels, réseau et équipement domestiques ; option C réseaux informatiques et systèmes communicants), le baccalauréat professionnel systèmes numériques (SN) a pour objet de former des techniciens capables d'intervenir sur les équipements et les installations exploités et organisés sous forme de systèmes interconnectés, communicants et convergents, de technologie électronique majoritaire, des secteurs grand public, professionnels et industriels. Ce bac pro aborde l'ensemble des compétences professionnelles permettant au technicien d'exercer les activités liées à la préparation, l'installation, la mise en service et la maintenance. Le technicien participe au service client en complémentarité des services commerciaux.

Admission
Ce diplôme est ouvert en priorité aux élèves issus d'une classe de troisième.

Formation
Elle fait référence à des champs professionnels qui sont déclinés à partir de grands secteurs d'activité de la filière électronique : sécurité ; audiovisuel ; réseaux informatiques... qui correspondent aux trois options du bac SN.
Ces champs seront traités de façon égale pour une bonne partie de la formation. Par conséquent, pendant les deux premières années, l'élève étudie des systèmes numériques appartenant à ces champs. Progressivement, il abordera de façon

plus détaillée, le champ professionnel de son choix qui deviendra finalement une spécialité pour l'obtention de son diplôme en troisième année.

Poursuite d'études

Cela dépend de la spécialité choisie :

• option A : BTS fluides, énergies, domotique option domotique et bâtiments communicants.

• option B : BTS métiers de l'audiovisuel (option métiers de l'image ; option métiers du son ; option techniques d'ingénierie et exploitation des équipements) ; BTS métiers de l'audiovisuel option techniques d'ingénierie et exploitation des équipements ;

• option C : BTS systèmes photoniques ; BTS services informatiques aux organisations option solutions d'infrastructure, systèmes et réseaux ; BTS systèmes numériques (option informatique et réseaux ou option électronique et communication).

▶ Bac pro maintenance des équipements industriels (MEI)

À noter : à la rentrée 2021, ce bac deviendra le bac pro maintenance des systèmes de production connectés.

Débouchés

Ce diplôme pluridisciplinaire permet de travailler à la maintenance des machines de chaînes de production très variées : industries manufacturières, industries papetières... Ces techniciens d'atelier doivent maintenir les équipements en état de fonctionner. Ils interviennent au niveau de la maintenance (dépannage, réparation), mais aussi à titre préventif (contrôles, mesures, diagnostics...). Leur champ de compétences s'appuie sur plusieurs disciplines : mécanique, hydraulique, pneumatique, électronique, électrotechnique. Ils sont en mesure de comprendre le fonctionnement des systèmes automatisés, de formuler un diagnostic rapide et d'intervenir pour maintenir la production, de faire une évaluation sur le coût de l'opération, d'utiliser des logiciels d'assistance à la maintenance...

Admission

Sont prioritaires à l'accès de ces bacs professionnels les élèves issus de troisième.

Formation

Au programme : analyse des systèmes mécaniques, analyse des systèmes automatisés, maintenance, prévention des risques professionnels, etc.

Poursuite d'études

BTS maintenance des systèmes option systèmes de production ; BTS maintenance des matériels de construction et de manutention ; BTS conception et réalisation de systèmes automatiques ; BTS assistance technique d'ingénieur ; MC agent de contrôle non destructif, MC maintenance des installations oléohydrauliques et pneumatiques ; MC technicien(ne) ascensoriste (service et modernisation).

◗ Bac pro microtechniques

Débouchés

Le titulaire de ce baccalauréat professionnel exerce son activité dans toute entreprise de production industrielle de produits et systèmes microtechniques, dans des entreprises de maintenance de produits microtechniques, et plus généralement dans toutes les activités qui demandent de savoir manipuler de très petits systèmes pluritechnologiques. Son rôle est de coordonner, de prévenir et d'établir des synthèses de données.

Admission

Sont prioritaires à l'accès de ce bac pro les élèves issus de troisième et, sous certaines conditions, les titulaires d'un CAP décolletage : opérateur régleur en décolletage.

Formation

Lors de la formation, les élèves apprennent à assembler et monter des systèmes microtechniques, à effectuer des tests et des essais ainsi qu'à contrôler des produits. Ils assurent la maintenance et les réparations. Leur apprentissage consiste également à fabriquer des maquettes et à mener des actions d'amélioration et de qualité sur les produits. Pour réussir ce diplôme, avoir un bon niveau dans les matières scientifiques et en expression française (orale et écrite) est essentiel.

Poursuite d'études

BTS conception et industrialisation en microtechniques ; BTS conception des processus de réalisation de produits (option production unitaire ou option production sérielle) ; MC maquettes et prototypes.

Les métiers de l'automobile

Ces formations permettent de travailler chez les constructeurs automobiles, dans un garage ou encore, bien que plus rarement, au sein du service de l'entretien du parc automobile d'une grande entreprise ou d'une collectivité.

Bac pro construction des carrosseries

Débouchés

Le titulaire de ce bac pro est technicien d'atelier chez un carrossier-constructeur ou chez un carrossier-réparateur.
Il travaille en particulier dans les entreprises qui adaptent des véhicules à des fonctions spécifiques : autocars, caravanes, cabines de poids lourds, bureaux mobiles... à l'unité pour un client particulier ou dans le cadre d'une production en série. Il peut participer à la préparation de l'organisation du travail, au choix des outillages, à la conduite et à la maintenance du système de production.

Admission

Sont prioritaires à l'accès de ce bac pro les élèves issus de troisième et, sous certaines conditions, les titulaires des diplômes suivants :

- CAP constructions de carrosseries ;
- CAP peinture en carrosseries ;
- CAP réparation des carrosseries.

Formation

Évidemment, ce métier demande une certaine habileté manuelle, ainsi qu'une bonne perception des volumes dans l'espace. Votre formation abordera tous les aspects du travail de la carrosserie, la connaissance des matériaux, mais aussi des notions de sécurité. Les élèves étudient le véhicule, les ensembles carrossés (constitution, châssis, coque...) mais aussi les organes mécaniques et électriques du véhicule (motorisation, systèmes de suspension, de direction, les pneumatiques, le train roulant...). Ils voient les mécanismes de carrosserie, le verrouillage, les articulations (charnières, gonds...), l'étanchéité et l'anticorrosion... Ils connaissent également les matériaux de construction utilisés en carrosserie.
Un enseignement en mécanique permet d'étudier le comportement des véhicules et des mécanismes de carrosserie. Il porte sur l'équilibre des corps (statique) et leur mouvement (cinématique), ainsi que sur la résistance des matériaux. La formation comprend encore du dessin technique, du dessin d'art et une partie gestion de la réparation.

Poursuite d'études

BTS conception et réalisation de carrosseries.

▸ Bac pro réparation des carrosseries

Débouchés

Les titulaires du bac pro réparation des carrosseries sont chargés, au sein de l'équipe de réparation, d'accueillir les clients et de réceptionner les véhicules, de repérer ou de remplacer les éléments détériorés, de contrôler et de réparer les structures, de préparer et de réaliser la mise en peinture des éléments de carrosserie, de remettre en conformité le véhicule avant de finaliser l'intervention. Ces techniciens contribuent par ailleurs à l'amélioration de la satisfaction de la clientèle en intégrant une démarche qualité dans toutes leurs activités.

Ils peuvent travailler dans tout type d'entreprise de réparation de carrosseries de véhicules automobiles : ateliers indépendants, ateliers rattachés au réseau d'un constructeur ou intégrés à une entreprise ou une collectivité, ateliers de réparation rapide.

Admission

Sont prioritaires à l'accès de ce bac pro les élèves issus de troisième et, sous certaines conditions, les titulaires des diplômes suivants :

- CAP constructions de carrosseries ;
- CAP peinture en carrosseries ;
- CAP réparation des carrosseries.

Formation

Les enseignements portent sur les structures des véhicules, les différentes techniques de remise en forme, d'assemblage et de préparation, la connaissance des matériaux utilisés en carrosserie : métaux, matériaux composites… Ils comprennent également des notions de base en dessin technique, en mécanique et en électricité.

Poursuite d'études

BTS conception et réalisation de carrosseries.

▸ Bac pro maintenance de véhicules

Débouchés

Le technicien titulaire de ce bac pro travaille en atelier. Il assure la maintenance des véhicules (l'entretien courant pour éviter les pannes) et la réparation (quand la panne est là !). Ce bac propose trois options différentes : voitures particulières, véhicules de transport routier, motocycles. La nature de vos activités et votre environnement de travail seront évidemment très différents suivant l'option choisie.

• **Option motocycles**
Le bachelier est capable d'établir un diagnostic précis sur un dysfonctionnement ou un système complexe, ABS ou autre. Il élabore une méthode de réparation ou d'entretien, établit un devis ; il peut effectuer l'intervention ou conseiller les personnes qui s'en chargent. Avec de l'expérience, il organisera et gérera un atelier. Le bachelier va trouver un emploi dans les concessions moto, dans des garages indépendants. Au programme : mécanique, électricité, électronique, systèmes automatisés, communication et 22 semaines de stage en entreprise. Particularité de la moto : on répare davantage que dans l'automobile (la boîte de vitesses par exemple), on s'occupe du moteur et aussi de la carrosserie (du cadre). En outre, les opérations de maintenance sont plus rapides que pour l'automobile.

• **Option véhicules de transport routier**
Rechercher une panne, démonter et réparer des pièces, effectuer les réglages... le travail du mécanicien réparateur demande sens de l'observation et habileté manuelle. Il faut aussi de bonnes connaissances en électronique car les véhicules sont équipés de systèmes de plus en plus sophistiqués : ABS, direction assistée, boîtiers de commande pour diriger le freinage, les suspensions.
Comme son nom l'indique, le créneau de ce bac pro, c'est le poids lourd. À l'issue de la formation, les diplômés trouvent du travail dans les entreprises qui dépendent des réseaux constructeurs (succursales, concessionnaires...), ou encore dans les services de maintenance des entreprises de transport...
Au programme : mécanique, électricité, électronique, hydraulique, pneumatique. Les élèves approfondissent leur connaissance du véhicule, comprennent les relations entre les diverses pièces et savent réaliser un diagnostic de panne.

• **Option voitures particulières**
Ce bac pro forme des techniciens d'atelier capables d'intervenir en autonomie sur l'ensemble des opérations de maintenance d'une automobile. Le bachelier est capable d'établir un diagnostic précis sur un dysfonctionnement ou un système complexe. Il élabore une méthode de réparation ou d'entretien, établit un devis ; il peut effectuer l'intervention ou conseiller les personnes qui s'en chargent. Avec de l'expérience, il organisera et gérera un atelier. Le bachelier va trouver un emploi dans les réseaux après-vente des constructeurs automobiles, dans les centres spécialisés, les garages indépendants, voire dans les ateliers de maintenance des entreprises de transport ou de certaines administrations. Au programme : mécanique, électricité, électronique, systèmes automatisés et communication.

Admission

Sont prioritaires à l'accès de ce bac pro les élèves issus de troisième et, sous certaines conditions, les titulaires du CAP maintenance des véhicules automobiles option motocycles, ou option véhicules de transport routier, ou encore option voitures particulières.

Poursuite d'études

BTS maintenance des véhicules option motocycles, option véhicules de transport routier ou option voitures particulières ; BTS moteurs à combustion interne après l'option voitures particulières.

Travailler dans l'industrie aéronautique et spatiale

Plusieurs métiers en un seul bac, mais une seule passion : les avions ! Ce bac pro est construit sur mesure pour répondre à la demande de l'industrie aéronautique et spatiale. Dans ce domaine de haute technologie, la France se place au deuxième rang mondial (derrière les États-Unis) pour l'industrie aéronautique et au premier pour l'industrie spatiale. Cocorico !

▶ Bac pro aéronautique

Descriptif

Le diplômé de ce bac pro construit et entretient les instruments de bord des cabines de pilotage. Ici, le travail demande rigueur et précision : il y a des règles de sécurité et de conformité à respecter. À l'aide d'appareils électroniques de mesure, il contrôle les altimètres, les pilotes automatiques, les indicateurs de carburant, la radio... Il recherche les pannes, démonte et remonte les pièces...

Débouchés

Avec ce bac pro, les environnements de travail sont très variés. Trois options sont proposées : systèmes, structure et avionique.

• Option avionique

Elle oriente vers l'installation et la réparation des systèmes électroniques, des circuits de commande, c'est-à-dire le système nerveux de l'avion !
Au programme de la formation, technologie des aéronefs pour connaître les différentes parties de l'avion et comprendre leur fonctionnement. Les élèves apprennent aussi la maintenance, les techniques d'assemblage et de montage.

- **Option systèmes**

Hélicoptères, Airbus A 320, A 340 ou A 380, avions légers des aéroclubs... La gamme des engins volants est vaste. Après un bac pro aéronautique, le technicien doit pouvoir intervenir sur n'importe quel type d'appareils.

Avec l'option « systèmes », il travaille sur la construction ou l'entretien de la « cellule », c'est-à-dire le corps principal (poste de pilotage et cabine passagers), les ailes et la queue de l'avion. Il inspecte tous les jours les avions, recherche les pannes, démonte et remonte les pièces... Il intervient surtout sur les circuits électriques, hydrauliques, pneumatiques, les turbopropulseurs et les commandes de vol.

Au programme de la formation, technologie des aéronefs pour connaître les différentes parties de l'avion et comprendre leur fonctionnement. Les élèves apprennent aussi les techniques d'assemblage et de montage, la maintenance du moteur et de la cellule.

- **Option structure**

Le technicien « structure » travaille sur les éléments métalliques et composites qui constituent l'ossature et l'enveloppe de l'appareil (section centrale, nez, aile, porte...). Il sait inspecter visuellement, tester, fabriquer des pièces de réparation, peindre et appliquer des produits d'étanchéité. Il est capable de vérifier le bon fonctionnement et de régler un mécanisme (porte, bec, volet...).

À noter : la plupart des emplois de ce secteur sont regroupés dans le sud-ouest de la France, et notamment dans la région toulousaine, berceau historique de l'industrie aéronautique française (et siège du consortium européen Airbus).

Admission

Ce bac pro est ouvert en priorité aux élèves issus de troisième et, sous certaines conditions, aux titulaires d'un CAP aéronautique option structure, systèmes ou avionique.

Formation

Le bac pro aéronautique est une formation technologique de haut niveau : l'industrie aéronautique emploie des technologies de pointe, ce qui exige de très bonnes connaissances en mathématiques et sciences physiques. L'option systèmes insiste sur la technologie des matériaux (propriétés, résistance, corrosion...), tandis que l'option avionique s'appuie surtout sur l'électronique, les systèmes de radiocommunication, de navigation, etc.

À l'issue de leur formation, les diplômés sauront intervenir sur tout type d'appareils : les avions légers, les avions transportant des voyageurs, les hélicoptères... Ils devront

également être capables de traiter n'importe quelle panne. Les élèves étudient donc le fonctionnement des systèmes mécaniques, hydrauliques, pneumatiques et électriques des appareils. Ils apprennent à diagnostiquer les pannes et à effectuer les interventions nécessaires sous le contrôle de l'encadrement technique.
Les travaux pratiques permettent aux élèves de travailler sur des avions ou des hélicoptères. Ils sont formés aux techniques d'assemblage et de montage. Ils assurent la maintenance des moteurs et de la cellule de l'avion.

Poursuite d'études
BTS aéronautique, MC aéronautique option avionique ou option avions à moteurs à pistons ou option avions à moteurs à turbines ou option hélicoptères à moteurs à turbines.

Travailler dans le bâtiment et les travaux publics

Le secteur du bâtiment et des travaux publics regroupe une grande quantité de métiers exercés sur des chantiers de construction ou de rénovation. Le BTP connaît aujourd'hui une véritable pénurie d'ouvriers et de techniciens qualifiés.

▶ Bac pro travaux publics

Débouchés
Participer à la construction de ponts, de routes, de stations d'épuration, poser des canalisations... Dans les travaux publics, chaque chantier est différent ! Avec ce bac pro, vous serez capable d'assurer la responsabilité d'une équipe sur un chantier de travaux publics tel que la construction d'un pont ou d'une route. Vous construirez un plan de travail en sélectionnant les matériaux nécessaires, en établissant un calendrier et en échelonnant les différents travaux, ainsi qu'en rédigeant les documents nécessaires au suivi du chantier. Le titulaire de ce bac pro est un homme de chantier. À l'issue de sa formation, il commence généralement comme ouvrier qualifié. Avec un peu d'expérience, il peut avoir la responsabilité de deux ou trois ouvriers et devenir ensuite chef d'équipe, voire plus tard chef de chantier. Responsable d'une équipe, il interprète les ordres du chef de chantier, guide et conseille l'équipe des ouvriers. Il connaît l'utilisation des matériaux, des matériels et de l'outillage propre à la spécialité de chaque ouvrier de son équipe. S'il devient chef de chantier, il suit les directives d'un conducteur de travaux et organise quotidiennement le chantier.

Le professionnel doit faire preuve d'une bonne forme physique car il travaille dehors, en été comme en hiver. Il doit également être mobile, aimer travailler en équipe et avoir le sens du contact.
Après le bac pro, pas de problème de débouchés. Depuis plusieurs années, les diplômés trouvent du travail facilement.

Admission
L'accès à cette formation est ouvert en priorité aux élèves issus de troisième et, sous certaines conditions, les titulaires des CAP suivants : CAP conducteur d'engins : travaux publics et carrières, CAP constructeur de routes.

Formation
En formation, vous serez amené à travailler sur des documents réels de chantiers et étudierez le dessin technique, les matériaux, la mécanique, la statique, les sciences physiques et les mathématiques. Les élèves abordent les méthodes de construction des différents ouvrages. Ils étudient la résistance des matériaux, la mécanique des forces. Ils font des études de prix, apprennent à lire de plans, s'initient à la topographie et à l'organisation de chantier... Pour faire ce bac pro, il faut savoir se servir de ses mains mais aussi savoir calculer. La formation comprend une partie réalisation pour apprendre à fabriquer les ouvrages et une partie plus théorique traitant de l'étude des constructions et de la gestion de chantier.

Poursuite d'études
BTS travaux publics.

Bac pro technicien d'études du bâtiment, option études et économie (TB2E)

Débouchés
Jongler avec les chiffres, animer une équipe sur un chantier ou réaliser des plans... Après un bac pro technicien du bâtiment, on peut choisir différentes activités. Le titulaire de ce diplôme peut participer à l'étude de la construction ou à l'organisation de chantiers. Il réalise les plans, établit des devis et des métrés, estime les besoins en main-d'œuvre et en matériel, gère les plannings et les approvisionnements... Il peut aussi s'occuper du suivi de chantier : répartir les tâches, suivre le travail, veiller au respect des délais... Avec ce diplôme, vous serez capable de faire des dossiers de préparation de chantiers en tenant compte notamment de leur coût : plan de travail, besoins en personnels, organisation des travaux.

Le titulaire de ce bac pro peut intervenir à différents moments d'un chantier, en bureau ou sur le terrain. Il peut devenir métreur ou aide métreur, par exemple. Il peut aussi devenir dessinateur en bâtiment. Il réalise alors des plans précis de l'ouvrage à partir des croquis de l'architecte et des notes de calcul de l'ingénieur. À l'issue du bac pro, il peut également commencer sur le chantier, à la construction. Avec de l'expérience, il peut devenir chef d'équipe ou chef de chantier.
Le sens du contact et le sens de l'organisation sont des qualités importantes pour exercer ces différentes activités. Les diplômés peuvent travailler dans les entreprises du bâtiment, éventuellement dans les cabinets d'architectes, d'économistes de la construction, dans les bureaux d'études ou les services techniques des mairies. Ils peuvent participer à des chantiers de gros œuvre (fondations, murs, planchers...) comme à des chantiers de second œuvre (ouvrages d'achèvement et de finition d'une construction). Certains se dirigent également vers la vente de matériaux.

Admission

Les élèves issus de troisième qui entrent en seconde professionnelle métiers des études et de la modélisation numérique du bâtiment, en vue de préparer cette spécialité du bac pro, sont prioritaires.

Formation

La formation, assez large, permet d'avoir une vision d'ensemble du chantier (élaboration, préparation, suivi et gestion de chantier). Les élèves apprennent à l'approvisionner en matériels, matériaux et main-d'œuvre. Ils font de la comptabilité de chantier à partir de cas concrets. Ils étudient des bordereaux de prix, font de la facturation, des calculs de coûts de main-d'œuvre. Ils réalisent des devis et des métrés ainsi que des bilans de chantiers. Ils abordent l'organisation de chantier et de la mécanique pour étudier les charges ou la résistance des matériaux. Sans oublier le dessin technique : dessin d'exécution ou dessin de détail. Ils peuvent dessiner, par exemple, des détails de pente de toiture ou d'incorporation de menuiserie dans la maçonnerie...
À ces matières techniques viennent s'ajouter des matières générales : français, histoire-géo, langue vivante, mathématiques, prévention-santé-environnement, EPS, etc.

À noter : ce bac pro propose également une option assistant en architecture (TB2A).

Poursuite d'études

BTS bâtiment ; BTS études et économie de la construction ; BTS enveloppe des bâtiments : conception et réalisation.

Bac pro menuiserie aluminium verre et bac pro ouvrages du bâtiment : métallerie

Débouchés

Ces bacheliers sont qualifiés dans un secteur d'activité composé de quatre métiers : les métalliers, les menuisiers d'ouvrages en aluminium, les menuisiers d'ouvrages en produits de synthèse, les miroitiers. Ils réalisent des ouvrages de façade, d'agencement, d'aménagement intérieur (en acier, aluminium, en verre, en PVC...), éventuellement pourvus de systèmes de contrôles et d'alarmes.

Ils travaillent en atelier ou sur les chantiers. Ils sont autonomes dans leur mission qui comprend :

- la préparation des dossiers techniques pour lesquels ils rassemblent les données nécessaires à la fabrication ;
- la gestion de production : gestion de l'approvisionnement, gestion de la fabrication, gestion de chantier ;
- la pose des ouvrages pour laquelle ils approvisionnent le chantier, organisent les postes, font la pose, contrôlent et animent l'équipe, maintiennent le matériel en état ;
- la maintenance : diagnostic ou pronostic de dysfonctionnement, intervention (réparation ou changement de composant).

Avec l'un de ces deux bacs pro, vous pourrez travailler dans des ateliers de fabrication ou directement sur les chantiers pour poser les produits finis, mais le plus souvent, vous serez embauché par des petites entreprises spécialisées.

Admission

Là encore, les élèves issus de troisième qui entrent en seconde professionnelle métiers de la construction durable, du bâtiment et des travaux publics, sont prioritaires. Cependant, les CAP menuisier aluminium-verre ou CAP serrurier-métallier permettent d'avoir accès, sous certaines conditions, à ces formations.

Formation

Vous allez apprendre à encadrer une petite équipe et devrez posséder une parfaite connaissance des matériaux et des produits que vous serez amené à poser : résistance aux variations climatiques, mécanismes de pénétration de l'eau et de l'air, isolation phonique et acoustique, etc.

Poursuite d'études

BTS enveloppe des bâtiments : conception et réalisation ; BP menuisier aluminium-verre.

Bac pro technicien du bâtiment : organisation et réalisation du gros œuvre

Débouchés

Avec ce bac pro, vous serez en charge d'une petite équipe pour organiser et réaliser des travaux de construction d'un bâtiment neuf ou de réhabilitation/transformation sur un bâtiment déjà existant. Autonome et responsable, vous pourrez travailler dans des petites entreprises artisanales comme dans des grands groupes, en France ou à l'étranger : en effet, le savoir-faire des Français en matière de BTP est recherché partout dans le monde…

Voici quelques tâches que l'on pourra vous confier :

- réalisation d'ouvrages neufs ou travaux de réhabilitation, rénovation et entretien ;
- préparation et organisation des tâches, participation à la réalisation, suivi du chantier ;
- gestion et économie du chantier, gestion du personnel et des matériaux ;
- qualité de la production, sécurité des personnels ;
- logiciels propres à la profession.

Admission

Ce bac pro est accessible aux élèves issus de troisième qui entrent en seconde professionnelle métiers de la construction durable, du bâtiment et des travaux publics. Sous certaines conditions, les titulaires d'un CAP du domaine de la construction et du bâtiment peuvent également y accéder (CAP carreleur mosaïste ; CAP maçon).

Formation

L'enseignement technologique s'articule autour de trois axes : l'étude des constructions ; la préparation et l'organisation de chantiers ; la réalisation, l'atelier, la topographie, le laboratoire.

Poursuite d'études

BP maçon ; BP métiers du plâtre et de l'isolation ; BTS bâtiment ; BTS études et économie de la construction.

Bac pro technicien menuisier-agenceur

Descriptif

Dans les ateliers ou sur les chantiers, ce technicien supervise la réalisation de cloisons, placards, escaliers, plinthes, parquets, présentoirs, portes, fenêtres. Il prépare les étapes de fabrication. À partir des besoins des clients, il définit les pièces à réaliser, dessine les plans, commande le matériel, réalise les devis.

Débouchés

Encore un bac pro qui vous permettra de travailler aussi bien pour des bâtiments neufs que pour des travaux de réhabilitation de bâtiments existants, dans des entreprises artisanales petites ou moyennes. Spécialiste du bois dans la construction et l'aménagement des bâtiments, vous devrez mener des études de projet et assurer le suivi de ces projets. À l'atelier ou sur le chantier, le technicien organise la production. À partir d'un cahier des charges qui définit précisément les objets à réaliser, il lance les réalisations. Il prépare le processus de fabrication de A à Z. Il assure la maintenance des matériels. Il travaille différentes espèces de bois massif, des panneaux dérivés comme les agglomérés, stratifiés, plaqués, de l'aluminium, du PVC. Il effectue la pose des objets réalisés. Il peut être en contact avec des clients et les conseiller sur leurs projets. Il fait preuve de soin, de minutie et d'autonomie. Au départ, les élèves titulaires d'un bac pro travaillent surtout comme ouvriers qualifiés. Avec de l'expérience, ils peuvent encadrer un chantier ou un atelier ou travailler en bureau d'études, où ils réalisent les dossiers techniques préparatoires.

Admission

L'accès à cette formation est ouvert en priorité aux élèves issus de troisième et, sous certaines conditions, aux titulaires des diplômes suivants : CAP arts du bois option marqueteur, option sculpteur ornemaniste, option tourneur, CAP charpentier bois, CAP charpentier de marine, CAP conducteur opérateur de scierie, CAP encadreur, CAP menuiserie installateur, CAP menuisier fabricant de menuiserie, mobilier et agencement, CAP tonnellerie, etc.

Formation

Connaissance des matériaux, des techniques et des systèmes de pose, gestion de la fabrication, gestion d'un chantier, normes de sécurité, gestion de la clientèle : des enseignements variés et complets qui vous permettront de suivre votre travail de la définition du projet à sa réalisation complète. Les élèves travaillent sur machines traditionnelles et sur machines à commandes numériques qu'ils apprennent à programmer. Ils étudient les documents techniques, les cahiers des charges. Ils relèvent les mesures des pièces. Ils savent lire et réaliser des plans. Ils font du dessin sur planche et du dessin assisté par ordinateur, quelquefois en trois dimensions. Ils apprennent à gérer une production, à prévoir les étapes de fabrication, à évaluer les coûts d'une réalisation.

Poursuite d'études

BTS étude et réalisation d'agencement ; BTS aménagement finition ; BTS systèmes constructifs bois et habitat.

Bac pro technicien de scierie

Descriptif

Ce bac pro a pour objectif de former les techniciens qui participent au fonctionnement et à la gestion des scieries, quelle que soit leur taille, et en particulier celles dont l'activité est complétée par la fabrication industrielle de produits divers (palettes, emballages, parquets, charpente rabotée...). Il forme également au négoce des produits forestiers et à la valorisation des produits issus du sciage. Les aspects liés à l'encadrement et à l'animation des équipes couvrent l'ensemble des tâches réalisées par le bachelier. Enfin, par la diversité des contenus d'enseignement le bachelier professionnel peut s'intégrer dans les scieries de tailles et de structures différentes.

Débouchés

Le titulaire de ce baccalauréat professionnel est un technicien de scierie qui intervient dans les entreprises de première transformation pour réaliser différents produits bruts et valorisés. Au sein de l'entreprise, son activité consiste à :

- participer à l'approvisionnement de matières premières en fonction des contraintes de l'entreprise et du produit fabriqué ;
- préparer le processus de réalisation d'un produit à partir du dossier de fabrication ou de la demande du client ;
- réaliser les produits selon les techniques et procédés courants de fabrication et de mise en œuvre ;
- organiser, animer et gérer le suivi de la réalisation d'un produit dans le cadre d'une équipe de plusieurs ouvriers.

L'ensemble de ces activités est réalisé en prenant en compte la gestion et la préservation de l'environnement.

Ses domaines d'intervention sont la construction de bâtiments collectifs, individuels ou agricoles ; la réalisation d'emballages et de palettes ; la menuiserie, l'agencement... ; la fabrication de panneaux, de lamellé-collé et autres produits dérivés.

Admission

L'accès à cette formation est ouvert en priorité aux élèves issus de troisième et, sous certaines conditions, aux titulaires des diplômes suivants : CAP conducteur-opérateur de scierie ; CAP mécanicien conducteur scieries et industries mécaniques du bois option mécanicien affûteur de sciage, tranchage, déroulage ; CAP agricole travaux forestiers.

Formation

Au programme : négoce des produits forestiers ; réception et préparation des grumes ; élaboration des produits de scierie ; valorisation et conditionnement des produits ; maintenance des matériels et des outillages, communication, animation et encadrement. L'enseignement comprend aussi de la gestion pour apprendre, par exemple, à estimer le coût d'une production ou le taux de rendement.

Poursuite d'études

BTS développement et réalisation bois ; BTS systèmes constructifs bois et habitat.

▸ Bac pro métiers de l'électricité et de ses environnements connectés

Descriptif

Le titulaire de ce bac pro met en œuvre et intervient sur les installations électriques et sur les réseaux de communication des domaines de la production, du transport, de la distribution, de la transformation et de la maîtrise de l'énergie électrique. Il peut exercer dans le secteur des réseaux, des infrastructures, de l'industrie ou des systèmes énergétiques autonomes et embarqués.

Débouchés

C'est le bac pro des électriciens. Avec ce diplôme, vous pourrez travailler aussi bien sur les chantiers qu'en bureau d'études. Sur les chantiers, vous aurez à réaliser l'installation électrique en fonction des plans établis par les bureaux d'études. Vous pourrez également faire du dépannage et de la maintenance. En bureau d'études, vous devrez chiffrer un projet d'installation électrique afin que le chargé d'affaires de l'entreprise puisse établir un devis. Vous serez salarié d'une PME (petites et moyennes entreprises), ou bien vous pourrez vous installer à votre propre compte comme artisan. Vous pourrez également travailler chez EDF.

Admission

La formation est ouverte en priorité aux élèves issus de troisième et, sous certaines conditions, aux titulaires d'un CAP électricien.

Formation

Vous aborderez les compétences professionnelles suivantes : préparation des opérations de réalisation et de mise en service, de maintenance ; réalisation (organisation du poste de travail, installation des matériels électriques, câblage et raccordement des matériels électriques, coordination), mise en service (vérifications, réglages), maintenance (réalisation d'une opération de dépannage ou d'une opération de maintenance préventive), communication (conseil client, savoir expliquer le fonctionnement d'une installation).

Poursuite d'études

BTS électrotechnique ; BTS contrôle industriel et régulation automatique ; BTS conception et réalisation de systèmes automatiques ; MC technicien ascensoriste (service et modernisation) ; MC technicien en réseaux électriques.

▸ Bac pro aménagement et finition du bâtiment

Descriptif

Le sens du contact et de l'organisation : ce sont deux qualités importantes en bac pro aménagement et finition du bâtiment. Son titulaire prépare et assure le suivi de chantiers. Il les gère en termes de personnel et d'approvisionnement en matériaux. Et il met la main à la pâte ! Il est capable d'effectuer des travaux de ravalement, de revêtement de sols et de murs ou encore d'appliquer des peintures de haute technicité.

Débouchés

Homme ou femme multicartes, vous serez chargé de la préparation et de l'installation sur chantiers des revêtements des sols et murs, des carrelages, des vitres, des miroirs et des peintures. Vous interviendrez aussi bien dans le cadre de la réalisation de bâtiments neufs que dans la réhabilitation ou la rénovation de bâtiments plus ou moins anciens. Vous pourrez éventuellement encadrer des ouvriers, dont vous devrez veiller à assurer la sécurité. C'est un métier à retenir pour ceux qui craignent la monotonie, qui sont responsables et autonomes, et qui ont le goût du travail bien fait !
À l'issue du bac pro, le diplômé commence généralement comme ouvrier sur un chantier. Après expérience, il peut devenir chef d'équipe. Il participe alors à la préparation et à la réalisation du chantier et seconde le chef de chantier. C'est lui qui va guider, conseiller l'équipe des ouvriers et interpréter les ordres du chef de chantier.
Le professionnel participe également aux travaux d'aménagement et finition. Il prépare les supports : il ponce, bouche les trous. Il aménage le local à l'aide de plaques à peindre, applique des revêtements comme la peinture, les papiers peints ou les revêtements de sol.
Le diplômé travaille principalement dans des entreprises de peinture, petites ou grandes. Il peut intervenir sur des chantiers d'ouvrages neufs, de rénovation ou d'entretien.

Admission

Sont prioritaires à l'accès de ce bac pro les élèves issus de troisième qui entrent en seconde professionnelle métiers de la construction durable, du bâtiment et des travaux publics et, sous certaines conditions, les titulaires d'un CAP peintre applicateur de revêtements, CAP carreleur mosaïste ou CAP métiers du plâtre et de l'isolation.

Formation

Au programme, les différents matériaux et leur utilisation, les techniques de construction et de finition, la gestion de chantier ou encore la lecture de plans… Vous suivrez aussi des cours sur la sécurité, indispensables dans le BTP. La formation comprend un stage en entreprise de 22 semaines. Les élèves peuvent l'effectuer dans des entreprises de peinture-décoration et ravalement, ou chez un plaquiste pour poser des cloisons.

Poursuite d'études

BP peintre applicateur de revêtements ; BP métiers du plâtre et de l'isolation ; BTS aménagement finition ; MC peinture décoration.

▶ Bac pro étude et réalisation d'agencement

Descriptif

Ce bac pro a pour objectif de former des techniciens de l'agencement, c'est-à-dire des professionnels qui participent à la conception et à la mise en place d'agencements dans les magasins, les bureaux, les galeries commerciales, les espaces d'exposition, ou encore au domicile des particuliers (cuisines, salles de bains, etc.).
Le professionnel aide au choix des matériaux, évalue le coût et les délais de réalisation des travaux, organise le chantier, supervise l'intervention des différents corps de métiers (électriciens, menuisiers, peintres, etc.). Contrairement à l'architecte d'intérieur, qui est un créatif, le technicien de l'agencement intervient avant tout sur le plan technique (réalisation de plans en 3D, élaboration du cahier des charges…) et administratif (rédaction de notice descriptive, demande de devis…).
De solides compétences esthétiques sont nécessaires, notamment pour le côté décoratif du projet, réalisé avec des architectes. Le sens du dialogue avec les clients, afin de comprendre et de traduire leurs exigences avec des contraintes techniques est également indispensable.

Débouchés

Le titulaire du bac pro étude et réalisation d'agencement exerce son activité dans les petites ou moyennes entreprises qui conçoivent, fabriquent, installent des agencements extérieurs et intérieurs : habitat individuel ou collectif, locaux professionnels, établissements recevant du public, commerces, construction navale et aéronautique... Ce professionnel peut travailler dans une agence de décoration ou de scénographie, une agence de communication, chez un fabricant de cuisines ou de salles de bains...

Admission

Cette formation est ouverte en priorité aux élèves issus de troisième, mais les titulaires d'un CAP menuisier fabricant de menuiserie, mobilier et agencement peuvent le préparer en deux ans sous certaines conditions.

Formation

Outre les enseignements généraux, la formation comprend un certain nombre d'enseignements spécifiques : arts et techniques (histoire de l'art, des styles et des tendances dans le domaine de l'agencement) ; analyse d'un projet d'agencement (collecter, classer et hiérarchiser les informations ; contraintes techniques, réglementaires, esthétiques et budgétaires du projet architectural) ; préparation de chantier (phases du projet et les interventions) ; réalisation et suivi des ouvrages en entreprise (relevé d'état des lieux, gestion des délais, contrôle de conformité, gestion de la sécurité et de l'environnement du chantier, relations avec les différents acteurs du projet). La formation comprend également l'étude et la présentation d'un projet ainsi que la réalisation de maquettes, d'échantillons et de prototypes.

Poursuite d'études

BTS étude et réalisation d'agencement.

▸ Bac pro technicien de maintenance des systèmes énergétiques et climatiques ou technicien en installation des systèmes énergétiques et climatiques

Descriptif

Plombier ou frigoriste, le technicien monte les installations et les dépanne. Il passe les câbles, raccorde les appareils et les circuits de fluides (liquides ou gaz) utilisés. Il installe les thermostats qui règlent la température, et les pressostats qui contrôlent la pression. Il sait organiser un chantier : établir un planning, répartir les tâches, réceptionner les matériels, faire le suivi des travaux et contrôler la mise en place. Il participe à l'élaboration des plans, établit le schéma d'implantation de l'installation, choisit les matériels, fait une estimation du coût. Il travaille souvent seul pour les dépannages, quelquefois en équipe pour les montages d'installations. Il doit avoir un bon contact avec le client et pouvoir expliquer ce qu'il fait. Le frigoriste et le plombier apprécient en général la variété des tâches : électricité, mais aussi mécanique, plomberie, soudure. Tous deux se déplacent souvent. Et les employeurs les recherchent l'un comme l'autre.

Débouchés

Deux diplômes, deux métiers (installation ou maintenance). Lorsqu'il travaille sur les chantiers, le titulaire du bac pro installation est chargé de planifier et d'organiser l'installation des systèmes climatiques en réalisant des schémas d'implantation. Il effectue les premiers essais, après avoir raccordé entre eux les différents éléments. Quand il travaille à la maintenance de ces mêmes systèmes, la dimension relationnelle avec les clients est très importante.

• Le frigoriste travaille sur des vitrines réfrigérées de magasins, la production de froid dans les entreprises, ou sur le traitement de l'air : climatisation, humidification, salles « blanches » sans poussière. Il est particulièrement attentif aux règles d'utilisation des fluides qui produisent le froid (frigorigènes). En cas de panne, il doit intervenir rapidement. La production des entreprises et la chaîne du froid ne doivent pas être interrompues. La plupart des problèmes sont électriques. Les horaires de travail ne sont pas toujours réguliers. Les interventions peuvent avoir lieu la nuit ou le week-end. Les emplois se trouvent dans des sociétés du froid et de la climatisation ou dans les services maintenance des entreprises utilisatrices. On les trouve dans pratiquement tous les secteurs, surtout en agroalimentaire, électronique et industries pharmaceutiques.

• Le plombier-chauffagiste, lui, installe et répare des chaudières, radiateurs, lavabos, ballons d'eau chaude ou des centrales de traitement de l'air. Il pose les canalisations, perce les murs et cloisons pour installer les équipements. Il façonne et soude les tubes pour les raccords. Il travaille l'acier, le cuivre, la fonte, le plastique. Après le montage et le réglage des appareils, il vérifie les raccordements et leur étanchéité. Il peut encadrer une équipe chez un artisan ou dans une petite entreprise de plomberie-chauffage. Il travaille sur des chantiers pour des constructions neuves ou des rénovations.

Admission

Sont prioritaires à l'accès de ce bac pro les élèves issus de troisième et, sous certaines conditions, les titulaires de : CAP installateur en froid et conditionnement d'air, CAP monteur en installations sanitaires, CAP monteur en installations thermiques, CAP électricien.

Formation

Les élèves étudient l'électricité et ses lois. Ils lisent et réalisent des schémas électriques. Ils font du câblage, des raccordements électriques, mesurent les intensités, les tensions, calculent les puissances… Ils réalisent les schémas des installations et systèmes étudiés sur support papier, puis sur informatique. Ils apprennent la mécanique des fluides, c'est-à-dire leurs mouvements. Ils ont des connaissances en mécanique. La formation traite aussi d'automatisme, de régulation et réglage des divers éléments de fonctionnement d'une machine (tension, vitesse, fréquence…), de résistance des matériaux, de transmission de la chaleur, de thermodynamique (c'est-à-dire les relations de la chaleur avec les autres énergies). Dans le domaine climatisation et sanitaire, les élèves étudient également le traitement des eaux et la combustion.

Poursuite d'études

BP monteur en installations du génie climatique et sanitaire ; BP installateur dépanneur en froid et conditionnement d'air ; BTS fluides, énergies, domotique option génie climatique et fluidique ou option froid et conditionnement d'air.

Bac pro technicien géomètre-topographe

Débouchés

Le géomètre topographe est le premier à intervenir sur le terrain lorsqu'un projet de bâtiment ou de route est décidé. Il mesure, calcule, délimite et dessine les plans à partir de levés topographiques pour l'implantation de lotissements, d'infrastructures routières, de bâtiments, et assister le géomètre-expert dans la fixation des limites des biens fonciers.

Le titulaire du bac pro géomètre-topographe peut être recruté par un cabinet ou une entreprise de géomètre expert foncier, une société de topographie, une entreprise du secteur de la construction ou une collectivité territoriale. Il est amené à participer à l'ensemble des activités du géomètre, dans cinq domaines principaux :

- la topographie (établissement des plans descriptifs du terrain) ;
- le foncier (fixation des limites des biens fonciers) ;
- les techniques immobilières (établissement des différents documents permettant la mise en copropriété des immeubles) ;
- l'urbanisme, le paysage et l'aménagement (missions d'ingénierie et de maîtrise d'œuvre des projets menés par les collectivités territoriales et les aménageurs privés) ;
- les autres interventions : mise en place de systèmes d'information géographique par exemple, prévention des risques majeurs, gestion des transports et des déplacements, diagnostic de la voirie communale, inventaire du logement social, gestion des réseaux (assainissement, eau potable, électricité, télécommunications), du mobilier urbain (éclairage public)…

Il peut travailler aussi bien en extérieur, sur le terrain, à l'aide d'un matériel de haute technicité (tachéomètres électroniques, appareils de levés robotisés, positionnement par satellite), qu'en intérieur, avec des logiciels professionnels dédiés au calcul et au dessin assisté par ordinateur.

Profil requis

Rigueur et méthode sont requises pour cette formation ainsi qu'un goût pour les mathématiques et l'informatique qui seront indispensables au cours des différentes phases de son travail (mesures sur le terrain mais également exploitations mathématiques et informatiques qui en découlent). Chaque projet est nouveau, chaque terrain a ses particularités, chaque contact (clients, élus, techniciens du BTP) est différent : vous devez donc surtout avoir le goût du contact, du terrain et de l'analyse puisque vous n'aurez pas la simple tâche de prendre des mesures mais aussi de les analyser. Le goût pour le travail en extérieur est bien entendu indispensable !

Admission

Ce bac pro est ouvert aux élèves issus de troisième qui entrent en seconde professionnelle métiers des études et de la modélisation numérique du bâtiment.

Formation

Outre les disciplines d'enseignement général qui lui confèrent un niveau baccalauréat, la formation professionnelle du bac pro technicien géomètre-topographe est axée sur la connaissance et l'utilisation de matériel spécifique, les calculs topométriques, le dessin topographique et informatique ainsi que les aspects juridiques de l'urbanisme et de l'immobilier (droit civil de l'immobilier). La formation comprend 22 semaines de stage en entreprise, afin de découvrir les conditions d'application des compétences acquises.

Poursuite d'études

BTS métiers du géomètre-topographe et de la modélisation numérique.

Les métiers de l'industrie graphique

Les bacheliers qui travaillent dans ce secteur sont des ouvriers qualifiés. Ils reçoivent une formation qui leur permet de connaître toutes les étapes de la chaîne graphique. Suivant le bac pro retenu, les jeunes travailleront en amont de l'impression ou pour l'impression. Attention : les horaires, notamment pour ceux qui choisiront de travailler dans une imprimerie de presse, ne sont pas classiques, puisque les journaux sont imprimés dans la nuit.

Bac pro réalisation de produits imprimés et plurimédia option productions imprimées

Descriptif

Le conducteur de machines à imprimer se charge des opérations nécessaires à la réalisation du produit imprimé sur machines d'exploitation complexe : feuille, bobine, rotative. Il intervient sur des systèmes de production conduits à distance et gère des flux de données informatiques. Son travail consiste à régler la machine à partir d'un pupitre de commande, à l'approvisionner en support, en encre, à en assurer la bonne marche et à effectuer les contrôles qualité nécessaires. Le métier exige une bonne connaissance de la chaîne graphique, le sens de la précision et des qualités visuelles.

Débouchés

Le titulaire de ce bac pro travaillera dans une imprimerie de presse, hors presse (affiche, revue publicitaire) ou dans une maison d'édition. Il choisit les matières premières, corrige les premières épreuves, identifie et résout les défauts d'impression. Il assure également la maintenance du matériel d'impression.

Admission

Sont prioritaires à l'accès de ce bac pro les élèves issus de troisième qui entrent en seconde professionnelle métiers des industries graphiques et de la communication.

Formation

À la fin de la formation, vous connaîtrez toutes les étapes de la chaîne graphique, à savoir :

- les matières premières et les consommables tels l'encre et le papier ;
- les procédés d'impression ;
- le contrôle qualité, intervenant à toutes les étapes de la production ;
- la gestion de la production (planning, respect du cahier des charges…) ;
- les technologies de maintenance et d'entretien.

Vous apprendrez également à utiliser des machines pilotées par informatique, ainsi que les logiciels nécessaires à l'exécution de votre travail.

Poursuite d'études

BTS études de réalisation d'un projet de communication, option études de réalisation de produits imprimés.

Bac pro réalisation de produits imprimés et plurimédia option productions graphiques

Débouchés

Le titulaire de ce bac pro intervient avant l'impression. Son rôle ? Participer à la préparation du matériel nécessaire à l'impression (la forme imprimante), en travaillant sur la mise en page des différents éléments (textes, photos) en conformité avec la maquette du document à imprimer. Il réalise la forme imprimante selon les procédés d'impression utilisés : offset, numérique, héliogravure. L'ordinateur est l'outil incontournable du technicien. Précision, sens artistique, soin et méthode sont indispensables pour l'exercice de ce métier qui nécessite en outre de bonnes qualités visuelles et une parfaite maîtrise de la langue française.
L'opérateur PAO peut exercer dans les entreprises de l'édition, de l'imprimerie et de la reproduction. Les débouchés se situent au niveau des studios de création, des agences de communication et de publicité, des maisons d'édition et des imprimeurs quand ils intègrent les opérations de prépresse (conception, mise en forme et numérisation du document).
Selon ses capacités, il pourra accéder à une fonction plus artistique de maquettiste ou de concepteur graphique. S'il est plus attiré par l'informatique, il lui est possible d'évoluer vers la gestion de réseaux, de fichiers informatiques. Il doit sans cesse s'adapter aux évolutions des logiciels et aux nouvelles techniques du numérique.

Admission

Sont prioritaires à l'accès de ce bac pro les élèves issus de troisième qui entrent en seconde professionnelle métiers des industries graphiques et de la communication.

Formation

Au programme des unités de formation professionnelle : étude et fabrication d'un dossier de communication ; réalisation d'un produit de communication ; maintenance et entretien ; communication ; prévention des risques... Mais aussi des mathématiques, des sciences physiques, du français, de l'économie-gestion, des arts appliqués...

Poursuite d'études

BTS études de réalisation d'un projet de communication, option études de réalisation de produits plurimédia ou option études de réalisation de produits imprimés.

Bac pro façonnage de produits imprimés, routage

Débouchés

Ce bac pro forme les élèves aux deux dernières étapes de la transformation d'un produit imprimé : le façonnage industriel et le routage. Le façonnage (finition) regroupe toutes les opérations permettant de réaliser une brochure, un magazine, un livre. Le routage recouvre les opérations du conditionnement du produit imprimé jusqu'à sa distribution.

Le façonnier est un technicien hautement qualifié des industries graphiques. Dans les entreprises spécialisées de façonnage (entreprises de reliure-brochure) ou en imprimeries hors presse (affiches, revues, imprimés publicitaires...), il occupe des postes de régleur et conducteur de machines industrielles complexes à systèmes de pilotage automatisés (massicot, encarteuse, plieuse, piqueuse, chaîne de brochage...) et encadre ou coordonne le travail d'une équipe d'opérateurs.

Admission

Sont prioritaires à l'accès de ce bac pro les élèves issus de troisième. Il est également accessible sous certaines conditions aux titulaires d'un CAP arts de la reliure.

Formation

Les élèves apprennent à préparer et à régler différentes machines, comme les machines de finition industrielle (massicot, plieuse, assembleuse, couseuse, chaîne de brochage, chaîne de reliure, encarteuse-piqueuse), ou des machines de conditionnement et d'expédition de produits imprimés (machines de mise sous film, mise sous enveloppes, avec leurs applications : adressage, personnalisation). Ils acquièrent les compétences nécessaires pour gérer des fichiers numériques et leur donner forme, exploiter des documents techniques pour contrôler la conformité du produit avec le cahier des charges techniques, assurer le contrôle qualité des produits (matières utilisées, process...), mais aussi l'entretien et la maintenance des équipements et matériels, et le tri sélectif des déchets de la production. Font partie également de l'enseignement la connaissance de la législation et des notions d'économie.

Poursuite d'études

BTS études de réalisation d'un projet de communication, option études de réalisation de produits plurimédia ou option études de réalisation de produits imprimés.

Artisanat et métiers d'art : vivre sa passion

Les titulaires de ces bacs pro ont en commun une formation qui vise à leur enseigner comment créer et fabriquer, en pièce unique ou en série, un meuble, un vêtement, une montre, une photo, etc. Certains d'entre eux choisiront de se mettre à leur compte, ce qui n'est pas la voie la plus facile. Les autres pourront travailler dans des entreprises artisanales. Ils auront à mettre en forme les idées d'un styliste, ou leurs idées personnelles pour ceux qui seront à leur compte, et devront être capables de faire des devis prévisionnels pour la réalisation de telle ou telle pièce.

▸ Bac pro artisanat et métiers d'art, option tapisserie d'ameublement

Descriptif

Bergères, canapés, fauteuils crapauds ou fauteuils Voltaire... Le tapissier d'ameublement habille les meubles anciens, les restaure ou en conçoit de nouveaux. Il travaille différents matériaux, de façon traditionnelle ou moderne : la soie, la tapisserie mais aussi la mousse, le cuir ou la ouate. Il confectionne également les voilages et rideaux qui garnissent les fenêtres, tend du tissu sur les murs et pose de la moquette au sol.

Le professionnel participe à l'aménagement intérieur de maisons particulières, de locaux professionnels ou commerciaux.

Débouchés

Deux grands domaines d'activité possibles pour le tapissier d'ameublement. Il peut garnir et habiller les sièges et la literie, dans le cadre d'une restauration ou d'une construction neuve. Son travail le conduit à utiliser des matériaux divers : toiles, sangles, ressorts, crin, mousse, ouate.

Le tapissier d'ameublement peut aussi habiller les sols, murs et fenêtres. Il mesure et pose alors des revêtements textiles : tissus muraux, moquettes, tapis, tentures. À côté de ses activités de fabricant, le tapissier assure parfois la vente de tissus et d'accessoires de décoration. Il peut également travailler à l'aménagement intérieur d'appartements et de locaux professionnels ou commerciaux.

Le diplômé travaille dans un atelier industriel ou chez un artisan.

Admission

Sont prioritaires à l'accès de ce bac pro les élèves issus de troisième et, sous certaines conditions, les titulaires du CAP tapissier d'ameublement en décor ou du CAP tapissier d'ameublement en siège.

Formation

En sciences et techniques industrielles, les élèves étudient les différents matériaux (tissus, matériaux de garnissage), leurs caractéristiques physiques et chimiques ou leur comportement pendant la fabrication. Ils apprennent les techniques de fabrication, manuelles ou automatiques, le montage, l'assemblage, la finition, ainsi que l'organisation de la fabrication. Il faut aussi savoir travailler à partir d'un dessin technique ou d'un plan et relever des mesures avant de réaliser l'ouvrage. L'enseignement comporte une part d'économie-gestion car le professionnel doit être capable de contrôler les stocks et l'approvisionnement, prévoir les coûts, rédiger les devis, gérer la maintenance, les délais. Les élèves bâtissent un projet d'art appliqué qui comporte une recherche artistique. Ils montent un dossier technique et fabriquent le produit. Au programme encore, histoire de l'art et des styles. Les élèves travaillent parfois à partir de commandes réelles.

Poursuite d'études

Diplôme national des métiers d'art et du design (DN MADE) mention mode.

▶ Bac pro métiers et arts de la pierre

Débouchés

Le titulaire de ce bac pro est capable de lier la recherche esthétique, la mise au point d'un modèle et sa fabrication à l'unité ou en série. Il sait transposer sur papier les idées du styliste, proposer des modifications, réaliser la maquette ou le premier modèle.

En bureau des méthodes, il peut faire un échantillonnage, un calcul de prix prévisionnel, choisir les matières, définir le planning de fabrication.

En atelier, il travaille sur machine. Après expérience, il contrôlera la fabrication ou la qualité, et pourra gérer un atelier. Les arts de la pierre se rapportent à la pose de décors en pierre, marbre, granit, etc., dans la construction ou la restauration (exemples : encadrements de portes, escaliers, cheminées, monuments funéraires...).

Dans la construction neuve ou la rénovation, ce bachelier aura la charge de la réalisation d'un ornement de pierre, marbre ou granit et de sa pose sur le site d'accueil. Par exemple, il peut avoir la responsabilité de la réalisation d'un manteau de cheminée et de sa pose autour du foyer.

Admission

Sont prioritaires à l'accès de ce bac pro les élèves issus de troisième et, sous certaines conditions, les titulaires du CAP marbrier du bâtiment et de la décoration ou du CAP ébéniste.

Poursuite d'études

Diplôme national des métiers d'art et du design (DN MADE) mention espace ou BP tailleur de pierre des monuments historiques.

Bac pro artisanat et métiers d'art, option communication visuelle plurimédia

Débouchés

Avec ce bac pro, vous participerez à la réalisation de toutes sortes de produits graphiques (livres, affiches...). Entre conception et fabrication, le bachelier professionnel peut occuper à terme un emploi de chef de production. Il met en forme les idées du concepteur, réalise maquettes et prototypes. Puis il élabore les documents techniques nécessaires à la fabrication en série de produits de communication graphique : affiches, dépliants publicitaires, catalogues, logos... Le bac pro développe les compétences techniques, artistiques et relationnelles des élèves. On y étudie les procédés de reproduction, les différentes phases de la fabrication d'un produit. Le bachelier est capable de chiffrer un devis. Il est aussi capable de comprendre et de se faire comprendre des clients, des concepteurs et de tous les intervenants de la chaîne graphique. Le diplômé travaille dans la publicité, l'édition ou l'imprimerie. Il peut aussi poursuivre ses études en BTS ou dans une école des beaux-arts.

Admission

Sont prioritaires à l'accès de ce bac pro les élèves issus de troisième et, sous certaines conditions, les titulaires d'un des diplômes suivants :

- CAP sérigraphie industrielle ;
- CAP signalétique et décors graphiques.

Poursuite d'études

Diplôme national des métiers d'art et du design (DN MADE) mention espace ou mention objet ; BTS études de réalisation d'un projet de communication (option études de réalisation de produits plurimédia ou option études de réalisation de produits imprimés).

Bac pro artisanat et métiers d'art, option verrerie scientifique et technique

Débouchés

À partir de l'idée ou du projet du concepteur créateur, le titulaire de ce diplôme réalise un prototype destiné à être reproduit en grand nombre ou en série limitée.

Dans un bureau des méthodes, il procède à un échantillonnage, choisit les matières ou matériaux appropriés, établit le planning de fabrication et calcule un prix prévisionnel. Le titulaire de cette option peut travailler dans une entreprise artisanale, industrielle, un laboratoire ou un centre de recherche.

Admission

Sont prioritaires à l'accès de ce bac pro les élèves issus de troisième et, sous certaines conditions, les titulaires des diplômes suivants : CAP métiers de l'enseigne et de la signalétique ; CAP souffleur de verre option verrerie scientifique.

Formation

L'option verrerie scientifique et technique forme à la maîtrise de la réalisation de pièces de verrerie à caractère scientifique, telles que les tubes à essai, les éprouvettes, les tubes à rayons X ou autres éléments utilisés en optique, en biotechnologie, en traitement thermique, en électrochimie…

La formation porte notamment sur la connaissance du verre, des machines et des outils (machine à couper le verre, four de recuisson, chalumeaux, brûleurs…), des techniques et des mises en œuvre (volumétrie, moulage, assemblage à chaud, recuisson, coloration…) et des consignes de sécurité.

Poursuite d'études

Diplôme national des métiers d'art et du design (DN MADE) mention matériaux.

▸ Bac pro artisanat et métiers d'arts, option marchandisage visuel

Débouchés

L'option marchandisage visuel permet d'accéder au métier d'étalagiste et de présentateur visuel. Ainsi, le titulaire du bac pro contribue à l'optimisation des ventes en aménageant les vitrines, les rayons ou les boutiques d'une grande enseigne commerciale ou d'un commerce indépendant. Il valorise les produits d'un point de vue esthétique et commercial. Le professionnel pourra travailler auprès de grandes enseignes commerciales, de commerces indépendants ou franchisés, d'agences spécialisées en identité visuelle intervenant pour des shows room, des salons professionnels, des institutions culturelles et des services publics.

Admission

Sont prioritaires à l'accès de ce bac pro les élèves issus de troisième et, sous certaines conditions pour l'accès en 2e année, les titulaires des diplômes suivants : CAP sérigraphie industrielle ; CAP signalétique et décors graphiques ; CAP tapissier d'ameublement (en décor ou en siège) ; CAP accessoiriste-réalisateur.

Formation

La formation comprend des enseignements technologiques (matériaux, produits) et des enseignements en arts appliqués (histoire de l'art, évolution de la présentation), communication et gestion, ainsi que des stages en entreprise d'une durée totale de 22 semaines.

Poursuite d'études

Diplôme national des métiers d'art et du design (DN MADE) mention événement ou mention espace.

Bac pro photographie

Descriptif

Le titulaire du bac pro photographie est capable de monter des projets en tenant compte des aspects techniques, artistiques et financiers. Il effectue les prises de vues et le travail en laboratoire. Il maîtrise aussi bien les techniques traditionnelles de la photographie (argentique) que les techniques numériques. Il assure la mise en place du matériel, règle les éclairages. Il exécute le tirage et le traitement argentique ou numérique de l'image. Le photographe établit des devis et des factures, assure l'organisation et la gestion des stocks des produits et des productions.

Débouchés

Le titulaire de ce bac pro est polyvalent : il assure toutes les étapes de la réalisation d'une photo, de la prise de vue au tirage sur papier. À partir de la demande d'un client ou d'un cahier des charges, le photographe doit déterminer les travaux à réaliser en prenant en compte les aspects artistiques, techniques et financiers. Avec le développement de la photographie numérique, ce diplôme a considérablement évolué. Les conditions de travail sont très variables selon le statut (salarié d'un studio ou d'un laboratoire, artisan commerçant ou travailleur indépendant) et la nature de l'activité. Le bachelier professionnel peut débuter comme assistant photographe. Il peut travailler dans les secteurs de l'édition, la presse ou la publicité et peut se spécialiser (documentaire, reportage, portrait).

C'est aussi un métier qui fait beaucoup rêver, et il faut bien reconnaître qu'il n'y a pas beaucoup de travail hors des laboratoires de développement traditionnels ou numériques. Mais si ce métier vous tente vraiment, ce n'est pas une raison suffisante pour ne pas essayer !

Formation

La formation approfondit les techniques de prise de vue et de développement. Elle y associe un enseignement scientifique : optique géométrique, photométrie, colorimétrie et sensitométrie, et une utilisation de l'outil informatique indispensable avec le passage au numérique (micro-ordinateur, base de données, logiciels professionnels). La technologie prévoit la connaissance des matériels de prise de vue et en laboratoire ainsi que des supports argentiques et numériques. Les élèves apprennent à bien maîtriser les systèmes de tirage optiques ou numériques ainsi que le traitement argentique et numérique de l'image. La formation prévoit de la gestion et de l'économie ainsi que la réalisation de projets d'arts appliqués qui prennent en compte toute la chaîne du traitement de l'image, de la prise de vue au développement. Enfin, les élèves développent leurs connaissances en culture photographique et communication visuelle.

Admission

Sont prioritaires à l'accès de ce bac pro les élèves issus de troisième.

Poursuite d'études

BTS photographie ou BTS métiers de l'audiovisuel option métiers de l'image.

Les métiers de la vente et du commerce

Ces bacs professionnels forment des spécialistes de la vente qui pourront travailler dans des commerces de détail, dans des magasins spécialisés ou dans le secteur de la grande distribution.

▸ Bac pro métiers du commerce et de la vente

Ce bac pro comporte deux options :

- option A : animation et gestion de l'espace commercial (ex-bac pro commerce) ;
- option B : prospection clientèle et valorisation de l'offre commerciale (ex-bac pro vente).

Débouchés

L'objectif de l'option A de ce bac pro est de former des responsables de l'animation et de la gestion d'un espace commercial. Le titulaire connaît les techniques de vente et d'après-vente, sait organiser des actions commerciales et préparer des documents administratifs et comptables liés aux achats et aux ventes pour les transmettre au service concerné. Il pourra devenir vendeur qualifié, adjoint du responsable de magasin, responsable de magasin, gérant de supérette, chef de rayon.
L'option B oriente ses diplômés vers des postes de VRP (voyageur représentant placier) salarié d'une entreprise, d'agent commercial ou de représentant multicarte rémunéré à la commission. Leur rôle principal est de prospecter et de fidéliser une

clientèle, de vendre un produit. Ils connaissent bien les techniques du démarchage à domicile et savent tenir un stand dans une exposition et rendre compte de leur activité.

Admission

Sont prioritaires à l'accès de ce bac pro les élèves issus de troisième.

Formation

Au programme : économie et droit ; mathématiques ; analyse et résolution de situations professionnelles ; vente-conseil ; suivi des ventes ; fidélisation de la clientèle et développement de la relation client ; prévention santé environnement ; langue vivante 1 et 2 ; français ; histoire-géographie et enseignement moral et civique ; arts appliqués et cultures artistiques ; EPS. Trois unités facultatives sont également proposées : EPS, langue vivante et mobilité (une ou deux unités facultatives au choix).

Poursuite d'études

MC assistance, conseil, vente à distance ; MC vendeur spécialisé en alimentation ; BTS management commercial opérationnel ; BTS négociation et digitalisation de la relation client.

Bac pro technicien conseil, vente en animalerie

Descriptif

Oiseaux, mammifères, reptiles, insectes, poissons, plantes aquatiques sont les espèces domestiques ou sauvages présentes en animalerie. Le titulaire de ce bac pro est employé dans les entreprises spécialisées dans la distribution d'animaux de compagnie, d'aliments, de produits et d'accessoires spécifiques à l'animalerie. Il assure toutes les tâches techniques et administratives liées à la vente dans son rayon : approvisionnement du rayon, gestion des stocks, des produits et des emplacements. Il sait conseiller le client en fonction de ses demandes. Il a la responsabilité des animaux en magasin et travaille dans le respect de l'ensemble de la réglementation relative à leur protection. Il connaît les espèces, leurs besoins, veille au bien-être et à l'état de santé des animaux.

Débouchés

Le titulaire de ce bac pro est employé dans les entreprises spécialisées dans la distribution d'animaux de compagnie appartenant à des espèces domestiques ou sauvages, d'aliments, de produits et d'accessoires spécifiques à l'animalerie.

Il assume la responsabilité des animaux dans le respect de la réglementation relative à leur protection.
Après quelques années d'expérience, l'employé peut devenir chef de rayon dans un magasin d'animaux de compagnie ou représentant pour la vente d'animaux et de produits relatifs à l'animalerie, à l'exception des médicaments.

Admission

La formation est ouverte en priorité aux élèves issus de troisième.

Formation

Au programme de la formation : langue française, langages, éléments d'une culture humaniste et compréhension du monde ; langue et culture étrangères ; motricité, santé et socialisation par la pratique des activités physiques, sportives artistiques et d'entretien de soi ; culture scientifique et technologique ; connaissances scientifiques et technologiques liées à l'animal, son milieu et l'environnement ; mercatique ; l'entreprise dans son environnement ; gestion commerciale d'un espace de vente ; techniques de vente ; techniques animalières ; cadre réglementaire de la vente en animalerie et module d'adaptation professionnelle.

Poursuite d'études

Ce bac pro a pour objectif premier l'insertion professionnelle. Mais le nouveau diplômé peut également s'orienter vers un BTSA technico-commercial.

▸ Bac pro technicien vente en alimentation option produits alimentaires

Débouchés

Ce bac pro destine ceux qui en sont titulaires à prendre en charge les produits depuis leur arrivée en magasin jusqu'à leur vente (réception, conservation, mise en rayon...), au sein d'un magasin d'alimentation (très petite, petite ou moyenne surface) ou en rayon spécialisé de grande surface. Des fruits et légumes aux produits de la mer, en passant par les produits laitiers, la viande, les fromages, ce professionnel peut être assigné à tout ce qui se vend en magasin. Le maintien de la qualité repose sur ses connaissances technologiques. Des capacités d'animateur lui sont également demandées pour mettre en œuvre des propositions de promotion. Ce professionnel suit et applique également les réglementations relatives aux produits, aux points de vente, aux consommateurs et à l'environnement. Enfin il connaît les méthodes de production et les divers types de qualification des produits et en informe les clients. Après quelques années, il peut aspirer au poste de chef de rayon.

Admission

Sont prioritaires à l'accès de ce bac pro les élèves issus de troisième qui entrent en seconde professionnelle agricole conseil vente et, sous certaines conditions, les titulaires d'un CAP agricole services aux personnes et vente en espace rural.

Formation

Au programme de la formation : langue française, langages, éléments d'une culture humaniste et compréhension du monde ; langue et culture étrangères ; motricité, santé et socialisation par la pratique des activités physiques, sportives artistiques et d'entretien de soi ; culture scientifique et technologique ; choix techniques et pratiques professionnelles (génie alimentaire ; biochimie ; microbiologie ; biotechnologie) ; mercatique ; gestion commerciale d'un espace de vente.

Poursuite d'études

BTSA technico-commercial.

▸ Bac pro technicien vente en alimentation, option en vins et spiritueux

Débouchés

Le titulaire de ce diplôme pratique régulièrement des dégustations de vins, de contrôle ou de découverte de nouveaux produits. Il réceptionne, contrôle et stocke de façon ordonnée les produits. Il évolue en magasin ou rayon spécialisé gérés ou cogérés par des producteurs, des syndicats de producteurs, des coopératives, des caves particulières, des caves de négociants, des chaînes de magasins spécialisés dans la grande distribution. Il participe à l'approvisionnement du magasin et à la mise en rayon des vins. Il conseille les clients, fait de la prospection et vend ses produits. Il participe également à la comptabilité administrative et financière liée à l'acte de vente.

Admission

Le baccalauréat professionnel est accessible en priorité aux élèves de fin de troisième qui entrent désormais en seconde professionnelle agricole conseil vente.

Formation

Lors de sa formation, l'élève de ce bac pro suit des enseignements généraux, ainsi que différents modules professionnels : biologie-écologie ; sciences et techniques professionnelles ; viticulture, œnologie.

Poursuite d'études

BTSA technico-commercial.

Bac pro métiers de l'accueil

À noter : depuis la rentrée 2019, ce bac pro fait partie de la famille « métiers de la relation client ».

Débouchés

C'est un bac pro qui destine aux métiers de l'accueil, de l'assistance et du conseil : personnalités difficiles s'abstenir ! Vous serez en contact avec le public, en direct ou au téléphone, pour des actions de conseil et d'assistance. Vous pourrez exercer votre activité, par exemple, dans le service relations clientèle d'une grande entreprise, dans une petite société prestataire de services ou dans l'administration. Vous occuperez des fonctions d'accueil, d'assistance et de commercialisation de services spécifiques. Vous évaluerez la satisfaction de votre interlocuteur, traiterez les réclamations et aurez également des compétences commerciales : vous connaîtrez les caractéristiques de la clientèle et saurez vendre des services. Vous pourrez donc travailler dans le secteur privé comme dans le secteur public, à l'accueil ou au service des relations avec la clientèle, par exemple.

Admission

Sont prioritaires à l'accès de ce bac pro les élèves issus de troisième et, sous certaines conditions, les titulaires d'un CAP employé de commerce multi-spécialités. Un bon niveau en langue vivante est souhaitable.

Formation

Dans cette formation, vous allez recevoir des cours d'économie et droit ; mathématiques ; analyse et résolution de situations professionnelles liées à la relation commerciale ; gestion de l'accueil multicanal ; gestion de l'information et des prestations ; prévention santé environnement ; langue vivante 1 et 2 ; français ; histoire-géographie et enseignement moral et civique ; arts appliqués et cultures artistiques ; EPS. Trois unités facultatives sont également proposées : EPS, langue vivante et mobilité (une ou deux unités facultatives au choix).

Poursuite d'études

MC accueil dans les transports ; MC accueil réception ; BTS management commercial opérationnel ; BTS gestion de la PME ; BTS négociation et digitalisation de la relation client ; BTS support à l'action managériale.

Les métiers de la restauration et de l'hôtellerie

Une famille de métiers passionnants mais très exigeants : des horaires à rallonge, une ambiance électrique, la recherche permanente de la qualité... En contrepartie, ce sont des métiers très demandés à l'étranger, notamment aux États-Unis ou en Asie, où la *French Touch* est toujours très recherchée ! Avis aux amateurs de voyages...

Les bacs pro liés aux métiers de l'alimentation

• Bac pro boulanger-pâtissier

Rien que de contempler sa devanture, on en a l'eau à la bouche. Superbes gâteaux, délicieux entremets, pain complet, pain aux céréales, croissants, brioches, le boulanger-pâtissier est là pour satisfaire vos envies. Il connaît par cœur les secrets de fabrication du pain et des différentes pâtes, sait choisir une garniture, déterminer le bon temps de cuisson. Il aime les couleurs et les formes, est toujours soucieux de la présentation de ses produits. Beaucoup évoluent vers une activité de restauration rapide et proposent pizzas, quiches, sandwichs divers. Ses compétences lui permettent d'assurer la fonction de traiteur. Les techniques nouvelles facilitent les tâches, améliorent la qualité des produits, limitent la durée du travail et sa pénibilité. Il travaille dans les boulangeries et pâtisseries artisanales, dans les laboratoires de préparation et de production alimentaire de la grande distribution.

• Bac pro boucher-charcutier-traiteur

Gourmandises, petits plats, bonne chère, le boucher est là pour satisfaire vos envies. Expert en viandes, il choisit et achète les carcasses chez un grossiste, les découpe, les transforme en d'appétissants morceaux pour les présenter et les vendre à ses clients. Il prépare aussi des produits plus élaborés : paupiettes, volailles farcies, rognons... Il travaille en respectant les règles d'hygiène et se préoccupe de la qualité et de la présentation des produits. Ses compétences lui permettent d'assurer la fonction de traiteur. Le boucher s'active aux halles, dans un atelier de découpe, dans les laboratoires de préparation et de production alimentaires de la grande distribution, dans un restaurant ou à l'étal de sa boutique.
Le charcutier-traiteur est spécialisé dans la préparation et la vente de la viande fraîche de porc, de la charcuterie (jambons, saucisses, boudins, pâtés, terrines) ainsi que des produits à base de volaille, de gibier, de poisson. Il assure également le commerce de plats cuisinés chauds ou froids, et peut réaliser sur commande, des buffets, des cocktails ou des réceptions. Un charcutier-traiteur s'apparente, sur certains points, au métier de cuisinier. En effet, il doit maîtriser les méthodes de conservation et l'art culinaire dans son ensemble. Il travaille dans les petites charcuteries de quartier qui

fabriquent eux-mêmes leurs produits ou dans les laboratoires de préparation et de production alimentaire de la grande distribution.

• Bac pro poissonnier, écailler, traiteur

Frais, poisson frais... Le poissonnier vend les produits de la pêche. Lève tôt car les achats et le transport se font à l'aube, il doit préparer poissons, coquillages, et crustacés à la vente. La préparation des filets et l'ouverture des coquillages sont des opérations délicates qui nécessitent rapidité, doigté et précision. Il connaît parfaitement toutes les variétés de poissons et conseille ses clients sur la manière de les cuisiner. Les évolutions de carrière et de salaire sont rapides car ce secteur souffre d'un manque de personnel qualifié. Le poissonnier peut travailler dans tous les styles de commerce du marché à la grande distribution en passant par le magasin de quartier. Il s'agit d'un poste complet qui mélange la vente, la gestion et l'animation de rayon. La polyvalence des connaissances et la diversité des activités en fait un métier passionnant.

Débouchés

Avec ces diplômes, vous pourrez travailler dans une boulangerie-pâtisserie, dans une chocolaterie ou une confiserie, une poissonnerie, une boucherie ou une charcuterie, en fonction de votre spécialité. Vous pourrez également travailler comme traiteur. Vous serez à votre compte, employé d'un commerce de bouche ou encore salarié dans l'industrie agroalimentaire ou la grande distribution.

Admission

Sont prioritaires à l'accès de ces bacs pro les élèves issus de troisième et, sous certaines conditions, les titulaires (selon la spécialité choisie) des CAP suivants : CAP boulanger, CAP pâtissier, CAP poissonnier écailler, CAP boucher, CAP charcutier-traiteur.

Formation

Une formation qui met l'eau à la bouche ! La formation professionnelle, technologique et scientifique permet d'approfondir et de compléter les connaissances en technologie des métiers de l'alimentation : préparations de base (fonds, sauces, liaisons, pâtes, crèmes...), conduite des traitements thermiques (cuissons, chaîne du froid...), fabrication (panification, transformation type pâtisserie-confiserie-chocolaterie-glacerie, évolution des produits), décoration, présentation d'un produit, techniques de finition.

Elle permet aux élèves de connaître les matières de base (farines, œufs, cacao, aromates...), les produits frais et les produits semi-élaborés. Au programme également, les sciences appliquées à l'alimentation : microbiologie et parasitologie alimentaires, biochimie des aliments, alimentation rationnelle, sciences appliquées aux équipements (énergie, thermométrie, calorimétrie, cryogénie, pression des fluides...). Dans la partie présentation marchande, les élèves étudient l'organisation du magasin, la sélection des produits en fonction de la clientèle, la mise en valeur des produits, les techniques de vente, la coopération à des prestations extérieures.

Poursuite d'études

L'insertion professionnelle est le premier objectif de ces bacs pro. Cependant une poursuite d'études peut être envisagée : BP Boulanger, BM boulanger ou BM pâtissier confiseur glacier traiteur après le bac pro boulanger ; BP boucher ou BP charcutier-traiteur après le bac pro boucher-charcutier-traiteur.

Bac pro cuisine

Débouchés

Fabrication des pâtisseries, cuisson, dressage... Le cuisinier maîtrise les techniques de réalisation et de présentation de tous les mets à la carte du restaurant. Le diplômé du bac professionnel cuisine gère les commandes, les relations avec les fournisseurs et les stocks de produits. Ses compétences en gestion et en comptabilité lui permettent de maîtriser les coûts et d'analyser au mieux sa politique commerciale. Comme les personnels de salle, il connaît les techniques commerciales pour améliorer les ventes et il entretient les relations avec la clientèle. Il est attentif à l'évolution de son métier et sait adapter ses pratiques professionnelles.
Après le bac pro cuisine, vous débuterez comme premier commis ou chef de partie dans les restaurants traditionnels et chef-gérant ou responsable de production en restauration collective. Vous pourrez aussi travailler à l'étranger puisque la formation comprend une langue vivante obligatoire.

Admission

Sont prioritaires à l'accès de ce bac pro les élèves issus de troisième et, sous certaines conditions, les titulaires d'un CAP cuisine.

Poursuite d'études

MC cuisinier en desserts de restaurant ; MC organisateur de réception ; BP arts de la cuisine ; BTS management en hôtellerie-restauration option management d'unité de production culinaire ou option management d'unité de restauration.

Bac pro commercialisation et services en restauration

Débouchés

La relation clientèle et la commercialisation sont les fonctions principales des personnels de service d'un restaurant. Le bac pro commercialisation et services en restauration forme des professionnels coordonnant l'activité de l'équipe du restaurant comme la mise en place de la salle, le service des mets et des boissons. Le diplômé saura s'occuper de la clientèle, être à son écoute et la fidéliser.
Il débute comme chef de rang, maître d'hôtel ou adjoint au directeur de restaurant selon l'établissement (restaurant traditionnel, gastronomique ou collectif). La maîtrise de deux langues étrangères lui permet d'envisager de travailler à l'étranger. Il peut être employé dans les secteurs de la restauration commerciale ou de la restauration collective, des entreprises connexes à l'hôtellerie et à la restauration (agroalimentaire, équipementiers...).

Admission

Sont prioritaires à l'accès de ce bac pro les élèves issus de troisième et, sous certaines conditions, les titulaires d'un CAP agent polyvalent de restauration, par exemple.

Poursuite d'études

BP barman ; BP sommelier ; BP arts du service et commercialisation en restauration ; MC accueil, réception ; MC organisateur de réceptions ; BTS management en hôtellerie-restauration option management d'unité de restauration, ou option management d'unité de production culinaire, ou encore option management d'unité d'hébergement.

Les métiers de la comptabilité, de la gestion et du secrétariat

Chaque année, de nombreux jeunes choisissent un bac pro en rapport avec la comptabilité, la gestion et/ou le secrétariat. Sur un marché du travail assez concurrentiel, il est important de miser sur des petits plus qui font la différence : une spécialisation dans un secteur d'activité ou une langue étrangère supplémentaire. Autre solution : continuer ses études pour tenter de décrocher un BTS.

Bac pro assistance à la gestion des organisations et de leurs activités (ex-bac pro gestion administration)

Débouchés

Ce bac prépare et facilite l'insertion professionnelle dans tous types d'entreprises, d'associations, ou de collectivités, quelle que soit leur taille. Il forme des gestionnaires administratifs appelés à travailler au sein d'entreprises de petite et moyenne taille, de collectivités territoriales, d'administrations ou encore d'associations. Leur mission consiste à prendre en charge les différentes dimensions administratives des activités de gestion, commerciales, de communication, de gestion du personnel, de production ainsi que celles associées à la mise en œuvre de projets au sein de l'entreprise. Les métiers visés sont donc ceux de gestionnaire administratif, assistant de gestion, employé administratif, technicien de services administratifs ou encore gestionnaire commercial ou du personnel.

Admission

Sont prioritaires à l'accès de ce bac pro les élèves issus de troisième qui entrent en seconde professionnelle métiers de la gestion administrative, du transport et de la logistique.

Formation

Le contenu de la formation est conçu pour correspondre aux attentes des entreprises en matière de gestion. Votre quotidien sera donc la gestion administrative des relations externes, des relations avec le personnel (recrutement, préparation de la paie, suivi de carrière, gestion des congés, etc.), mais aussi la gestion administrative des projets et la gestion administrative interne (traitement de l'information, gestion des courriers, des appels téléphoniques, des espaces de travail, organisation de réunions, accueil des visiteurs, etc.). La formation comprend des ateliers rédactionnels, co-animés par un professeur de lettres et un enseignant du domaine professionnel, afin de renforcer la maîtrise de la langue ; l'utilisation d'un progiciel de gestion intégrée (PGI), comparable à ceux dont se servent actuellement les professionnels ; la création d'un « passeport professionnel » numérique, afin de capitaliser et de valoriser ses expériences en entreprises ou en formation.

Poursuite d'études

BTS gestion de la PME ; BTS support à l'action managériale ; BTS comptabilité et gestion.

Les métiers du secteur sanitaire et social

Bac pro services aux personnes et aux territoires

Débouchés

Le bac pro services aux personnes et aux territoires permet d'exercer une activité dans l'ensemble des secteurs couvrant les services de proximité et garantissant le maintien du lien social en milieu rural.
Ce sont les secteurs du tourisme, de l'animation patrimoniale et culturelle, du social, du service à la personne, de la santé, de l'administration, du commerce, de la production agricole et de l'industrie, du service aux particuliers...
Le diplômé est employé au sein de collectivités locales, associations, offices de tourisme rural, syndicats intercommunaux, structures d'accueil de personnes âgées, d'enfants, où il agit en tant qu'organisateur de prestations de services. Il peut être en contact direct ou indirect avec le public.

Admission

Sont prioritaires à l'accès de ce bac pro les élèves issus de troisième et, sous certaines conditions, les titulaires d'un CAP agricole services aux personnes et vente en espace rural ou d'un CAP accompagnant éducatif petite enfance.

Formation

L'organisation et la mise en place de services seront votre quotidien, vous apprendrez à vous adapter aux différentes contraintes grâce aux enseignements suivants : interprétation et traitement de données ; territoires ruraux, attentes sociales et services ; alimentation, santé, qualité de l'environnement et cadre de vie en milieu rural ; organisations de service dans leur environnement ; les services en milieu rural et les besoins des usagers ; aide professionnelle au service du développement local.

Poursuite d'études

Une poursuite d'études est envisageable en BTS économie sociale familiale ; BTS tourisme ; BTSA développement, animation des territoires ruraux. Il est également possible de tenter les concours d'accès à certaines formations sociales et paramédicales : DE d'accompagnant éducatif et social, DE d'aide-soignant, DE d'auxiliaire de puériculture, DE de moniteur éducateur...

Bac pro animation-enfance et personnes âgées (ex-services de proximité et vie locale)

Débouchés

Ce bac pro permet d'intervenir auprès des différents publics (enfants, adolescents, adultes, habitants, locataires, clients...) dans des fonctions d'accueil, d'écoute des besoins et de dialogue ; d'observation et de diagnostic des situations ; d'information, d'orientation vers d'autres professionnels ou structures ; d'accompagnement des personnes pour faciliter leur accès aux services compétents ; de médiation sociale en adaptant une attitude de neutralité et de négociation. Le diplômé peut prétendre aux postes d'agent de médiation, d'agent social, de conseiller social et familial ou d'animateur dans la fonction publique ou dans le secteur privé (association par exemple).

Admission

Sont prioritaires à l'accès de ce bac pro les élèves issus de troisième.

Formation

Au programme : économie-gestion ; mathématiques ; contribution au fonctionnement de la structure ou du service par la mise en œuvre d'un projet d'animation ; animation visant le maintien de l'autonomie sociale et le bien-être personnel en établissement ou à domicile ; animation visant l'épanouissement, la socialisation et l'exercice des droits citoyens ; prévention santé environnement ; langues vivantes 1 et 2 ; français, histoire-géographie ; enseignement moral et civique ; arts appliqués et cultures artistiques ; éducation physique et sportive. Un stage de 22 semaines est également prévu.

Poursuite d'études

DUT carrières sociales option animation sociale et socio-culturelle.

Bac pro accompagnement, soins et services à la personne

Débouchés

Ce bac pro s'adresse à tous ceux qui veulent exercer un métier dans le secteur sanitaire et social pour accompagner, aider, partager le quotidien et travailler auprès de personnes de tous âges, du début à la fin de la vie. Les besoins sont importants dans ce domaine des services, surtout auprès des personnes âgées.

Il comprend deux options au choix.
Pour ceux ayant choisi l'option **« à domicile »**, il s'agira de travailler auprès de familles, d'enfants, de personnes âgées ou handicapées, vivant en logement individuel ou collectif, foyers-logements, domiciles partagés, foyers d'accueil temporaire… : accompagner ces personnes dans les actes de la vie quotidienne (aide à la toilette, conception et préparation des repas, aménagement et hygiène du cadre de vie, gestion de divers documents…), mais aussi surveiller leur état de santé. Le diplômé peut être employé par une association, une collectivité territoriale ou une entreprise privée. Il sera assistant de responsable de secteur, responsable de petites unités en domicile collectif, maîtresse de maison, gouvernante, accompagnant de personnes en situation de handicap ou de dépendance, accueillant familial…
L'option **« en structure »** met l'accent sur les activités liées aux soins d'hygiène et de confort auprès d'adultes non autonomes, ainsi que sur les activités de maintien de la vie sociale avec la mise en place de projets d'animation par exemple ; sans oublier là aussi la surveillance de l'état de santé des personnes ainsi que des actions de prévention et d'éducation à la santé. Avec cette option, le diplômé travaillera auprès de personnes en situation temporaire ou permanente de dépendance, dans des établissements sanitaires, sociaux ou médico-sociaux : hôpitaux, maisons de retraite, centres de rééducation fonctionnelle ou de réadaptation, centres d'hébergement et de réinsertion sociale, foyers d'accueil médicalisés, centres d'accueil pour toxicomanes, établissements d'hébergement pour personnes âgées dépendantes, centres et foyers d'action éducative… Il pourra être assistant en soins et en santé communautaire, accompagnant de personnes fragilisées, de personnes handicapées, responsable hébergement, responsable de petites unités en domicile collectif ou encore intervenant en structures d'accueil de la petite enfance.
Ce genre de métier peut parfois être dur moralement car vous serez amenés à travailler quotidiennement dans un univers où les personnes sont bien fragiles et en état de grande dépendance. Il vous faudra souvent une grande délicatesse dans les gestes et la parole. Asociaux et grands sensibles s'abstenir !

Admission

Sont prioritaires à l'accès de ce bac pro les élèves issus de troisième et, sous certaines conditions, les titulaires du CAP accompagnant éducatif petite enfance.

Formation

La formation comprend 22 semaines de stage. Elle est centrée sur trois pôles : « communication-relation », « organisation-gestion-qualité », « réalisation ». L'élève apprend tout ce qui concerne l'accueil, la communication avec la personne et son entourage, l'animation et/ou la participation aux réunions de travail (réunion d'équipe, différents groupes de travail...), la gestion des activités, d'une équipe restreinte, la participation à la formation et à l'encadrement de stagiaires, la participation au contrôle et à la gestion qualité ainsi que celle des stocks et des matériels. La formation comprend aussi tout ce qui concerne l'hygiène, le confort de la personne et à la sécurisation, les activités de maintien de l'autonomie et de la vie sociale, la surveillance de l'état de santé, ainsi qu'un grand nombre d'aspects très pratiques liés à l'aide « individualisée » : préparation des collations et des repas (équilibrés, conformes à un régime...), aide à la prise des repas, gestion de documents de la vie quotidienne...

Poursuite d'études

Généralement le titulaire du bac pro accompagnement, soins et services à la personne peut assez vite trouver du travail. Il peut cependant s'orienter vers un BTS économie sociale familiale ou vers la préparation d'un DE d'aide-soignant, d'auxiliaire de puériculture, ou de technicien de l'intervention sociale et familiale (TISF).

Les métiers de l'environnement

Bac pro hygiène, propreté, stérilisation

Ce bac pro a été créé pour répondre à une demande assez précise de nombreux industriels qui souhaitaient régler leurs problèmes de nettoyage et d'assainissement. Un secteur « porteur », amené à se développer dans les prochaines années, grâce à une législation de plus en plus contraignante pour l'industrie...

Débouchés

Spécialiste de l'hygiène et de l'environnement, ce professionnel est responsable de chantiers d'assainissement, de nettoiement, de nettoyage industriel ou de décontamination biologique et chimique. Il travaille comme :

- inspecteur ou chef de chantier dans le nettoyage industriel des locaux domestiques, commerciaux ou administratifs, ainsi que dans le nettoyage et la prévention des problèmes d'hygiène dans les zones à risque et les zones protégées ;
- conducteur de travaux dans le domaine de l'assainissement, la collecte des déchets industriels, le nettoyage pétrolier... ;
- agent d'exploitation dans le nettoiement (propreté urbaine et rurale). Il commence par faire un diagnostic du travail à faire chez le client, établit un cahier des charges, organise le travail et le supervise avant de vérifier la qualité du travail réalisé.

Admission
Sont prioritaires à l'accès de ce bac pro les élèves issus de troisième.

Formation
Au terme de ce programme, vous serez incollable sur toutes les sources de pollution : chimiques, physiques, mais aussi sonores, et sur les catastrophes écologiques. Pour cela, vous suivrez des cours sur l'écologie en général, l'hygiène et la pollution de l'environnement : études des écosystèmes, prévention et traitement des contaminations, maintenance des réseaux d'assainissement, méthodes de stérilisation... Vous apprendrez également à maîtriser les méthodes professionnelles de nettoyage : désinfection et nettoyage des locaux, collecte des déchets industriels, etc.

Poursuite d'études
BTS métiers des services à l'environnement.

Les métiers liés à la nature

▸ Bac pro gestion des milieux naturels et de la faune

Descriptif
Ce bac pro s'adresse à ceux qui aiment la nature. La flore sauvage (techniques de plantation de haies champêtres, reboisement de zones dévastée...) la gestion de la faune sauvage (technique d'approche des animaux, de comptage de la faune sauvage...), les aménagements faunistiques en milieux naturels (mise en place de garennes, ouverture de zones de reproduction...), la gestion des milieux piscicoles (aménagements de caches à poisson par exemple), ou encore les interventions en zone protégée n'auront plus de secret pour vous !

Débouchés
Le titulaire d'un bac pro gestion des milieux naturels et de la faune contribue à la sauvegarde des espaces naturels et à la préservation de la biodiversité. Il occupe un emploi lié à la protection du territoire et à sa valorisation touristique (écotourisme, tourisme de chasse).
Le professionnel peut préparer et gérer le bon déroulement d'un chantier de mise en valeur du milieu, assurer des actions d'animation, de vulgarisation, de promotion de produits régionaux ou d'espèces locales. Il observe de façon permanente l'état écologique de l'environnement et assure certains travaux d'entretien. Il peut travailler pour un employeur privé ou associatif public, un employeur territorial ou d'État.

Admission
Ce bac pro s'adresse en priorité aux élèves issus de troisième qui entrent en seconde professionnelle agricole nature-jardin-paysage-forêt.

Formation
La formation est axée sur un certain nombre de modules professionnels : contexte d'une action de génie écologique ; caractéristiques des pratiques de génie écologique ; organisation d'un chantier de génie écologique ; travaux d'entretien d'espaces naturels et de reconstitution d'écosystèmes ; protection et valorisation des espaces et de la biodiversité ; accueil du public et animation-nature.

Poursuite d'études
BTSA aménagements paysagers ; BTSA gestion et protection de la nature ; BTSA gestion forestière.

Les métiers des transports et de la logistique

Les métiers du transport et de la logistique se portent bien : d'ailleurs, le secteur recrute avec difficulté pour tous les types de postes. Un secteur qui « bouge », à la recherche de jeunes débrouillards, qui n'ont pas les deux pieds dans le même sabot, pour reprendre l'expression d'un patron.

À noter : depuis la rentrée 2019, les bacs pro de ce secteur sont regroupés dans la famille « métiers de la gestion administrative, du transport et de la logistique ». Le choix d'un bac pro en particulier parmi ceux regroupés dans la famille se fait à l'issue de la classe de seconde.

Bac pro logistique

Débouchés
Un métier pour personnes organisées et réactives : la logistique regroupe en effet l'ensemble des opérations qui interviennent en amont et en aval du transport de marchandises. Le spécialiste de la logistique organise la réception, le stockage, la préparation des commandes et l'expédition des marchandises. Il utilise au quotidien les nouveaux outils de communication et maîtrise parfaitement l'outil informatique indispensable pour pouvoir traiter en temps réel toutes les informations relatives aux flux des marchandises (logiciels de gestion des stocks, de conduite d'engins). La connaissance d'une ou plusieurs langues étrangères est indispensable car il peut être amené à développer des contacts avec des entreprises internationales.

Il peut travailler dans les entrepôts des entreprises de transport et de logistique, des entreprises industrielles et commerciales de tous les secteurs d'activité, des entreprises réalisant des opérations d'entreposage, de préparation de commandes, de conditionnement, d'emballage et d'expédition. Le titulaire de ce bac pro doit aussi avoir de bonnes connaissances des contraintes légales et de sécurité : suivant la taille des services où il travaille, il peut ainsi être amené à préparer les documents légaux qui accompagnent toute marchandise. Avec de l'expérience, il pourra devenir rapidement adjoint au chef d'exploitation, c'est-à-dire responsable d'une fonction en entreposage ou en manutention, ou encore responsable d'une petite unité de magasinage.

Admission

Sont prioritaires à l'accès de ce bac pro les élèves issus de troisième.

Formation

Trois pôles d'enseignements organisés comme suit : mise en œuvre de la fonction logistique, gestion de l'entrepôt et du magasin, et participation à la gestion de l'entreprise. La formation prévoit la conduite et le pilotage en sécurité de chariots automoteurs de manutention à conducteur porté. Vous devrez apprendre toutes les facettes de la manutention, de la gestion des flux et des stocks. La participation à la gestion de l'entreprise suppose l'étude des données administratives, comptables, financières et commerciales et la connaissance de notions juridiques et économiques. Tous les élèves sont incités à apprendre une deuxième langue étrangère, même si une seule est exigée pour passer le diplôme.

Poursuite d'études

BTS gestion des transports et logistique associée.

▸ Bac pro organisation de transport de marchandises (ex-bac pro transports)

Débouchés

Ils sont nombreux dans les entreprises de transport de marchandises, de location de véhicules industriels, d'organisation de transports terrestres, aériens, maritimes, dans les services transport des entreprises industrielles et commerciales de tous secteurs d'activité. Ses outils : le téléphone et l'ordinateur (traitement de texte et logiciels de gestion). En toute logique, la maîtrise d'au moins une langue étrangère est indispensable. Des connaissances en géographie peuvent aussi être utiles, même si le titulaire de ce bac pro ne voyage pas mais fait voyager les autres.

Ce professionnel des transports accomplit de nombreuses tâches très différentes : préparation des dossiers de transport, des documents comptables, analyse des coûts, prospection commerciale, suivi des factures, gestion des litiges…
Le secteur du transport et de la logistique fait appel à toutes les nouvelles technologies pour améliorer son efficacité et sa rentabilité (commerce électronique, satellites et télécommunications). Les qualités requises sont de bonnes capacités de communication, une certaine disponibilité, mobilité et réactivité, ainsi qu'une bonne résistance physique.
Avec de l'expérience, le diplômé peut évoluer rapidement et devenir responsable de quai ou encore commercial avec un portefeuille.

Admission
Sont prioritaires à l'accès de ce bac pro les élèves issus de troisième.

Formation
La formation professionnelle et technologique fait une large place à la connaissance des différents types de transports (routiers, ferroviaires, fluviaux, combinés maritimes, aériens), à leur droit, à leur réglementation au niveau national et international et au calcul des coûts de revient.
L'accent est mis sur les activités de dédouanement : textes réglementaires, régimes préférentiels, procédures, organisation générale du système intracommunautaire.
Les activités de communication sont omniprésentes et les élèves apprennent à communiquer par téléphone, télécopie, message électronique, à se servir de logiciels bureautiques.
L'apprentissage des techniques commerciales et financières en transport routier est lui aussi particulièrement développé. Vous suivez également des cours de droit et d'économie, sans oublier la législation du travail très pointue et pas toujours facile à faire respecter dans le secteur des transports.

Poursuite d'études
BTS gestion des transports et logistique associée.
Ce bac pro permet également d'accéder aux formations en écoles spécialisées du transport et de la logistique. L'Association pour le développement de la formation professionnelle dans les transports (AFT) délivre des titres homologués par l'État.

Autres

▸ Bac pro métiers de la sécurité

Débouchés

Ce baccalauréat professionnel a pour finalité de préparer à l'exercice des différents métiers de la sécurité soit au sein de la fonction publique (police nationale, gendarmerie nationale, police municipale, sécurité civile...), soit pour le compte d'une entreprise pourvue de son propre service de sécurité ou d'une entreprise prestataire de services de prévention et sécurité.

À noter : les élèves de ce bac pro se présentent obligatoirement aux épreuves du CAP agent de sécurité.

Admission

Ce bac pro est ouvert en priorité aux élèves issus de troisième.

Formation

Outre les enseignements généraux (français, mathématiques, etc.) plusieurs unités d'enseignements professionnels sont au programme : cadre de la sécurité et de la prévention, sécurité de l'entreprise, secours à personnes, protection des biens et de l'environnement, sécurité publique.

Poursuite d'études

Possibilité de préparer le concours de gardien de la paix de la police nationale ou le BTS management opérationnel de la sécurité.

▸ Bac pro esthétique-cosmétique-parfumerie

Débouchés

Ce bac pro forme les élèves à la profession d'esthéticienne hautement qualifiée en cosmétique et techniques de soins esthétiques du visage et du corps, du maquillage, de l'épilation, de la manucure et des soins des pieds. La professionnelle vend également du maquillage, du parfum et conseille les clients. Elle est apte à l'animation de pôle de vente, à la gestion des unités de prestations de services et participe aussi à la formation des personnels. Elle peut assurer la gestion administrative et financière de l'entreprise.

Admission
Ce bac pro est ouvert en priorité aux élèves issus de troisième qui entrent en seconde professionnelle métiers de la beauté et du bien-être et, sous certaines conditions, aux titulaires du CAP esthétique-cosmétique-parfumerie.

Formation
Étude de situations professionnelles en esthétique-cosmétique-parfumerie, suivi de clientèle et animation, soins esthétiques, maquillages, hygiène.

Poursuite d'études
BTS métiers de l'esthétique-cosmétique-parfumerie options management ou formation-marques ou encore cosmétologie ; BM esthéticienne-cosméticienne.

5 – UN BAC PRO, ET APRÈS ?

Diplôme en poche, vous voilà prêt à vous lancer sur le marché du travail. Dans cette dernière partie, vous allez trouver tous les conseils pour vous aider à décrocher votre premier emploi. La chasse est ouverte !

Pour réussir cette course d'obstacles, un premier conseil : il faut vous organiser. Une recherche de travail efficace est une recherche de travail organisée. Pas question d'inonder de CV toutes les entreprises de France et de Navarre. Il va vous falloir apprendre à cibler celles qui vous intéressent le plus en vous renseignant sur elles. Nous vous donnons ici tous les conseils et les bonnes adresses pour vous aider dans votre recherche d'emploi.

Enfin, peut-être souhaitez-vous entreprendre des études supérieures avant de commencer à chercher du travail. Même si la poursuite d'études n'est pas l'objectif du bac professionnel, vous trouverez ici des informations et quelques mises en garde, afin de prendre votre décision en toute connaissance de cause.

INTÉGRER LE MONDE DU TRAVAIL

Votre formation en entreprise s'est bien passée, mais l'entreprise qui vous a accueilli ne vous a pas proposé de poste fixe ou correspondant à vos attentes ? Consolez-vous vite et lancez-vous, la fleur au fusil, à la recherche de l'entreprise idéale.

Avant de vous atteler à la réalisation de votre CV, il faut d'abord prendre le temps de bien cibler les entreprises que vous allez démarcher : lors d'un entretien, la bonne connaissance d'une entreprise et de son histoire peut faire la différence. Votre futur patron sera impressionné s'il constate que vous connaissez bien les activités de sa société.

Comment s'organiser ?

Chercher un emploi est un travail à part entière. Il demande sérieux et méthode. Pour plus d'efficacité, essayez donc de vous organiser un minimum. Lisez la presse spécialisée régulièrement, allez consulter les petites annonces du Pôle Emploi, consultez les sites internet des entreprises et ceux consacrés à l'emploi. Sélectionnez soigneusement les annonces auxquelles vous souhaitez répondre. Et soyez honnête : ni trop présomptueux, ni trop modeste, car il s'agit de ne pas perdre de temps. Or vous en perdrez certainement en postulant à des postes pour lesquels vous êtes trop ou (plus souvent) pas assez qualifié.

Dans une recherche d'emploi, les premiers coups de téléphone et les premières lettres de motivation sont les plus difficiles. Timidité, hésitation, manque d'assurance... Alors voici un truc : commencez toujours par les entreprises qui vous intéressent le moins. Ainsi, vous vous entraînez pour être parfait au moment de contacter celles qui vous intéressent le plus.
Classez les annonces auxquelles vous avez répondu et les réponses obtenues. Répertoriez précieusement tous vos contacts, qu'ils aient été positifs ou négatifs : ils peuvent vous servir un jour ou l'autre.

Faire jouer ses relations

Pour trouver un emploi, commencez donc par faire marcher vos relations : c'est le moment ! Comment ça, vous n'avez pas de relations ? Mais des relations, tout le monde en a ! Le boucher, le coiffeur, le garagiste du coin peuvent vous donner des contacts *via* leur famille ou leurs amis. Alors si vous cherchez du travail, la première des choses à faire, c'est de le faire savoir : dites à qui veut l'entendre que vous êtes à la recherche d'un emploi. Parlez-en autour de vous, à tout le monde. Expliquez rapidement quel travail vous cherchez, quelle formation vous avez, et la machine se mettra en route... On ne vous garantit pas le résultat, mais on vous assure que vous trouverez plus sûrement et plus vite une place intéressante si vous savez le faire savoir autour de vous.

Évidemment, rien ne vous interdit d'envoyer des candidatures spontanées : mais pour qu'elles soient vraiment efficaces, prenez toujours soin de vous renseigner sur les entreprises que vous souhaitez solliciter. Il y a peu de chance pour qu'une entreprise au bord de la faillite recrute...

Répondre à une annonce

Dans un premier temps, il faut bien comprendre la petite annonce : en quelques lignes, l'entreprise se présente, explique une fonction et dresse le portrait du candidat recherché. Il est donc important de relire plusieurs fois l'annonce qui vous intéresse et, au besoin, vous pouvez même souligner les termes qui vous paraissent importants. Ce sont ces mots-clés que vous pourrez reprendre dans votre correspondance au recruteur. En effet, rien ne fait plus mauvais effet à un recruteur qu'un candidat qui n'a pas bien compris ce que l'entreprise recherche.

Ensuite, il faut bien évaluer ses chances : demandez-vous clairement si vous correspondez au profil recherché. Il n'est pas indispensable de correspondre en tout point à la demande pour avoir une chance, mais il faut aussi savoir renoncer à une petite annonce qui ne correspond pas à ses qualifications. Faites preuve de lucidité : mettez-vous à la place du recruteur qui recevra votre candidature et qui n'a pas de temps à perdre avec des profils trop éloignés de ce qu'il cherche. Dites-vous que rien n'est plus décourageant que de se rendre à un entretien alors qu'on est certain de ne pas pouvoir répondre efficacement à la demande de l'entreprise (sauf s'il s'agit pour vous d'un « entraînement » à des entretiens plus importants).

Au moment de fermer votre enveloppe ou d'envoyer votre e-mail, vérifiez que vous avez bien fourni toutes les pièces demandées : photo, lettre manuscrite, prétentions, CV... Tout est là ? Alors postez votre enveloppe ou envoyez votre e-mail et attendez au moins deux semaines avant de relancer par téléphone le recruteur. C'est le moyen de prouver votre motivation, mais il ne faut pas non plus le harceler ! Si sa réponse est négative, demandez-lui de vous expliquer pourquoi : cela pourra vous permettre de mieux cibler vos candidatures suivantes.

Le CV et la lettre de motivation

Difficile de savoir quelle tâche, de la réalisation du CV ou de la lettre de motivation, décourage le plus les jeunes bacheliers ! Et pourtant, aucun d'eux n'est bien compliqué à mettre au point.

Premier conseil : visez la simplicité. Les publications sur la réalisation d'un CV sont nombreuses : n'hésitez pas à les consulter et à vous inspirer de leurs conseils, tout en gardant à l'esprit que votre *curriculum vitæ* (« carrière de la vie » en latin) doit vous ressembler. En cas de candidature spontanée, il peut être judicieux d'inscrire en tête de votre CV le type de fonction que vous recherchez : ce gain de temps précieux pour la personne qui recevra votre candidature sera apprécié (n'oubliez pas qu'un CV sert d'abord à vous présenter à l'entreprise). D'autant que votre lettre de motivation sera peut-être lue en diagonale. À vous d'essayer d'attirer l'attention de votre lecteur en expliquant clairement le poste recherché et les raisons qui vous amènent à soumettre votre candidature à cette entreprise. Dans votre CV, vous présenterez votre formation et vos différents stages en entreprise en expliquant bien les tâches réalisées et les projets sur lesquels vous avez travaillé.

Ne négligez pas la **présentation générale** de votre CV. D'après les recruteurs, ce n'est pas une évidence au vu des *curriculum vitæ* qui atterrissent parfois sur leur bureau... Une présentation générale sobre et claire servira votre candidature. Évitez la couleur ou les polices trop originales : vous ne cherchez pas un poste de créatif dans la pub ! N'hésitez pas à préciser, dans la rubrique « divers » ou « activités extraprofessionnelles », quels sont vos activités, vos loisirs : il ne s'agit pas de faire la liste de tout ce que vous aimez faire quand vous n'êtes pas au travail, mais de citer des activités qui mettent en valeur votre personnalité. Par exemple, le tour de France en auto-stop, une activité bénévole, etc. Mais attention : il ne faut jamais « bidonner » votre CV.

Dans votre lettre de motivation, évitez de recopier mot pour mot les formules ou les tournures de phrases suggérées dans les guides de recherche d'emploi : vous ne serez sûrement pas le seul à le faire et c'est du plus mauvais effet sur les recruteurs. Enfin, n'adoptez pas un ton plaintif, ne faites pas l'historique de vos démarches infructueuses auprès des entreprises concurrentes : vous ne mendiez pas du travail, vous en cherchez. Nuance.
Enfin, les recruteurs sont d'abord et avant tout attirés par les lettres de **candidats motivés** : à vous de convaincre la personne qui vous lira de votre motivation et de votre capacité d'adaptation. Inutile pour cela d'en faire « des tonnes » ou d'en rajouter. Soyez simple, clair et positif.

Si vous avez vraiment un problème avec l'expression écrite, un truc : expliquez en toute simplicité à votre mère, votre frère ou votre petit(e) ami(e), toutes les raisons qui vous poussent à proposer votre candidature à l'entreprise visée. Votre partenaire prendra alors en notes vos réponses, et il ne vous restera plus qu'à reformuler ces arguments à l'écrit. Et voilà, vous venez de participer à votre premier *brainstorming* !

Pour en savoir plus, vous pouvez lire : *CV et lettre de motivation, spécial filières professionnelles* paru chez Studyrama.

L'entretien

Vous avez décroché un entretien ? Félicitations ! Maintenant, préparez-le : mais attention, un entretien de recrutement n'est pas un examen. Le recruteur ou le patron doit trouver le candidat idéal pour le poste qu'il a à pourvoir et va chercher à savoir si vous pouvez être cette personne.
Ne paniquez pas si vous ne correspondez pas en tout point au profil recherché : dans la moitié des recrutements, les personnes embauchées ne correspondent pas trait pour trait au profil demandé. Essayez de vous montrer détendu, sans être familier évidemment : soyez souriant, clair dans vos explications et vos motivations. Un truc pour arriver un peu plus à l'aise le jour J : essayez de réunir le maximum d'informations sur l'entreprise qui recrute. Et res-pi-rez : la personne qui est assise en face de vous ne tient pas votre destin entre ses mains. C'est vous seul qui décidez. D'autant qu'on ne joue pas sa carrière et tout son avenir sur un seul entretien !

Si vous êtes vraiment du genre anxieux, commencez par démarcher des entreprises qui vous intéressent moyennement : les entretiens décrochés vous permettront de vous « entraîner » pour des candidatures qui vous tiendront davantage à cœur.

Sur votre apparence, une seule règle : de la mesure. Là encore, c'est à vous de voir : soyez « propre sur vous », mais évitez d'avoir l'air déguisé. Des conseils de base qui, là encore, ne sont pas évidents pour tout le monde d'après les témoignages des recruteurs…

L'AVIS D'UN RECRUTEUR

Alexandre Hollande a longtemps été directeur d'agence pour une société de transports routiers. Voici ce qu'il pense du bac pro : « *Pour un patron, le bac pro a une vraie valeur, surtout quand il est préparé par la voie de l'apprentissage : les jeunes peuvent être envoyés directement sur le terrain.* » Mais parce que la valeur du diplôme ne fait pas tout, Alexandre a quelques recommandations à faire aux candidats à l'embauche : « *La façon de s'exprimer est quelque chose de très important, tout comme la façon de diriger la conversation. Mais il n'y a pas que ça : il faut être souriant, avoir une poignée de main franche, et surtout ne jamais croiser les bras, ce qui peut donner l'impression au recruteur que vous êtes quelqu'un de renfermé.* » Pour ce qui est de la façon de s'habiller, « *il faut avoir une tenue correcte, ne pas être débraillé, et puis bien se tenir : prendre ses notes sur ses genoux et non pas s'étaler sur le bureau du patron !* », dit-il en riant.
D'après Alexandre, même la manière de fermer la porte quand on entre dans la pièce peut être l'occasion de faire une bonne impression : « *Il ne faut jamais tourner le dos au recruteur,* précise-t-il, *il faut fermer la porte en se tenant face à la personne qui va vous recevoir* ».
Quand il effectue un recrutement, Alexandre s'intéresse toujours aux hobbies et aux loisirs du candidat à l'embauche, partant du principe que ces activités peuvent être très révélatrices de la personnalité. Il en faut, mais ni trop (la personne ne serait pas assez impliquée dans son travail) ni trop peu (ce peut-être le signe d'une personnalité repliée sur elle-même qui aura du mal à s'intégrer dans l'équipe).
« *Il faut se montrer intéressé par le poste auquel on postule. Cela paraît évident, et pourtant ce n'est pas toujours le cas : parfois certains donnent vraiment l'impression d'avoir été parachutés par l'ANPE* (aujourd'hui Pôle Emploi) *ou une agence d'intérim !* »
Ce qui lui paraît rédhibitoire ? Le candidat qui, quand on lui demande s'il a des questions, répond « *Non* » : « *Cela prouve un manque d'intérêt pour l'entreprise et le poste proposé : mauvais effet garanti !* »

Pour réussir vos entretiens, apprenez à maîtriser l'art de la mesure. Certes, les entreprises ont besoin de vous, mais ne vous prenez pas pour autant pour le roi du pétrole car vous aussi, vous avez besoin d'elles. On ne saurait donc trop vous recommander de rester modeste : certes, vous devez prouver une certaine capacité

à vous affirmer dans le monde de l'entreprise, mais évitez de donner l'impression à la personne qui est assise en face de vous que vous avez la tête comme un chou-fleur et que vous allez être impossible à intégrer dans son équipe !
Le recruteur doit avoir l'assurance que vous vous entendrez bien avec l'équipe. Au-delà des compétences techniques, il va donc vous poser des questions sur vos stages et les projets auxquels vous avez participé. Il va chercher à savoir si vous êtes ouvert et apte au travail en équipe, si vous avez des capacités d'autonomie et de communication.

Évitez de trop parler et, surtout, écoutez les questions du recruteur. À la fin de l'entretien, celui-ci vous demandera si vous avez des questions : et oui, vous en avez ! Vous vous en doutez, les premières questions à poser lors d'un entretien ne portent pas sur le salaire ou la durée des congés payés ! Profitez de l'entretien pour demander à quel poste vous allez travailler, avec qui, pour quels clients… Mais aussi quelles sont les possibilités d'évoluer au sein de l'entreprise, de suivre une formation continue, etc. En résumé, montrez-vous motivé, concerné, et décidé !

Pour en savoir plus, vous pouvez lire : *Réussir son entretien d'embauche* et *Réussir les tests de recrutement* parus chez Studyrama.

Où trouver des offres d'emploi ?

Les sources d'informations générales

Votre lycée ou votre CFA sont les premiers organismes vers lesquels vous tourner au moment de votre recherche d'emploi. En effet, les entreprises qui recrutent peuvent les solliciter pour les aider à trouver des candidats. Alors n'hésitez pas à les contacter.

La **presse quotidienne régionale** est elle aussi riche en petites annonces. Si vous ne pouvez pas acheter le journal tous les jours, sachez que la plupart des journaux ont un jour dans la semaine réservé à la publication des offres d'emploi. Ces journaux sont également consultables dans beaucoup de bibliothèques municipales et bien sûr, en ligne.

Le **Pôle Emploi** est également un incontournable dans votre recherche d'emploi. Vous y trouverez des offres d'emploi, bien sûr, mais aussi des pistes de formation, des renseignements sur les entreprises qui recrutent, etc. Rendez-vous régulièrement dans le Pôle Emploi dont vous dépendez ou consultez les petites annonces *via* internet : www.pole-emploi.fr

Ayez le réflexe internet. L'avantage de ce mode de recrutement pour vous : il est rapide et moins onéreux que l'envoi d'un CV par la poste. Une multitude de sites répertorient des offres d'emploi en France et à l'étranger, mises à jour très régulièrement. Consultez-les souvent (voir l'encadré ci-après pour une liste succincte). Vous y trouvez généralement une mine d'information sur les métiers, le monde du travail, des conseils pour mieux mettre en valeur son CV, pour passer son contrat d'embauche, avec également des simulations d'entretiens d'embauche (par ex. sur le site www.jobteaser.com rubrique « conseils »).

TISSEZ VOTRE TOILE !

- www.pole-emploi.fr
- www.demain.fr : offres d'emploi en France comme à l'étranger, des conseils et des informations pratiques
- https://ec.europa.eu/eures/public/fr/homepage : offres d'emploi du réseau Eures, le portail européen sur la mobilité de l'emploi
- www.lhotellerie-restauration.fr : emplois dans l'hôtellerie et la restauration
- www.clicandtour.fr, emploi dans le domaine du tourisme, de l'hôtellerie et de la restauration
- www.cadremploi.fr : offres d'emploi en France et à l'international
- www.jobserve.com : emplois en informatique dans le monde
- www.marketingjobs.com : banque d'emplois en marketing (site en anglais)
- www.monster.fr : banque d'emplois
- www.iquesta.com : banque de ressources et d'emplois
- www.keljob.com
- www.summerjobs.com : offres d'emploi d'été (site en anglais)
- www.indeed.fr : banque d'emplois en France
- www.optioncarriere.com
- www.recrut.com : près de 116 300 offres d'emploi
- www.stepstone.fr : près de 3 600 offres d'emploi en France et en Europe, en CDI, CDD, stage et formation en alternance
- https://enligne-fr.com : jobs en France
- www.jobintree.com : près de 130 000 offres d'emploi partout en France.

Et désormais incontournables aussi, même si pour certains l'inscription est payante, les réseaux sociaux : en particulier **Viadeo** et **Linkedin**, deux réseaux sociaux professionnels, qui permettent aux demandeurs d'emploi de promouvoir leur CV sur le web et aux recruteurs de repérer rapidement et à moindre coût le profil qui les intéresse. « Il permet d'une part de se mettre en scène comme on souhaite apparaître, et d'autre part de cultiver son réseau professionnel », résume Olivier Fecherolles, ancien directeur général de Viadeo.

À noter : nous vous conseillons de vous reporter au site journaldunet.com où vous trouverez notamment un certain nombre de conseils très pertinents sur la façon d'utiliser les réseaux sociaux : comment mettre en valeur votre CV, quelle importance accorder au choix des mots-clés, quels hubs et forums intégrer... Voir en particulier www.journaldunet.com/management/emploi-cadres/1065673-trouver-un-emploi-grace-aux-reseaux-sociaux/1065679-reseau

Des lieux stratégiques

Outre le Pôle Emploi, lieu de référence, contactez votre municipalité, où vous trouverez dans la plupart des cas une Mission locale qui se consacre à l'insertion professionnelle des jeunes de 16 à 25 ans. Ces permanences d'accueil, d'information et d'orientation (PAIO) vous aideront à rechercher une formation, un emploi ou à définir votre projet professionnel. Lorsqu'elles possèdent le label « espaces jeunes », elles proposent les mêmes services que le Pôle Emploi et diffusent des offres de contrat d'apprentissage et de professionnalisation. Rendez-vous ensuite à la chambre de commerce et d'industrie de votre département où vous trouverez des renseignements utiles au « Point A » (A comme apprentissage, alternance). Ce point est un lieu d'accueil et d'information sur les mesures pour l'emploi des jeunes et sur l'ensemble des questions relatives à l'alternance. Ainsi, le Point A facilite les démarches administratives relatives à la signature des contrats, mais surtout met en relation les offres et les demandes des jeunes et des entreprises (www.cci.fr/web/orientation-professionnelle/le-reseau-point-a). Demandez également à votre lycée les coordonnées du CIO le plus proche. Les centres d'information et de documentation pour la jeunesse (CIDJ), moins nombreux que les CIO et implantés au niveau régional, sont également des mines d'information. Ils affichent les offres de contrats en alternance des entreprises locales. Autres relais importants, les Conseils régionaux sauront vous préciser les opportunités d'emploi sur votre région.
Enfin, à la Villette, à Paris, prenez rendez-vous avec un professionnel pour un entretien personnalisé et profitez des contacts ciblés offerts par la Cité des métiers. Son bonus : des journées de recrutement et un forum de l'alternance...

► **Contacts :**

- CIDJ. 101, quai Branly, 75015 Paris. Tél. : 01 44 49 12 00. Internet : www.cidj.com
- Cité des métiers. Cité des sciences et de l'industrie. 30, avenue Corentin-Cariou, 75019 Paris. Tél. : 01 85 53 99 74. Internet : www.cite-sciences.fr
- Contactez le SCUIO de votre université.
- Pour les chambres de commerce et d'industrie, contacter CCI France (chambres de commerce et d'industrie) 46-48, avenue de la Grande Armée, 75858 Paris cedex 17. Internet : www.cci.fr

Les médias à la rescousse

Rendez-vous incontournables, les salons et forums sont l'occasion rêvée de nouer des contacts avec les entreprises. Vous y trouverez souvent un espace informatif, mais également les plus grands partenaires de l'alternance, les centres de formation... Vous aurez surtout accès à des milliers d'offres de contrat et pourrez assister à des démonstrations de professionnels. Alors, n'oubliez pas votre CV ce jour-là ! Faites bon usage des médias mis à votre disposition. En effet, une partie des offres de contrat est publiée dans la presse sous la forme de petites annonces. Enfin, vous ne pourrez ignorer les possibilités offertes par le web, relais incontournable entre l'employeur et vous. Qu'il s'agisse de sites d'aide à la recherche d'emploi ou de sites d'entreprises, vous pourrez y laisser votre CV et envoyer un e-mail de motivation.

Les sources d'information classées par secteurs de métiers

Adresses, numéros de téléphone, sites internet : voici un nécessaire de base pour vous renseigner sur votre futur secteur d'activité, trouver des offres d'emploi, rencontrer des professionnels...

• Pour les métiers de l'agroalimentaire

- APCA (Assemblée permanente des chambres d'agriculture). 9, avenue George-V, 75008 Paris. Tél. : 01 53 57 10 10. Internet : https://chambres-agriculture.fr
Vous pourrez y trouver l'adresse de la chambre d'agriculture de votre région.
- www.educagri.fr : portail de l'éducation agricole.
- Anefa (Association nationale pour l'emploi et la formation en agriculture) : sur le site www.anefa.org, consulter les rubriques « Emplois » et « Emplois saisonniers », ainsi que les fiches métiers très complètes (horticulture et pépinières, vigne et vin, arboriculture, maraîchage, grandes cultures...).
- www.apecita.com : le site de l'Association pour l'emploi des cadres, ingénieurs et techniciens de l'agriculture et de l'agroalimentaire recense de nombreuses offres d'emploi dans le secteur de l'agriculture, l'agroalimentaire et l'environnement. Vous pouvez également y déposer votre CV.
- www.agri-mutuel.com : magazine en ligne sur l'agriculture, l'élevage et l'agroalimentaire, pour suivre l'actualité du secteur.
- https://alimetiers.com : le site de l'OPCALIM du secteur agroalimentaire présente des informations sur les secteurs, les formations et les métiers dans les domaines suivants : production-fabrication, logistique, maintenance, achats, marketing-vente, innovation recherche et développement...
- www.lienhorticole.fr (site de la filière horticole) : dans les rubriques « petites annonces » et « emploi », vous trouverez des offres d'emploi sur toute la France.

- http://notrevillage.asso.fr : offres d'emploi dans le milieu rural (agriculture, agroalimentaire et commerces).
- www.vitijob.com : des offres d'emploi dans le secteur du vin.

• Pour les métiers de l'industrie, du commerce et de l'artisanat
- Portail des chambres de commerce et d'industrie : www.cci.fr Diffuse la liste des écoles dépendant des CCI.
- Site de l'UIMM (Union des industries et métiers de la métallurgie) : https://uimm.lafabriquedelavenir.fr/industrie

• Pour les métiers de l'automobile
- www.fim.net/fr/accueil : le site de la Fédération des industries mécaniques.
- www.anfa-auto.fr : le site de l'Association nationale pour la formation dans la branche des services automobiles.
- www.autoactu.com : véritable mine d'informations et de statistiques avec, en prime, des offres d'emploi !

• Pour les métiers de l'aéronautique
- www.aeroemploiformation.com : tout sur les métiers, les formations et les entreprises du secteur aéronautique. En juin 2020, le site proposait plus de 1 460 offres d'emploi et de stage.

• Pour les métiers du BTP
- CSTB (Centre scientifique et technique du bâtiment). 84, avenue Jean Jaurès, Champs-sur-Marne, 77447 Marne-la-Vallée cedex 2. Tél. : 01 64 68 82 82. Internet : www.cstb.fr
- www.pmebtp.com : agence internet pour l'emploi BTP.
- http://compagnonsdutourdefrance.org : pour en savoir plus sur les métiers de couvreur, plâtrier, carreleur, tailleur de pierres ou maçon…
- Pour avoir des infos sur la situation économique du secteur, connectez-vous à www.batiweb.com, un site où vous trouverez aussi de nombreuses offres et des annuaires d'entreprises qui vous permettront de poser directement votre candidature et www.ffbatiment.fr, site de la Fédération française du bâtiment.

L'intérim

L'intérim est une solution formidable pour qui veut multiplier les expériences et mieux définir son projet professionnel. C'est aussi, il faut le dire, un véritable tremplin vers un emploi fixe. En juin 2020, l'emploi intérimaire totalisait environ 3 millions de salariés. Puissant moteur de création d'emploi, l'intérim constitue ainsi un formidable vecteur d'insertion pour les jeunes diplômés.

Des postes dans des secteurs variés

Les besoins s'expriment dans tous les secteurs : comptabilité, gestion, finance, banque, assurance, marketing, RH, commerce... Les candidats issus de formations courtes sont très recherchés car rapidement opérationnels. Les missions durent en moyenne quatre mois, mais peuvent aller jusqu'à six mois. Une opportunité à saisir, puisque pour environ 30 % de ces jeunes diplômés, l'intérim constitue un moyen efficace d'accéder à l'emploi (CDD ou CDI). Martine Gallotte, responsable qualité et méthodes de recrutement pour Adecco confirme cette tendance : « *Les intérimaires apprennent à connaître des entreprises diverses et affinent leur choix jusqu'à se sentir prêts à se fixer. Ils maintiennent une employabilité plus forte que s'ils restaient dans la même entreprise !* »

Des services sur mesure

Contribuant à sa bonne intégration en entreprise, de nombreuses agences prennent en charge le jeune diplômé dès sa première mission. À la signature du contrat, il détient toutes les données : le contexte de sa mission, le service qu'il doit rendre... Allant au-devant des candidats, Adecco est doté d'un service RH Intérimaires afin d'attirer les candidats et les fidéliser. « *L'entretien de recrutement se déroule à partir d'un dossier détaillé, avec entretien approfondi et tests. Notre réseau est doté d'un outil informatique permettant d'optimiser les compétences des intérimaires avec un système de base unique nationale : n'importe quelle agence de France peut lancer des requêtes régionales, voire nationales. Associé à l'e-business, ce logiciel permet à nos salariés intérimaires d'accéder à leur dossier et aux entreprises clientes, de consulter notre fichier de compétences, l'adéquation finale restant le savoir-faire de nos conseillers.* », précise Claude-Hélène Foy, responsable du service RH Intérimaires. Allant souvent jusqu'à l'élaboration du CV afin de fournir les clés du succès à chaque candidat, l'intérim fidélise donc ses candidats. L'objectif étant que l'intérimaire se sente reconnu comme un salarié permanent. Au-delà du volet salarial fort attractif (indemnités diverses), les intérimaires se voient offrir une panoplie de mesures : réunions régulières, logement, formation, participation et intéressement à l'entreprise. Chez Adecco par exemple, outre l'accompagnement personnalisé des candidats, des entretiens bilan/action sont proposés, avant d'accéder à des formations adéquates. L'atout principal reste la souplesse dans le travail. Ainsi, si la hiérarchie vous oppresse ou que vous souhaitez alterner voyage et travail, l'intérim sera pour vous la solution idéale !

L'INTÉRIM, UN BON PLAN

Vanna Ratault est directrice de l'agence Adecco de Châtillon, dans les Hauts-de-Seine (92). « *Il y a une vraie pénurie de main-d'œuvre dans l'intérim,* note-t-elle. *Nous recrutons bien sûr des bacs pro : pour le tertiaire, des bacs comptabilité ou secrétariat, et pour l'industrie, des bacs pro électrique, électrotechnique, notamment pour travailler dans la téléphonie, en plein boom. Il y a aussi un vrai problème de recrutement dans le BTP : longtemps, ces métiers ont eu une mauvaise image. Résultat, aujourd'hui, on manque de maçons, de plâtriers, de peintres, etc.* »
Selon Vanna, l'intérim constitue souvent une sorte de pré-embauche pour les entreprises, c'est pourquoi elle incite les titulaires de bacs pro à venir s'inscrire dans les agences d'intérim : « *Ce sont des personnes qui ont déjà travaillé en entreprise, qui savent ce que c'est que de travailler, et qui s'intègrent très, très vite. L'intérim développe les capacités d'adaptation des jeunes, mais aussi leurs connaissances professionnelles,* affirme-t-elle. *Cela demande une grande ouverture d'esprit : quand on passe d'une entreprise à l'autre, on apprend à s'adapter de plus en plus vite à des méthodes de travail différentes, et ça, c'est un vrai plus pour un jeune.* »

Pour vous inscrire dans une agence d'intérim, rien de plus simple : commencez par prendre rendez-vous en téléphonant, ou mieux, en vous présentant sur place. Pour ce rendez-vous, on vous demandera de réunir quelques papiers : un CV, une carte d'identité, un numéro de sécurité sociale (si vous en avez déjà un), vos attestations de travail (si vous avez déjà travaillé), un relevé d'identité bancaire (un RIB, pour vous payer) et enfin un justificatif de domicile (facture d'électricité ou de téléphone). Avant l'entretien, on vous fera remplir une fiche technique sur vos compétences et la nature de votre diplôme. Ensuite, lors de l'entretien, votre interlocuteur fera le point avec vous sur les compétences professionnelles que vous revendiquez. Dans un deuxième temps, en fonction de votre profil et de votre bac pro, vous pourrez être amené à passer des tests simples (tests informatiques, comptables, langues).

Une fois inscrit, c'est l'agence qui vous contactera quand elle aura une mission à vous proposer. Toutefois, n'hésitez pas à appeler de temps en temps votre agence, cela permet de se faire connaître et d'être « dans les petits papiers » des responsables du placement. Enfin, vous pouvez très bien vous inscrire dans plusieurs agences d'intérim différentes.

À noter : quand vous êtes en mission dans une entreprise, c'est l'agence d'intérim qui vous paie.

UNE MISSION EN SURFANT SUR INTERNET !

Les agences d'intérim sont implantées un peu partout en France. Vous trouverez leurs coordonnées sur leur site internet.
À consulter, pour y trouver des informations sur les tendances du marché du travail et les offres d'emploi :

- www.ergalis.fr : leader du travail temporaire spécialisé dans les métiers du tertiaire et des nouvelles technologies
- www.adecco.fr
- www.manpower.fr
- www.randstad.fr
- www.kellyservices.fr
- www.interim-nation.fr
- www.hays.fr
- www.expectra.fr : site du groupe Randstad, proposant des offres d'emploi dans le BTP, la banque, l'informatique et les télécoms, entre autres.

Travailler à l'étranger

Certains métiers ont la cote à l'étranger : tel est le cas des formations dans l'hôtellerie ou dans les commerces de bouche. Mais pour mettre toutes les chances de son côté, mieux vaut attendre, pour se « vendre » à l'étranger, d'avoir acquis au minimum quatre ou cinq années d'expérience en France. Vous représenterez alors d'autant plus d'intérêt aux yeux d'un éventuel recruteur.

► **Contacts :**

- Consultez le site d'Eures : https://ec.europa.eu/eures/public/fr/homepage
- Pour connaître les adresses des ambassades et consulats français à l'étranger, consultez le site du ministère de l'Europe et des Affaires étrangères, qui possède également une rubrique emplois, concours : www.diplomatie.gouv.fr

POURSUIVRE SES ÉTUDES

Si la majorité des bacheliers professionnels qui souhaitent poursuivre leurs études s'orientent vers un BTS, on les retrouve également dans les IUT et, dans une moindre mesure, à l'université. Un certain nombre d'entre eux choisit de continuer leurs études dans d'autres formations (formations d'écoles professionnelles, spécialisées ou privées, ne délivrant pas de diplôme dépendant du ministère de l'Éducation nationale).

LE BAC, UN POINT C'EST TOUT

Électricien dans un bureau d'études, Anthony a décidé de préparer un bac pro équipements et installations électriques (aujourd'hui bac pro métiers de l'électricité et de ses environnements connectés) après son BEP : « *J'avais réussi l'examen du BEP sans problème, j'ai même été classé premier, et puis je n'avais pas d'impératif économique puisque je vivais encore chez mes parents. Donc je n'avais pas besoin de travailler !* » Mais une fois le bac pro en poche, Anthony n'a pas voulu continuer ses études en BTS : « *À ce moment-là, j'ai eu envie de me mettre au travail. Et puis je commençais aussi à prendre de l'âge, j'avais 21 ans, et il fallait que je gagne ma vie.* »

Olivier est lui aussi électricien, mais il travaille sur les chantiers, pour l'entreprise familiale. Dans sa famille, on est électricien de père en fils : son père, son grand-père et même son arrière-grand-père sont ou ont été électriciens ! Comme Anthony, Olivier a choisi de préparer son examen par la voie de l'apprentissage, pour aller sur le terrain, et parce qu'il avait davantage envie de pratique que de théorie. Après avoir obtenu son bac pro équipements et installations électriques (aujourd'hui bac pro métiers de l'électricité et de ses environnements connectés), Olivier s'inscrit en BTS : « *J'y suis resté quinze jours ! C'était beaucoup trop théorique, et moi, j'avais besoin de concret. Alors je suis retourné chez mon père et j'ai commencé à travailler.* »

Ni Anthony ni Olivier ne regrettent d'avoir arrêté leurs études après l'obtention de leur bac professionnel, ce qui est d'ailleurs le plus logique : « *D'autant,* précise Anthony, *qu'on n'est pas plus sûr d'être embauché avec un BTS qu'avec un bac pro. Peut-être même qu'il est plus difficile de trouver du travail avec un BTS, parce que les patrons cherchent surtout des gens pour travailler sur les chantiers, et directement opérationnels.* »

Un choix gagnant ou contre la logique ?

Pour répondre à cette question, il faut savoir que de nombreux facteurs entrent en compte : tout dépend du type d'études envisagées et des aptitudes du candidat. Sachez, par exemple, que seuls 60 % environ des bacheliers professionnels sortent de formation initiale avec un diplôme d'enseignement supérieur comme le BTS (contre 77 % environ des bacheliers technologiques).

Toutefois, si vous êtes motivé, si vous avez de très bons résultats (notamment dans les matières générales) et si ce projet s'inscrit dans une démarche de formation cohérente, vous pouvez envisager de suivre des études supérieures. Il n'est pas question ici de vous décourager, d'autant que c'est à vous de décider ce que vous allez faire de votre vie, mais il faut être conscient qu'un échec dans votre poursuite d'études serait vraiment la plus mauvaise façon de commencer votre vie professionnelle !

Les mentions complémentaires

La mention complémentaire (MC) se prépare en un an après certains CAP et bacs pro. C'est un diplôme national, reconnu par l'État, qui ne doit pas être confondu avec les formations complémentaires proposées localement pour répondre précisément à la demande d'entreprises de la région. La MC constitue le seul diplôme vraiment adapté aux titulaires de bacs pro qui souhaitent approfondir leurs connaissances ou acquérir une spécialisation plus fine. Elle permet une meilleure adaptation à l'emploi en ajoutant une spécialisation à la qualification de départ. Elle se prépare dans les lycées professionnels, par la voie de l'apprentissage ou en formation continue.
Il faut savoir que toutes les MC ne sont pas accessibles aux bacs pro. Renseignez-vous !

Attention : il ne faut pas confondre la mention complémentaire avec les formations complémentaires d'initiative locale (FCIL). Ces dernières se préparent généralement en alternance (entreprise et lycée), et donnent lieu à une attestation de formation. La FCIL n'est pas sanctionnée par un diplôme national. Sa durée de préparation varie entre 6 et 12 mois. C'est une formation permettant l'adaptation à l'emploi régional grâce aux stages en entreprise.

N'hésitez pas à vous renseigner, avant de vous inscrire en bac pro, sur les possibilités de préparer l'un de ces diplômes complémentaires. Le site de l'Onisep : www.onisep.fr, propose de nombreuses informations concernant les mentions complémentaires et les établissements qui en assurent la préparation. Vous trouverez dans le CIO le plus proche de chez vous toutes les informations concernant les mentions complémentaires, leur mode d'admission et les établissements qui y préparent.

Les BTS et DUT

Si vous êtes vraiment décidé à continuer vos études, la meilleure solution est de choisir une formation courte, type BTS (idéalement) ou DUT.
Certains BTS peuvent vous permettre d'approfondir ce que vous avez appris en bac pro, mais attention : vous devez savoir que ce que vous apprendrez en BTS sera très théorique par rapport aux enseignements du bac pro. On vous demandera également un niveau de culture générale plus élevé que celui que les professeurs attendaient de vous en bac professionnel, notamment en français et en langue vivante. Il vous faudra donc mettre les bouchées doubles, mais si vous êtes motivé, le jeu peut en valoir la chandelle.

Le diplôme national du BTS se prépare au sein des sections supérieures des lycées ou dans le cadre d'une école privée. D'une durée de deux ans, cette formation débouche sur une qualification de technicien supérieur dans les professions industrielles et commerciales ou les activités de services. Choisissez l'option qui correspond le mieux à vos projets. On distingue les BTS selon le secteur économique auquel ils s'adressent : l'industrie, le tertiaire, la santé et le domaine paramédical. Il existe également des BTSA (BTS agricoles, spécialisés en agriculture, pêche, forêts et espaces verts). Attention, ne comptez pas vous reposer sur vos lauriers : comptez 30 à 40 heures hebdomadaires de cours, du travail personnel et un stage long dont le rapport constitue une partie significative de la note finale. Votre formation sera répartie entre l'enseignement général (français, maths et langue vivante) et l'enseignement professionnel axé sur la spécialité choisie. Mais rassurez-vous, la vie en BTS laisse aussi le temps pour s'impliquer au sein d'une des associations étudiantes ou pour vos propres loisirs !

ANNEXES

1 – QUELQUES SITES INTERNET INDISPENSABLES

Pour des informations générales sur les diplômes

www.education.gouv.fr
Le site officiel du ministère de l'Éducation nationale : vous y trouverez les adresses de tous les établissements scolaires et universitaires, depuis la maternelle jusqu'au master, en passant par les lycées professionnels, évidemment. Sur ce site figurent également des statistiques et les taux de réussite au bac de tous les établissements d'enseignement secondaire.

Vous pouvez également consulter le site http://eduscol.education.fr, le site pédagogique du ministère de l'Éducation nationale.

www.reseau-canope.fr
Placé sous la tutelle du ministère de l'Éducation nationale, le réseau Canopé s'articule autour du Centre national de documentation pédagogique, qui pilote les centres régionaux, eux-mêmes chargés d'animer les centres départementaux et locaux.

Pour des informations sur les métiers et l'orientation professionnelle

www.onisep.fr
Pour s'informer sur les formations et les métiers. L'Onisep est un site officiel qui dépend de l'Éducation nationale. Vous pouvez orienter votre recherche d'information par domaine d'activité ou par type de diplôme.

www.cidj.com
Le Centre d'information et de documentation jeunesse a pour mission d'informer les jeunes sur tous les sujets qui les concernent : initiatives, projets, études, métiers, formation en alternance, orientation, emploi, formation continue, stages en entreprise, jobs d'été, séjours linguistiques, bourses, logement étudiant, mobilité internationale…

www.orientation.com
Ce site vous permet de trouver des renseignements sur les métiers et les études. Il est régulièrement actualisé par des spécialistes de l'orientation et des enseignants.

Pour chercher un stage ou un emploi

www.pole-emploi.fr

Le site du Pôle Emploi est très bien fait. Les annonces y sont classées suivant différents critères : secteur d'activité, niveau de qualification, niveau de rémunération, type de contrat, expérience, localisation géographique. Ce n'est pas seulement un outil de recherche d'emploi : vous pouvez aussi l'utiliser pour faire votre petite enquête, afin de repérer les bacs professionnels les plus recherchés par les entreprises.

www.keljob.com

Ce site est un moteur de recherche qui « furète » à votre place sur une vingtaine de sites d'offres d'emploi pour trouver des annonces qui correspondent à vos critères. Un gain de temps… et donc d'argent !

Reportez-vous également à la partie V de ce guide pour plus d'adresses.

2 – LES RECTORATS

Pour avoir l'adresse d'un lycée et connaître les bacs auxquels il prépare, vous pouvez vous adresser au rectorat de votre académie. Il y a, en France, trente académies différentes.

Aix-Marseille
Place Lucien Paye
13621 Aix-en-Provence cedex
Tél. : 04 42 91 70 00
Internet : www.ac-aix-marseille.fr

Amiens
20, boulevard Alsace-Lorraine
80063 Amiens cedex 9
Tél. : 03 22 82 38 23
Internet : www.ac-amiens.fr

Besançon
10, rue de la Convention
25030 Besançon cedex
Tél. : 03 81 65 47 00
Internet : www.ac-besancon.fr

Bordeaux
5, rue Joseph de Carayon Latour
33060 Bordeaux cedex
Tél. : 05 57 57 38 00
Internet : www.ac-bordeaux.fr

Clermont-Ferrand
3, avenue Vercingétorix
63033 Clermont-Ferrand cedex 1
Tél. : 04 73 99 30 00
Internet : www.ac-clermont.fr

Corse
Boulevard Pascal Rossini – BP 808
20192 Ajaccio cedex 4
Tél. : 04 95 50 33 33
Internet : www.ac-corse.fr

Créteil
4, rue Georges Enesco
94010 Créteil cedex
Tél. : 01 57 02 60 00
Internet : www.ac-creteil.fr

Dijon
2G, rue du général Delaborde – BP 81921
21000 Dijon
Tél. : 03 80 44 84 00
Internet : www.ac-dijon.fr

Grenoble
7, place Bir Hakeim – CS 81065
38021 Grenoble cedex
Tél. : 04 76 74 70 00
Internet : www.ac-grenoble.fr

Guadeloupe
Parc d'activités Dothemare
97139 Les Abymes
Tél. : 05 90 47 81 00
Internet : www.ac-guadeloupe.fr

Guyane
Route de Baduel – BP 6011
97306 Cayenne cedex
Tél. : 05 94 25 58 58
Internet : www.ac-guyane.fr

La Réunion
24, avenue Georges Brassens – CS 71003
97743 Saint-Denis cedex 9
Tél. : 02 62 48 10 10
Internet : www.ac-reunion.fr

Lille
144, rue de Bavay
59000 Lille
Tél. : 03 20 15 60 00
Internet : www.ac-lille.fr

Limoges
13, rue François Chenieux
87031 Limoges cedex
Tél. : 05 55 11 40 40
Internet : www.ac-limoges.fr

Lyon
92, rue de Marseille
69354 Lyon cedex 07
Tél. : 04 72 80 60 60
Internet : www.ac-lyon.fr

Martinique
Terreville
97279 Schoelcher cedex
Tél. : 05 96 52 25 00
Internet : www.ac-martinique.fr

Mayotte
BP 76
97600 Mamoudzou
Tél. : 0269 61 10 24
Internet : www.ac-mayotte.fr

Montpellier
31, rue de l'Université
34064 Montpellier cedex 07
Tél. : 04 67 91 47 00
Internet : www.ac-montpellier.fr

Nancy-Metz
2, rue Philippe de Gueldres
54035 Nancy cedex
Tél. : 03 83 86 20 20
Internet : www.ac-nancy-metz.fr

Nantes
Chemin de la Houssinière
44326 Nantes cedex 03
Tél. : 02 40 37 37 37
Internet : www.ac-nantes.fr

Nice
53, avenue Cap de Croix
06181 Nice cedex 2
Tél. : 04 93 53 70 70
Internet : www2.ac-nice.fr

Normandie
168, rue Caponière
14000 Caen
Tél. : 02 31 30 15 00
Internet : www.ac-normandie.fr

Nouvelle-Calédonie
BP G4
98848 Nouméa cedex
Tél. : 00687 26 61 00
Internet : www.ac-noumea.nc

Orléans-Tours
21, rue Saint-Étienne
45043 Orléans cedex 1
Tél. : 02 38 79 38 79
Internet : www.ac-orleans-tours.fr

Paris
12, boulevard d'Indochine
75019 Paris
Tél. : 01 44 62 40 40
Internet : www.ac-paris.fr

Poitiers
22, rue Guillaume VII le Troubadour
86022 Poitiers cedex
Tél. : 05 16 52 66 00
Internet : www.ac-poitiers.fr

Polynésie française
25 rue Pierre Loti – BP 1632
98713 Papeete (Tahiti)
Tél. : (689) 40 478 400
Internet : http://monvr.pf

Reims
1, rue Navier
51082 Reims cedex
Tél. : 03 26 05 69 69
Internet : www.ac-reims.fr

Rennes
96, rue d'Antain
35705 Rennes cedex 7
Tél. : 02 23 21 77 77
Internet : www.ac-rennes.fr

Saint-Pierre-et-Miquelon
2, rue Maître George Lefèvre – BP 4239
97500 Saint-Pierre-et-Miquelon
Tél. : 0508 41 04 60
Internet : www.ac-spm.fr

Strasbourg
6, rue de la Toussaint
67975 Strasbourg cedex
Tél. : 03 88 23 37 23
Internet : www.ac-strasbourg.fr

Toulouse
75, rue Saint Roch
31400 Toulouse
Tél. : 05 36 25 70 00
Internet : www.ac-toulouse.fr

Versailles
3, boulevard de Lesseps
78017 Versailles
Tél. : 01 30 83 44 44
Internet : www.ac-versailles.fr

Vice-rectorat de Wallis-et-Futuna
Mata Utu
98600 Wallis-et-Futuna
Tél. : 00681 72 28 28
Internet : www.ac-wf.wf

3 – L'ENSEIGNEMENT À DISTANCE

Centre national d'enseignement à distance (Cned)
BP 60200
86980 Futuroscope Chasseneuil cedex
Tél. : 05 49 49 94 94
Internet : www.cned.fr

À noter : de nombreux lycées proposent maintenant leurs formations en ligne ou à distance. Renseignez-vous !

4 – LISTE DES FORMATIONS PROFESSIONNELLES

Sources : Eduscol et Onisep, 2019.

Les CAP et les CAPA

LES CAP

- CAP accompagnement éducatif petite enfance
- CAP accessoiriste réalisateur
- CAP accordeur de piano
- CAP aéronautique option avionique
- CAP aéronautique option systèmes
- CAP aéronautique option structures
- CAP agent d'accueil et de conduite routière – transport des voyageurs
- CAP agent d'assainissement et de collecte des déchets liquides spéciaux
- CAP agent de la qualité de l'eau
- CAP agent de maintenance des industries de matériaux de construction et connexes
- CAP agent de prévention et de médiation
- CAP agent de sécurité
- CAP agent de propreté et d'hygiène
- CAP agent polyvalent de restauration
- CAP agent vérificateur d'appareils extincteurs
- CAP armurerie (fabrication et réparation)
- CAP art du verre et du cristal
- CAP art et techniques de la bijouterie-joaillerie option bijouterie-sertissage
- CAP art et techniques de la bijouterie-joaillerie option bijouterie-joaillerie
- CAP art et techniques de la bijouterie-joaillerie option polissage-finition
- CAP arts de la broderie
- CAP arts de la dentelle option aiguille
- CAP arts de la dentelle option fuseaux
- CAP arts de la reliure
- CAP arts du bois option marqueteur
- CAP arts du bois option sculpteur ornemaniste
- CAP arts du bois option tourneur
- CAP arts du tapis et de la tapisserie de lisse
- CAP arts et techniques du verre option décorateur
- CAP arts et techniques du verre option vitrailliste
- CAP assistant technique en instruments de musique option accordéon
- CAP assistant technique en instruments de musique option guitare
- CAP assistant technique en instruments de musique option instruments à vent
- CAP assistant technique en instruments de musique option piano
- CAP assistant technique en milieu familial et collectif
- CAP boucher
- CAP boulanger
- CAP bronzier option ciseleur sur bronze
- CAP bronzier option monteur en bronze

- CAP bronzier option tourneur sur bronze
- CAP cannage et paillage en ameublement
- CAP carreleur mosaïste
- CAP charcutier-traiteur
- CAP charpentier bois
- CAP charpentier de marine
- CAP chaussure
- CAP chocolatier confiseur
- CAP coiffure (dernière session en 2020)
- CAP commercialisation et services en hôtel-café-restaurant
- CAP composites, plastiques chaudronnés
- CAP conducteur d'engins : travaux publics et carrières
- CAP conducteur d'installations de production
- CAP conducteur opérateur de scierie
- CAP conducteur routier marchandises
- CAP conducteur livreur de marchandises
- CAP constructeur bois
- CAP constructeur de routes
- CAP constructeur en béton armé du bâtiment
- CAP constructeur en canalisations des travaux publics
- CAP constructeur en ouvrages d'art
- CAP construction des carrosseries
- CAP cordonnerie multiservice
- CAP cordonnier bottier
- CAP couvreur
- CAP cuisine
- CAP crémier-fromager (première session en 2020)
- CAP décolletage opérateur régleur en décolletage
- CAP décoration en céramique
- CAP déménageur sur véhicule utilitaire léger
- CAP doreur à la feuille ornemaniste
- CAP ébéniste
- CAP électricien (première session en 2020)
- CAP émailleur d'art sur métaux
- CAP emballeur professionnel
- CAP employé de commerce multi-spécialités
- CAP employé de vente spécialisé en produits alimentaires
- CAP employé de vente spécialisé en produits d'équipement courant
- CAP employé de vente spécialisé en produits de librairie-papeterie-presse
- CAP employé de vente spécialisé en services à la clientèle
- CAP employé technique de laboratoire
- CAP encadreur
- CAP esthétique, cosmétique, parfumerie (première session en 2020 – CAP rénové)
- CAP étancheur du bâtiment et des travaux publics
- CAP fabrication industrielle des céramiques
- CAP ferronnier d'art
- CAP fleuriste (première session en 2020 – CAP rénové)
- CAP fourrure

- CAP gardien d'immeuble
- CAP glacier fabricant
- CAP horlogerie
- CAP industries chimiques
- CAP installateur en froid et conditionnement de l'air
- CAP instruments coupants et de chirurgie
- CAP lapidaire option diamant
- CAP lapidaire option pierres de couleur
- CAP lutherie
- CAP maçon
- CAP maintenance de bâtiments de collectivités
- CAP maintenance des matériels option matériels agricoles
- CAP maintenance des matériels option matériels de construction et de manutention
- CAP maintenance des matériels option matériels d'espaces verts
- CAP maintenance des véhicules option motocycles
- CAP maintenance des véhicules option véhicules de transport routier
- CAP maintenance des véhicules option voitures particulières
- CAP marbrier du bâtiment et de la décoration
- CAP mareyage
- CAP maritime
- CAP maroquinerie
- CAP mécanicien conducteur des scieries et des industries mécaniques du bois option mécanicien affûteur de sciage, tranchage, déroulage
- CAP menuisier aluminium-verre
- CAP menuisier en sièges
- CAP menuisier fabricant de menuiserie, mobilier et agencement
- CAP menuisier installateur
- CAP métiers de l'enseigne et de la signalétique
- CAP métiers de la blanchisserie
- CAP métiers du pressing
- CAP métiers de la coiffure (première session en 2021)
- CAP métiers de la fonderie
- CAP métiers de la gravure option gravure d'ornementation
- CAP métiers de la gravure option gravure en modèle
- CAP métiers de la gravure option gravure d'impression
- CAP métiers de la gravure option marquage poinçonnage
- CAP métiers du football
- CAP métiers de la mode option chapelier modiste
- CAP métiers de la mode option vêtement flou
- CAP métiers de la mode option vêtement tailleur
- CAP mise en forme des matériaux
- CAP mise en œuvre des caoutchoucs et des élastomères thermoplastiques
- CAP modèles et moules céramiques
- CAP monteur de structures mobiles
- CAP monteur en chapiteaux
- CAP monteur en installations sanitaires (première session en 2020)
- CAP monteur en installations thermiques (première session en 2020)
- CAP monteur en isolation thermique et acoustique

- CAP mouleur noyauteur : cuivre et bronze
- CAP opérateur-opératrice logistique
- CAP opérateur-opératrice de service – relation client et livraison
- CAP orfèvre option monteur en orfèvrerie
- CAP orfèvre option planeur en orfèvrerie
- CAP orfèvre option polisseur aviveur en orfèvrerie
- CAP orfèvre option tourneur repousseur en orfèvrerie
- CAP orthoprothésiste
- CAP outillages en moules métalliques
- CAP outillages en outils à découper et à emboutir
- CAP ouvrier archetier
- CAP pâtissier (première session en 2021 – CAP rénové)
- CAP peintre applicateur de revêtements
- CAP peinture en carrosserie
- CAP plasturgie
- CAP plâtrier-plaquiste
- CAP podo-orthésiste
- CAP poissonnier écailler
- CAP primeur (première session 2020)
- CAP propreté de l'environnement urbain – collecte et recyclage
- CAP réalisations industrielles option chaudronnerie
- CAP réalisations industrielles option soudage
- CAP rentrayeur option tapis
- CAP rentrayeur option tapisseries
- CAP réparation des carrosseries
- CAP réparation entretien des embarcations de plaisance
- CAP sellerie générale
- CAP sellier harnacheur
- CAP sérigraphie industrielle
- CAP serrurier-métallier
- CAP signalétique et décors graphiques
- CAP solier moquettiste
- CAP souffleur de verre option enseigne lumineuse
- CAP souffleur de verre option verrerie scientifique
- CAP staffeur ornemaniste
- CAP tailleur de pierre
- CAP tapissier(e) d'ameublement en décor
- CAP tapissier(e) d'ameublement en siège
- CAP taxidermiste (première session en 2021 – CAP rénové)
- CAP tonnellerie
- CAP tournage en céramique
- CAP transport fluvial
- CAP transports par câbles et remontées mécaniques
- CAP vannerie
- CAP vendeur-magasinier en pièces de rechange et équipements automobiles
- CAP vêtements de peau

LES CAP AGRICOLES

- CAP agricole agriculture des régions chaudes
- CAP agricole lad – cavalier d'entraînement
- CAP agricole travaux forestiers
- CAP agricole jardinier paysagiste
- CAP agricole maréchal-ferrant
- CAP agricole métiers de l'agriculture
- CAP agricole services aux personnes et vente en espace rural
- CAP agricole palefrenier soigneur
- CAP agricole opérateur en industries agroalimentaires

Les bacs pro

- Bac pro accompagnement, soins et services à la personne option à domicile ou en structure
- Bac pro accueil-relation clients et usagers (dernière session en 2021)
- Bac pro aéronautique à trois options (avionique ; systèmes ; structures)
- Bac pro agroéquipement
- Bac pro aménagement et finition du bâtiment
- Bac pro aménagements paysagers
- Bac pro artisanat et métiers d'art option communication visuelle plurimédia
- Bac pro artisanat et métiers d'art option marchandisage visuel
- Bac pro artisanat et métiers d'art option métiers de l'enseigne et de la signalétique
- Bac pro artisanat et métiers d'art option verrerie scientifique et technique
- Bac pro artisanat et métiers d'art option tapissier d'ameublement
- Bac pro artisanat et métiers d'art option facteur d'orgues option organier
- Bac pro artisanat et métiers d'art option facteur d'orgues option tuyautier
- Bac pro aviation générale
- Bac pro bio-industries de transformation
- Bac pro boucher charcutier traiteur
- Bac pro boulanger-pâtissier
- Bac pro commerce (dernière session en 2021)
- Bac pro commercialisation et services en restauration
- Bac pro conducteur transport routier marchandises
- Bac pro conduite et gestion d'une entreprise du secteur canin et félin
- Bac pro conduite et gestion de l'entreprise agricole
- Bac pro conduite et gestion de l'entreprise vitivinicole
- Bac pro conduite et gestion de l'entreprise hippique
- Bac pro conduite de productions horticoles (arbres, arbustes, fruits, fleurs, légumes)
- Bac pro conduite et gestion des entreprises maritimes option commerce ou pêche
- Bac pro construction des carrosseries
- Bac pro cuisine
- Bac pro cultures marines
- Bac pro électromécanicien marine
- Bac pro esthétique-cosmétique-parfumerie (première session en 2020 – bac pro rénové)
- Bac pro étude et réalisation d'agencement
- Bac pro étude et définition de produits industriels

- Bac pro façonnage de produits imprimés, routage
- Bac pro fonderie
- Bac pro assistance à la gestion des organisations et de leurs activités (ex-gestion-administration)
- Bac pro gestion des pollutions et protection de l'environnement
- Bac pro gestion des milieux naturels et de la faune
- Bac pro forêt
- Bac pro hygiène, propreté et stérilisation
- Bac pro interventions sur le patrimoine bâti options maçonnerie ; charpente ou couverture
- Bac pro laboratoire contrôle qualité
- Bac pro logistique
- Bac pro maintenance des équipements industriels
- Bac pro maintenance des matériels option matériels agricoles
- Bac pro maintenance des matériels option matériels de construction et de manutention
- Bac pro maintenance des matériels option matériels d'espaces verts
- Bac pro maintenance des véhicules option A voitures particulières
- Bac pro maintenance des véhicules option B véhicules de transport routier
- Bac pro maintenance des véhicules option C motocycles
- Bac pro maintenance nautique
- Bac pro menuiserie aluminium-verre
- Bac pro métiers de l'accueil (première session en 2022)
- Bac pro métiers de l'électricité et de ses environnements connectés
- Bac pro métiers de la coiffure
- Bac pro métiers de la mode, vêtements
- Bac pro métiers de la sécurité
- Bac pro métiers du commerce et de la vente option animation et gestion de l'espace commercial (première session 2022)
- Bac pro métiers du commerce et de la vente option prospection clientèle et valorisation de l'offre commerciale (première session 2022)
- Bac pro métiers du cuir options chaussures ou maroquinerie ou sellerie-garnissage
- Bac pro métiers du pressing et de la blanchisserie
- Bac pro métiers arts de la pierre
- Bac pro microtechniques
- Bac pro optique lunetterie
- Bac pro ouvrage du bâtiment : métallerie
- Bac pro perruquier posticheur
- Bac pro photographie
- Bac pro pilote de ligne de production
- Bac pro plastiques et composites
- Bac pro poissonnier écailler traiteur
- Bac pro procédés de la chimie, de l'eau et des papiers cartons
- Bac pro productions aquacoles
- Bac pro productique mécanique option décolletage
- Bac pro prothèse dentaire
- Bac pro réalisation de produits imprimés plurimédia option A production graphiques
- Bac pro réalisation de produits imprimés plurimédia option B productions imprimées
- Bac pro réparation des carrosseries
- Bac pro animation-enfance et personnes âgées (ex-services de proximité et vie locale)
- Bac pro systèmes numériques option sureté et sécurité des infrastructures, de l'habitat et du tertiaire

- Bac pro systèmes numériques option audiovisuels, réseau et équipement domestiques
- Bac pro systèmes numériques option réseaux informatiques et systèmes communicants
- Bac pro technicien constructeur bois
- Bac pro technicien gaz (première session 2020)
- Bac pro technicien d'études du bâtiment option études et économie ou assistant en architecture
- Bac pro technicien d'usinage
- Bac pro technicien de fabrication bois et matériaux associés
- Bac pro technicien de maintenance des systèmes énergétiques et climatiques
- Bac pro technicien de scierie
- Bac pro technicien du bâtiment : organisation et réalisation du gros œuvre
- Bac pro technicien du froid et du conditionnement de l'air
- Bac pro technicien en chaudronnerie industrielle (première session en 2021 – bac pro rénové)
- Bac pro technicien en appareillage orthopédique
- Bac pro technicien en installation des systèmes énergétiques et climatiques
- Bac pro technicien géomètre-topographe
- Bac pro technicien menuisier-agenceur
- Bac pro technicien modeleur
- Bac pro technicien outilleur
- Bac pro techniques d'interventions sur installations nucléaires
- Bac pro technicien conseil vente en alimentation
- Bac pro technicien-conseil vente en animalerie
- Bac pro technicien-conseil vente univers jardinerie (ex-technicien-conseil vente de produits de jardin)
- Bac pro technicien en expérimentation animale
- Bac pro traitements des matériaux
- Bac pro organisation de transport de marchandises (ex-bac pro transport)
- Bac pro transport fluvial
- Bac pro travaux publics
- Bac pro vente (prospection, négociation, suivi de clientèle) (dernière session en 2021)

Les mentions complémentaires

À noter : les MC suivies d'une étoile nécessitent au préalable l'obtention du baccalauréat.

- MC accueil dans les transports*
- MC accueil réception*
- MC aéronautique options avionique ; avions à moteurs à pistons ; avions à moteurs à turbine ; hélicoptères à moteurs à turbines ; hélicoptères à moteurs à pistons*
- MC agent de contrôle non destructif*
- MC agent de transport exploitation ferroviaire*
- MC aide à domicile
- MC art de la cuisine allégée
- MC animation-gestion de projets dans le secteur sportif*
- MC assistance conseil vente à distance*
- MC boulangerie spécialisée
- MC coiffure coupe couleur
- MC conducteur de machine de verrerie
- MC cuisinier en desserts de restaurant

- MC décors textiles permanents et éphémères
- MC employé barman
- MC employé traiteur
- MC entretien des collections du patrimoine
- MC essayage-retouche-vente
- MC joaillerie
- MC maintenance des installations oléohydrauliques et pneumatiques*
- MC maintenance des moteurs diesel et de leurs équipements
- MC maintenance des systèmes embarqués de l'automobile
- MC maintenance en équipement thermique individuel
- MC maquettes et prototypes*
- MC mécatronique navale*
- MC organisateur de réceptions*
- MC parqueteur
- MC pâtisserie boulangère
- MC pâtisserie glacerie chocolaterie confiserie spécialisées
- MC peinture décoration*
- MC piquage d'articles chaussants
- MC plaquiste
- MC réalisation de circuits oléohydrauliques et pneumatiques
- MC sécurité civile et d'entreprise
- MC services financiers*
- MC sommellerie
- MC sûreté des espaces ouverts au public
- MC technicien(ne) ascensoriste (service et modernisation)*
- MC technicien en énergies renouvelables options énergie électrique ou énergie thermique*
- MC technicien en réseaux électriques*
- MC technicien des services à l'énergie*
- MC technicien en chaudronnerie aéronautique et spatiale*
- MC technicien en soudage*
- MC technicien en tuyauterie*
- MC vendeur spécialisé en alimentation
- MC vendeur conseil en produits techniques pour l'habitat*
- MC zinguerie

Les brevets professionnels et les brevets professionnels agricoles

LES BP

- BP administration des fonctions publiques
- BP agent technique de prévention et de sécurité
- BP agent technique de sécurité dans les transports
- BP agroéquipements, conduite et maintenance des matériels
- BP aménagements paysagers
- BP ameublement tapisserie décoration
- BP arts de la cuisine
- BP arts du service et commercialisation en restauration
- BP banque (dernière session 2020)

- BP barman
- BP boucher
- BP boulanger
- BP carrelage mosaïque
- BP charcutier-traiteur
- BP charpentier bois
- BP charpentier de marine
- BP coiffure
- BP conducteur d'appareils des industries chimiques
- BP conducteur d'engin : travaux publics et carrières
- BP couvreur
- BP éducateur canin (en cours de rénovation)
- BP électricien
- BP esthétique-cosmétique-parfumerie (BP rénové)
- BP étanchéité du bâtiment et des travaux publics (première session en 2020 – BP rénové)
- BP fleuriste
- BP gemmologue
- BP gouvernante
- BP industries alimentaires
- BP installateur, dépanneur en froid et conditionnement d'air
- BP libraire
- BP maçon
- BP maintenance des articles textiles option pressing
- BP menuisier
- BP menuisier aluminium-verre
- BP métallier
- BP métiers de la pierre
- BP métiers de la piscine
- BP métiers du plâtre et de l'isolation
- BP mise en œuvre des caoutchoucs et des élastomères thermoplastiques
- BP monteur en installations de génie climatique et sanitaire
- BP peintre applicateur de revêtements
- BP pilote d'installation de production par procédés
- BP plastiques et composites
- BP préparateur en pharmacie
- BP responsable d'entreprise agricole
- BP responsable d'entreprise hippique
- BP responsable d'atelier de production horticole
- BP responsable de chantier forestier
- BP responsable d'exploitation aquacole maritime-continentale (en cours de rénovation)
- BP sommelier
- BP technicien recherche-développement (en cours de rénovation)
- BP techniques de laboratoire de recherche option physicochimie
- BP techniques de laboratoire de recherche option biologie
- BP vêtement sur mesure option couture flou
- BP vêtement sur mesure option tailleur dame
- BP vêtement sur mesure option tailleur homme

LES BPA

- BPA transformations alimentaires
- BPA travaux de conduite et entretien des engins agricoles
- BPA travaux de la production animale spécialité élevage de porcs ou de volailles
- BPA travaux de la production animale spécialité élevage de ruminants
- BPA travaux de la production animale spécialité polyculture-élevage
- BPA travaux de la vigne et du vin spécialité travaux de la cave
- BPA travaux de la vigne et du vin spécialité travaux de la vigne
- BPA travaux des aménagements paysagers
- BPA travaux des productions horticoles
- BPA travaux forestiers
- BPA maritime option productions aquacoles
- BPA travaux de l'élevage canin et félin

5 – GLOSSAIRE DES ÉTUDES SECONDAIRES

Affectation

L'affectation de l'élève à l'issue d'un cycle dans la voie d'orientation du cycle supérieur est réalisée en fonction des décisions d'orientation et des choix des parents de l'élève ou de l'élève majeur. L'affectation est de la compétence de l'inspecteur d'académie, pour les formations implantées dans le département. Il est assisté d'une commission dont la composition et le fonctionnement sont définis par arrêté ministériel. Le changement d'établissement en cours de cycle de formation est autorisé par l'inspecteur d'académie dont relève l'établissement d'accueil. L'élève est scolarisé dans la même voie d'orientation et compte tenu de la formation déjà reçue.

Appel

En cas d'appel, le chef d'établissement transmet à la commission d'appel les décisions motivées ainsi que tous les éléments susceptibles d'éclairer cette instance. Les parents de l'élève ou l'élève majeur qui le demandent sont entendus par la commission. L'élève mineur peut être entendu à sa demande avec l'accord de ses parents. Les décisions prises par la commission d'appel valent décisions d'orientation ou de redoublement définitives. La commission d'appel est présidée par l'inspecteur d'académie ou son représentant. Elle comprend des chefs d'établissement, des enseignants, des parents d'élèves, des personnels d'éducation et d'orientation nommés par l'inspecteur d'académie.

Changement d'établissement

Le changement d'établissement en cours de cycle de formation est autorisé par l'inspecteur d'académie dont relève l'établissement d'accueil. L'élève est scolarisé dans la même voie d'orientation et compte tenu de la formation déjà reçue. Les décisions d'orientation ou de redoublement prises dans l'enseignement public sont applicables dans les établissements d'enseignement privé sous contrat. L'admission des élèves de l'enseignement public dans les établissements d'enseignement privé sous contrat est réalisée en fonction des décisions prises à leur égard. Des décisions prises par les établissements d'enseignement privé sous contrat sont applicables dans l'enseignement public. Les dossiers des élèves issus de l'enseignement public et ceux des élèves issus des établissements d'enseignement privé sous contrat sont examinés par la même commission lors de l'affectation.

Commission d'affectation

La composition de la commission préparatoire à l'affectation des élèves est fixée comme suit :

- un représentant de l'inspecteur d'académie, directeur des services départementaux de l'Éducation nationale, président ;
- les chefs des établissements scolaires d'accueil ;
- deux chefs des établissements scolaires d'origine ;
- un conseiller principal d'éducation ou un conseiller d'éducation ;
- un psychologue de l'Éducation nationale ou son représentant ;
- un représentant du directeur régional de l'Agriculture et de la Forêt ;
- deux représentants des parents d'élèves de l'enseignement public, au titre des associations les plus représentatives dans le département.

Les membres de la commission sont nommés par l'inspecteur d'académie pour une durée d'un an renouvelable, sur proposition des associations en ce qui concerne les représentants des parents d'élèves. Dans les mêmes conditions, l'inspecteur d'académie désigne un nombre égal de suppléants des représentants de parents d'élèves.

Commission d'appel

La composition de la commission d'appel est fixée comme suit :
- l'inspecteur d'académie, directeur des services départementaux de l'Éducation nationale, ou son représentant choisi parmi ceux de ses collaborateurs appartenant aux corps d'inspection ou de direction, président ;
- deux chefs d'établissement du type d'établissement scolaire concerné ;
- un conseiller principal d'éducation ou un conseiller d'éducation ;
- un psychologue de l'Éducation nationale ;
- trois représentants des parents d'élèves.

La commission peut s'adjoindre un médecin de santé scolaire et une assistante sociale scolaire. L'inspecteur d'académie peut mettre en place des sous-commissions d'appel dont la composition est identique à celle de la commission d'appel, à l'exception de la présidence qui est assurée par un chef d'établissement dont l'établissement n'est pas situé dans le ressort de la sous-commission. Le dossier de l'élève est présenté à la commission d'appel par un professeur de la classe à laquelle appartient l'élève et par le psychologue de l'Éducation nationale intervenant dans l'établissement scolaire fréquenté par l'élève. Les rapporteurs n'ont pas voix délibérative. Le nom et l'adresse professionnelle du président de la commission d'appel ainsi que le délai d'appel sont mentionnés sur le document adressé aux parents de l'élève ou à l'élève majeur pour leur notifier les décisions d'orientation non conformes aux demandes d'orientation et les motivations correspondantes. Les parents de l'élève ou l'élève majeur qui en ont fait la demande écrite auprès du président de la commission d'appel, ainsi que l'élève mineur avec l'accord de ses parents, sont entendus par celle-ci. Ils peuvent adresser au président de la commission d'appel tout document susceptible de compléter l'information de cette instance.

Cycle

Tout élève admis dans un cycle de formation doit pouvoir parcourir la totalité de ce cycle dans l'établissement scolaire, sous la seule réserve des dispositions réglementaires relatives aux procédures disciplinaires.

Cycles de formation au collège

- Cycle d'adaptation : classe de sixième.
- Cycle central : classe de cinquième et de quatrième.
- Cycle d'orientation : classe de troisième.

Cycles de formation au lycée

- Cycle de détermination de la voie générale et technologique : classe de seconde générale et technologique ou classe de seconde spécifique.
- Cycle de détermination de la voie professionnelle : classe de seconde professionnelle ou classes de première année et deuxième année de CAP.

• Cycle terminal de la voie générale et technologique : classes de première et terminale générale et technologique ou classes de première et terminale BT.
• Cycle terminal de la voie professionnelle : première professionnelle et terminale professionnelle.

Demande d'orientation

En fonction du bilan, de l'information fournie et des résultats du dialogue avec les membres de l'équipe éducative, les parents de l'élève ou l'élève majeur formulent des demandes d'orientation, dans le cadre des voies d'orientation, ou de redoublement.
Les demandes d'orientation, les propositions d'orientation et les décisions d'orientation sont formulées dans le cadre des voies d'orientation définies par arrêté ministériel.

Dialogue

Afin de permettre l'élaboration et la réalisation du projet personnel de l'élève, le chef d'établissement facilite le dialogue entre l'élève et ses parents, les enseignants et les personnels d'éducation et d'orientation.
Après avoir procédé aux consultations nécessaires, notamment celle des équipes pédagogiques, le chef d'établissement propose, chaque année, à l'approbation du conseil d'administration des orientations relatives au programme des rencontres utiles à la conduite du dialogue.

Échec à l'examen

Tout élève ayant échoué à l'examen du baccalauréat, du brevet de technicien, du certificat d'aptitude professionnelle se voit offrir le droit d'une nouvelle préparation de cet examen, le cas échéant, selon des modalités adaptées au niveau des connaissances qu'il a acquises dans les matières d'enseignement correspondant aux épreuves de l'examen. Depuis 2016, tout élève ayant échoué à l'examen se voit offrir, à la rentrée scolaire qui suit, le droit à une nouvelle préparation de cet examen dans l'établissement dont il est issu. Ce droit s'exerce une seule fois, l'année qui suit immédiatement l'échec.
De même, depuis 2016, les candidats recalés qui repassent l'examen au sein de leur lycée ou en tant que candidat libre peuvent demander à conserver leur notes égales ou supérieures à 10, pendant les cinq sessions suivantes et la conservation de ces notes permet, le cas échéant, l'attribution d'une mention.

Entretien

Lorsque les propositions ne sont pas conformes aux demandes, le chef d'établissement, ou son représentant, reçoit l'élève et ses parents ou l'élève majeur, afin de les informer des propositions du conseil de classe et de recueillir leurs observations.

Information

Pendant la scolarité en collège et en lycée, les psychologues de l'Éducation nationale, les conseillers d'éducation et les enseignants donnent à l'élève les moyens d'accéder à l'information sur le système scolaire et universitaire, sur les professions et sur la carte des formations qui y préparent. L'information prend place dans le temps de présence des élèves en établissement scolaire et fait l'objet d'un programme annuel ou pluriannuel approuvé par le conseil d'administration sur proposition du chef d'établissement. Celui-ci procède préalablement aux consultations nécessaires, notamment à celle des équipes pédagogiques, du conseil des délégués des élèves et du centre d'information et d'orientation (CIO). L'établissement scolaire entretient des contacts avec les organisations professionnelles et les entreprises partenaires de la communauté éducative afin de faciliter leur participation à l'information.

Interruption des études

Lorsque les parents d'un élève ou un élève majeur manifestent leur intention d'interrompre les études en cours de cycle ou avant la préparation au diplôme de fin de cycle, le conseil de classe prend toutes dispositions pour les inciter à achever le cycle et, si besoin est, pour les informer sur les possibilités de formation, y compris le retour ultérieur en formation initiale. L'avis de l'élève mineur est recueilli.

Motivation

Les motivations comportent des éléments objectifs ayant fondé les décisions, en termes de connaissances, de capacités et d'intérêts. Elles sont adressées aux parents de l'élève ou à l'élève majeur qui font savoir au chef d'établissement s'ils acceptent la décision ou s'ils en font appel, dans un délai de trois jours ouvrables à compter de la réception de la notification de ces décisions ainsi motivées.

Notification

Lorsque les propositions d'orientation sont conformes aux demandes, le chef d'établissement prend ses décisions conformément aux propositions du conseil de classe et les notifie aux parents de l'élève ou à l'élève majeur. Lorsque les propositions ne sont pas conformes aux demandes, le chef d'établissement, ou son représentant, reçoit l'élève et ses parents ou l'élève majeur, afin de les informer des propositions du conseil de classe et de recueillir leurs observations. Le chef d'établissement prend ensuite les décisions d'orientation ou de redoublement dont il informe l'équipe pédagogique, et les notifie aux parents de l'élève ou à l'élève majeur. Les décisions non conformes aux demandes font l'objet de motivations signées par le chef d'établissement.

Options

À l'intérieur d'une voie d'orientation, le choix des enseignements optionnels ou des spécialités incombera aux parents de l'élève ou à l'élève majeur, éclairés par le dialogue avec les membres de l'équipe éducative et par l'avis du conseil de classe.

L'affectation de l'élève à l'issue d'un cycle dans la voie d'orientation du cycle supérieur est réalisée en fonction des décisions d'orientation et des choix des parents de l'élève ou de l'élève majeur.

Le changement d'établissement en cours de cycle de formation est autorisé par l'inspecteur d'académie dont relève l'établissement d'accueil. L'élève est scolarisé dans la même voie d'orientation et compte tenu de la formation déjà reçue.

Privé sous contrat

Les décisions d'orientation ou de redoublement prises dans l'enseignement public sont applicables dans les établissements d'enseignement privé sous contrat. L'admission des élèves de l'enseignement public dans les établissements d'enseignement privé sous contrat est réalisée en fonction des décisions prises à leur égard. Des décisions prises par les établissements d'enseignement privé sous contrat sont applicables dans l'enseignement public. L'admission d'élèves des établissements d'enseignement privé sous contrat dans l'enseignement public est réalisée en fonction des décisions prises à leur égard. Les dossiers des élèves issus de l'enseignement public et ceux des élèves issus des établissements d'enseignement privé sous contrat sont examinés par la même commission lors de l'affectation.

Proposition d'orientation

Les demandes d'orientation sont examinées par le conseil de classe qui prend en compte l'ensemble des informations réunies par ses membres sur chaque élève ainsi que les éléments fournis par l'équipe pédagogique dans les conditions précisées par le décret relatif aux établissements publics locaux d'enseignement. Le conseil de classe émet des propositions d'orientation, dans le cadre des voies d'orientation, ou de redoublement.

Redoublement

À l'intérieur des cycles des collèges et des lycées, le redoublement est exceptionnel et ne peut intervenir qu'à la demande écrite des parents de l'élève ou de l'élève majeur ou sur proposition du conseil de classe, avec l'accord écrit des intéressés. Lorsque les parents de l'élève ou l'élève majeur n'obtiennent pas satisfaction pour les voies d'orientation demandées, ils peuvent, de droit, obtenir le maintien de l'élève dans sa classe d'origine pour la durée d'une seule année scolaire. Tout élève ayant échoué à l'examen du baccalauréat, du brevet de technicien, du certificat d'aptitude professionnelle se voit offrir le droit d'une nouvelle préparation de cet examen, le cas échéant, selon des modalités adaptées au niveau des connaissances qu'il a acquises dans les matières d'enseignement correspondant aux épreuves de l'examen.

Voies d'orientation

APRÈS LA CLASSE DE TROISIÈME :

- la classe de seconde générale et technologique ou les classes de seconde à régime spécifique ;
- la classe de seconde professionnelle ;
- la première année de préparation au certificat d'aptitude professionnelle.

APRÈS LA CLASSE DE SECONDE GÉNÉRALE ET TECHNOLOGIQUE :

- pour la voie générale : enseignements communs (français, philosophie en terminale, histoire-géographie, enseignement moral et civique, deux langues vivantes, éducation physique et sportive, enseignement scientifique), choix d'enseignements de spécialité (trois en première et deux en terminale) et d'options (une en première et jusqu'à deux en terminale).

À noter : depuis la rentrée de septembre 2019, le bac techno de la musique et de la danse (TMD) a été remplacé par le bac sciences et techniques du théâtre, de la musique et de la danse (S2TMD). Les élèves qui souhaitent préparer ce bac technologique sont scolarisés au sein d'une classe de seconde générale et technologique et non plus dans une seconde spécifique comme c'était le cas avec le bac TMD.

• pour la voie technologique : les diverses séries des classes de première puis de terminale qui préparent aux séries correspondantes du baccalauréat : sciences et technologies du management de la gestion (STMG), sciences et technologies de l'industrie et du développement durable (STI2D), sciences et technologies du design et des arts appliqués (STD2A)... ;
• la classe de première puis terminale préparant au brevet de technicien, au brevet de technicien agricole.

APRÈS UNE CLASSE DE SECONDE À RÉGIME SPÉCIFIQUE :

• la classe de première puis de terminale correspondante pour le baccalauréat sciences et technologies de l'hôtellerie et de la restauration (STHR).

GUIDES

© GROUPE STUDYRAMA
34/38, rue Camille-Pelletan - 92309 Levallois-Perret cedex
Imprimerie Corlet Numéric - Z.A. Charles Tellier - 14110 Condé-en-Normandie
Imprimé en France - 3e trimestre 2020 - N° 167225

Service éditorial : Benjamin Dias Pereira, Deborah Lopez
Conception graphique : Catherine Aubin

Dépôt légal à parution
ISBN 978-2-7590-4440-5